기독교문서선교회 (Christian Literature Center: 약칭 CLC)는 1941년 영국 콜체스터에서 켄 아담스에 의해 시작되었으며 국제 본부는 미국 필라델피아에 있습니다.
국제 CLC는 59개 나라에서 180개의 본부를 두고, 약 650여 명의 선교사들이 이동도서차량 40대를 이용하여 문서 보급에 힘쓰고 있으며 이메일 주문을 통해 130여 국으로 책을 공급하고 있습니다. 한국 CLC는 청교도적 복음주의 신학과 신앙 서적을 출판하는 문서선교기관으로서, 한 영혼이라도 구원되길 소망하면서 주님이 오시는 그날까지 최선을 다할 것입니다.

장동민 박사
백석대학교 역사신학 교수

몇 년 전까지만 해도 젠더 문제가 이렇게까지 중요한 사회적 이슈가 될 줄은 몰랐습니다. 지금은 교회가 젠더 문제에서 가장 보수적인 집단으로 여겨지지만 100년 전에는 상황이 전혀 달랐습니다. 구한말 서양 선교사들에 의하여 전해진 기독교는 비참했던 여성들의 삶에 비춰진 한 줄기 서광이었습니다. 여성들이 부흥 운동을 통하여 영적 자각을 경험하고, 신식 교육을 받음으로 사회에 진출하고, 지도자의 위치에 오르기도 하였습니다. 병천에서 만세 운동을 조직한 유관순 열사가 대표적인 예입니다. 기독교가 여권(女權) 향상에 기여한 것은 단지 성경의 몇 구절에 근거해서라기보다, 부부 관계를 신성하게 생각하고 정욕을 죄로 여기며 남녀의 동등한 지위에서의 사랑을 강조하는 기독교 윤리 체계의 영향입니다.

오늘날 기독교의 보수적 여성관이 시작된 것은 1930년대입니다.
숨죽이고 있던 유교적 가부장제가 다시 고개를 든 것일까요?
한국교회가 초기의 역동성을 잃고 제도화되어 가는 초기 증상일까요?
혹은 근본주의적이며 문자적인 성경 해석 탓일까요?
아니면 여권의 신장을 세속화 양상의 하나로 보아 이를 저지하기 위한 충정의 발로일까요?

오늘날 정치적 올바름이나 차별 금지법을 둘러싼 기독교계 내외의 논쟁을 바라보면서, 인권의 확대를 기꺼이 수용하면서도 동시에 기독교적 규범을 수호할 수는 없을지에 대해 고민이 깊어집니다. 과거 우리 조상들이 선택한 보수화의 길보다는 더 나은 길을 택할 수 있어야 할 텐데 말입니다.

본서에서 나타나는 홍인표 박사의 번득이는 문제의식과 성실한 자료 수집과 천의무봉(天衣無縫)의 스토리텔링에, 논문을 지도한 교수로서 무한한 기쁨과 자부심을 느낍니다. 본서가 새로운 시대, 새로운 교회 운동의 이론적 디딤돌이 되기 바랍니다.

민 경 배 박사
백석대학교 역사신학 석좌교수

본서는 홍인표 박사가 그의 심혈을 기울여 한국 여권 문제와 그 역사에 대한 연구 결실을 상재(上梓)한 저작입니다. 이 글은 물론 함경도 지역 교회에서 일어났던 여성의 등장과 그 성서적·이론적 논증 그리고 시위를 체계화한 글이지만, 거기에 한국현대사의 전 구도를 보여 주는 실체가 대본(臺本)으로 깔려 있습니다. 따라서 본서는 우리 현대사에서 이 여권 문제를 한국교회 신학 발전의 한 계기로 자리매김하고 있습니다. 우리는 본서를 읽으면서 세계적 교회로 부상한 한국교회의 신앙과 신학, 지역 간의 신학 노선 차이, 그리고 선교사들과 한국교회와의 관계 등을 일괄하는 간략하고 재치 있는 서술, 주제 전개 방법에 의해 설득될 뿐만 아니라 감동도 받게 될 것입니다.

박사논문으로서 아주 월등한 본서가 한국교회에 널리 읽히기를 바랍니다. 세계적 교회로 부상한 한국교회의 그 치열하였던 실상을 눈으로 보고 신앙선배들과 동행하게 된 감격으로 추천의 글을 올리며 각필(擱筆)하고자 합니다.

배 덕 만 박사
기독연구원 느헤미야 교회사 교수

한국개신교는 한국근대사의 격랑 속에서 자신의 위치를 발견하고 모양을 형성해 왔습니다. 동시에, 미국을 통해 유입된 개신교 신앙은 구한말과 일제 강점기를 거치는 과정에서 이 민족의 근대화를 위해 결정적인 역할과 책임을 담당했습니다. 따라서 한국개신교의 본질을 이해하기 위해선 한국근대사를 거시적으로 검토해야 하고, 한국근대사의 실체를 파악하기 위해선 한국개신교사를 정독해야 합니다. 이처럼, 한국근대사와 한국개신교 초기 역사 간의 역동적 관계 속에서 주목해야 할 중요한 주제 중 하나가 '여성 인권' 문제입니다.

유교의 지배적 영향하에 건국된 조선에는 남존여비사상이 개인의 의식과 문화의 심층까지 깊이 뿌리를 내렸습니다. 이런 상황에서 조선에 입국한 선교사들, 특히 여성 선교사들이 열악한 여성 인권과 여성에 대한 사회적 편견을 개선하기 위해 오랫동안 다양한 방식으로 수고했습니다. 동시에, 이런 노력이 초래한 변화는 교회 안팎에서 보수적 남성들의 근심과 저항도 초래했습니다. 하지만 이런 자극과 반작용은 조선 사회가 근대의 문을 열기 위해선 피할 수 없었던 역사의 과정이었습니다. 그리고 그 연장선 위에 오늘 우리가 존재합니다.

19세기 말에 시작된 한국개신교의 역사가 21세기 초에 이르렀습니다. 조선도 일제 강점기를 통과하여 대한민국으로 변모했습니다. 상전벽해요 격세지감입니다. 하지만 오늘날 한국 사회는 페미니즘과 미투 운동으로 여성 인권에 대한 새로운 반성과 변화의 노력이 뜨겁게 진행되고 있습니다. 이 문제에 대해, 그동안 이 땅에서 많은 변화와 큰 진전이 있었지만, 여전히 가야 할 길이 멀고 험해 보입니다. 하지만 여성을 존엄한 인격체로 존중하고 상생하는 문화의 형성은 결코 간과할 수 없는 성경적 진리이자 멈출 수 없는 역사의 걸음입니다.

이런 역사적·신앙적 맥락에서 홍인표 목사님의 본서는 한국근대사 속에서 한국개신교가 여권 신장에 기여한 공로와 그로 인해 발생한 갈등과 논쟁의 역사를 성실한 연구와 유려한 문체로 정리한 소중한 학문적 성취입니다. 특히, 홍 목사님의 학문적 여정을 곁에서 지켜본 한 사람으로서, 어려운 여건에서도 쉽지 않은 연구를 훌륭히 마무리하여 그 결과를 당당히 세상에 발표하신 것에 감동과 축하의 마음을 전하며, 이 주제에 관심 있는 독자들에게 기쁨으로 일독을 권합니다.

여성과 한국교회

구한말과 1920년-1930년대의 여권의식

Women and Korean Church
Written by Inpyo Hong
All rights reserved.
Korean Edition Copyright ⓒ 2019 by Christian Literature Center, Seoul, Korea

여성과 한국교회: 구한말과 1920년-1930년대의 여권의식

2019년 5월 24일 초판 발행
지은이　｜　홍인표

편집　　｜　곽진수
디자인　｜　박인미
펴낸곳　｜　(사)기독교문서선교회
등록　　｜　제16-25호(1980.1.18)
주소　　｜　서울특별시 서초구 방배로 68
전화　　｜　02-586-8761~3(본사) 031-942-8761(영업부)
팩스　　｜　02-523-0131(본사) 031-942-8763(영업부)
이메일　｜　clckor@gmail.com
홈페이지｜　www.clcbook.com
송금계좌｜　기업은행 073-000308-04-020　(사)기독교문서선교회

ISBN 978-89-341-1982-1 (93230)

이 도서의 국립중앙도서관 출판예정도서목록(CIP)은 서지정보유통지원시스템 홈페이지 (http://seoji.nl.go.kr)와 국가자료공동목록시스템(http://www.nl.go.kr/kolisnet)에서 이용하실 수 있습니다. (CIP제어번호: CIP2019017086)
이 책의 저작권은 저자와 (사)기독교문서선교회가 소유합니다. 신저작권법에 의하여 한국 내에서 보호받는 저작물이므로 무단 전재와 무단 복제를 금합니다.

신학박사 논문시리즈 50

구한말과 1920년-1930년대의 여권의식

여성과 한국교회

홍인표 지음

CLC

일러두기

본서에 언급된 19세기 말과 20세기 초의 문헌들은 대다수가 고문으로 표기되었지만 본서에서는 모두 현대어로 풀어서 인용하거나 언급하였다.

목차

추천사 장동민 박사, 백석대학교 역사신학 교수 1
  민경배 박사, 백석대학교 역사신학 석좌교수 2
  배덕만 박사, 기독연구원 느헤미야 교회사 교수 3

저자 서문 10

제1장 서론 12

제2장 구한말의 여권의식 변화 19
1. 구한말 여성의 현실 20
2. 여권의식의 변화 요인 28
3. 여권과 성경 해석 56
4. 소결 71

제3장 1920-1930년대의 여권의식 변화 74
1. 여권의식의 발전 75
2. 여권의식의 보수화 93
3. 여권과 성경 해석 96
4. 김춘배의 여권 문제 제기와 보수적 여권의식의 명문화 149
5. 소결 171

제4장 결론 174

미주 180

저자 서문

홍인표 박사
한국교회사학연구원 실행위원

내가 사망의 음침한 골짜기로 다닐지라도 해를 두려워하지 아니함은 주께서 나와 함께 하심이라. 주의 지팡이와 막대기가 나를 안위하시나이다 (시 23:4).

본서가 나오기까지 도움을 주신 분들과 제가 신학자요 목회자로 걸어갈 수 있도록 힘을 주시는 분들께 드리는 감사의 말씀으로 저자 서문을 대신하려고 합니다.

본서의 출판을 기꺼이 허락해 주고 와이프 장학금으로 비용을 헌신해 준 사랑하는 아내 방유나에게 감사드립니다. 본서 출판을 위해 기도하며 비용을 헌금해 준 고마운 벗 서상철 집사님, 정재석 집사님 그리고 김영준 집사님과 변명운 집사님에게 감사드립니다. 언제나 형님처럼 보듬어 주시고 지원해 주시는 안상돈 목사님께 감사드립니다. 부족한 제가 신학자로서, 어린이 목회자로서 걸어갈 수 있도록 늘 기도해 주시고 격려해 주시는 문화교회 김명수 목사님과 남선희 사모님께 감사드립니다. 저와 함께 찬양하고 뛰어놀며 가끔 다투기도 하는 문화교회 어린이 친구들, "예은, 예진, 성찬, 지후, 지훈, 예빈, 예준, 은샘, 성철, 민기, 민서"에게 사랑을 전합니다.

본서는 2017년 완성된 저의 박사학위 논문, "선교초기 한국교회의 여권의식에 대한 연구: 구한말과 1920년-1930년을 중심으로"를 수정 보완한 것입니다. 독자분들이 읽기 편하도록 가급적 문체를 수정하였습니다.

　　저의 글이 학위 논문으로뿐만 아니라 단행본으로 완성될 때까지 기도와 가르침을 아끼지 않으신 장동민 교수님은 저의 지도교수님 이실 뿐만 아니라 제 삶의 은인이십니다. 교수님의 목회자요 학자로서 주님 앞에 아름다운 모습을 제가 본받아야 하는데, 제자인 저는 늘 부족할 뿐입니다.

　　본서가 완성되는 데 큰 가르침을 주셨을 뿐만 아니라 언제나 저를 사랑으로 격려해 주시는 한국교회사의 큰 산이신 민경배 교수님께 감사드립니다. 본서의 논지가 더욱 꼼꼼히 완성되도록 지도해 주실 뿐만 아니라 어깨를 다독여 격려해 주신 배덕만 교수님께 감사드립니다. 제가 학인(學人)의 길을 걷도록 늘 다독여 주시고 이끌어 주시는 한국교회사학연구원 원장이신 박종현 박사님께 감사드립니다. 권 평 박사님, 류금주 박사님, 김유준 박사님께도 감사드립니다.

　　본서의 출간을 결정해 주신 기독교문서선교회(CLC) 박영호 목사님께 감사드립니다. 멋진 단행본으로 출간되도록 땀 흘려 수고하신 편집자 곽진수 목사님께 감사드립니다. 본서의 표지를 아름답게 디자인해 주신 박인미 선생님께 감사드립니다. 이외에도 감사드릴 분들이 정말 많지만 지면의 한계로 인해 일일이 언급하지 못하여 죄송합니다.

　　불현듯 한국근현대사의 세파 속에서 가족을 살리기 위해, 남편을 세우기 위해, 공동체를 세우기 위해 모진 희생을 감내해 오신 수많은 누님들을 생각해 봅니다. 저 또한 누님들의 보듬음을 받으며 자랐습니다.

2019년 4월 7일

제1장

서 론

　　본서의 목적은 구한말과 1920년-1930년대 한국교회의 여권의식 변화를 살펴봄에 있다. 다시 말해 구한말에는 한국교회가 성경을 근거로 여권에 대해 진보적 견해를 가졌지만, 1920년-1930년대에는 보수적인 견해를 가지게 된 이유를 살펴보는 데 본서의 목적이 있다.[1] 본서에서 필자는 1920년-1930년대 한국교회의 보수적 여권의식의 원인이 이른바 근본주의적 성경 해석[2]에 있다는 기존 학설에 의문을 제기하고, 오히려 그 원인이 당시 한국교회가 한국 사회의 중심에 자리매김함으로써 보수화된 데 있음을 밝히려고 한다.

　　한국교회의 여성 목사 안수 문제는 지금도 치열한 논란의 주제 가운데 하나이다. 물론 여성 목사 안수를 허용하는 교단이 늘고 있지만, 한국교회 최대 교파인 대한예수교장로회 합동 측을 중심으로 상당수 교단에서는 여전히 여성 목사 안수를 허용하지 않고 있다. 여성 목사 안수를 허용하지 않는 교단이 장로회 합동 측과 고신 측 등의 이른바 보수교단들인 반면, 여성 목사 안수를 허용하는 대표적인 교단이 진보교단으로 널리 알려진 한국기독교장로회라는 사실로 인해, 여성 목사 안수 허용 유무가 한국교회의

신학적 진보·자유주의와 보수·복음주의를 구분하는 시금석(試金石)으로 작용하는 것처럼 보인다.³

그러나 필자는 과연 여성 목사 안수 문제를 '신학적 진보·자유주의와 보수·복음주의를 구분하는 시금석으로 보아야 할까?' 하는 의문을 가진다. 왜냐하면 여성 목사 안수 문제는 신학적 논의 이전에 한국교회의 여권 문제와 밀접한 관계가 있다고 보기 때문이다.

이처럼 오늘날 여성 목사 안수 문제가 한국교회 신학적 구분의 시금석이 된 발단은 한국교회의 신학적 정초기(定礎期)이며 한반도에 복음이 전파된 지 50년이 된 1934년, 「기독신보」에 게재된 한 편의 글이었다. 그 글이 1930년대 한국교회의 '자유주의 논쟁'을 가열시키는 기제로 작용되었다. 그것은 함경북도 성진중앙교회를 담임한 김춘배 목사가 "여권 문제"라는 대지(大旨)하에 쓴 논문으로, 그 속에서 그는 "사도 바울이 '여자는 조용하여라, 여자는 가르치지 말라'고 한 것은 '2천 년 전 한 지방교회의 교훈과 풍습'이요, '만고불변의 진리'가 아니라"⁴고 주장하였다.

그러나 김춘배가 제기한 '여권 문제'에 대한 논의는 단순히 교회 안의 인권 문제 혹은 평등 문제로 여겨지지 않았다. 왜냐하면 그것이 "신구약성경은 하나님의 말씀이니, 신앙과 본분에 대하여 정확무오한 유일의 법칙"이라는 장로회 신조 제1조⁵를 부인하는 행위로 받아들여졌기 때문이다. 다시 말해 김춘배의 여권 문제 제기가 '성경의 권위'에 대한 도전으로 받아들여졌다는 것이다. 그로 인해 당시 김춘배가 속해 있던 장로교단은 그에 대해 다음과 같은 결정을 내렸다.

장로교회 신조 제1조를 위반하는 자임으로, 교역자 됨을 거부한다.⁶

목사직 해임 위기에 놓인 김춘배가 다음과 같이 사과함으로써 이 문제는 일단락되었다.

> 그 문구가 만약 성경의 권위와 신성을 손(損)하고 교회에 폐해가 급(及)할 염려가 있다면 책임의 중대함을 감(感)하고 취소하기를 주저치 아니하나이다.[7]

김양선은 이 사건을 같은 해 발생한 남대문교회의 담임목사 김영주의 '창세기 모세 저작 부인사건'과 함께, "성경의 고등비평과 자유주의 신학이 전교회적으로 문제화 된 최초의 사건"이라고 평가하였다.[8]

그로부터 지금까지 이 사건은 이른바 정통신학과 자유주의 신학의 대립 양상(樣相)으로 이해되어 왔다. 그러나 필자는 다음과 같은 의문을 제기하고 싶다.

"과연 김춘배가 제기한 '여권 문제'를 김영주의 '창세기 모세 저작 부인사건'과 마찬가지로 정통신학과 자유주의 신학의 대립이라는 틀에서만 보아야 할까?"

왜냐하면 한국교회가 구한말에는 성경을 근거로 여권을 옹호하는 견해를 주장하였지만,[9] 1920년-1930년대에는 그와 다른 견해를 주장하였기 때문이다.

이처럼 1934년 김춘배의 여권 문제 제기는 지금까지 신학적 측면에서만 논의되어 왔다. 그러나 신학적 측면 외에도 간과할 수 없는 것이 있는데, 그것은 사회학적 측면이다. 왜냐하면 앞서 언급한 것처럼 구한말에서 1920년-1930년대로 가는 동안 변한 것은 성경 본문이 아닌 성경을 읽는 한국교회의 시각이었기 때문이다. 즉 구한말 한국교회는 유교적 봉건 체제에 도전하는 소수의 시각에서 성경을 읽었지만, 1920년-1930년대에는 조직화 및 거대화를 이룬 시각에서 성경을 읽었다.

이와 같은 측면에서 필자는 구한말과 1920년-1930년대 한국교회 여권의식 변화를 한국교회의 여권 문제에 대한 성경 적용 변화라는 맥락에서 살펴보려고 한다. 다시 말해 구한말과 1920년-1930년대 한국교회가 처한 사회적 배경과 여권에 대한 성경 해석을 비교함으로써 한국교회의 여권의식 변화를 살펴보려는 것이다.

한국교회가 처한 삶의 자리(Sitz im Leben)라는 측면에서 여권의식 변화를 살펴보고자 할 때, 무엇보다도 구한말과 1920년-1930년대는 많은 사회적 변화가 있었음을 염두에 두어야 한다. 그 변화는 한국 사회의 근대화에 따른 여성 교육과 사회 진출 등 여성의 지위 변화에 영향을 끼친 다양한 요인으로서 작용하였다. 그렇기 때문에 필자는 구한말 여권의 발전과 1920년-1930년대 여권의 쇠퇴라는 도식으로 단순히 볼 수는 없다. 구한말과 1920년-1930년대 여권의식에 대하여는 여권의 발전과 그 이면의 유교적 보수화라는 복잡한 현상 속에서 설명해야만 한다.

그럼에도 불구하고 앞서 언급한 것처럼 한국교회의 여권 문제는 신학적 측면에서 주로 논의되어 왔다. 그러나 이처럼 신학적 논의에서만 머물 때 한국교회의 여권 문제는 이른바 보수와 진보의 대립이라는 틀에서 벗어나기 어렵다. 왜냐하면 서로 자신의 신념을 정당화하는 반면 상대방은 폄하하기 때문이다. 예를 들면 '나의 신학과 주장은 정통이지만, 너는 자유주의 이단'이라고 단죄하는 것이다.[10]

표면적으로 볼 때 이 사건은 신학적 차이에 의한 대립으로 보이지만,

심층적으로 보면 시대적 변화에 따른 한국교회의 변화에 기인한 것이기도 하였다. 왜냐하면 구한말과 1920년-1930년대 한국교회의 여권의식에 대한 변화는 경제적, 정치적 요인들이 복합적으로 얽힌 가운데 발생했기 때문이다. 필자는 한국교회의 여권 문제를 이와 같은 측면에서 설명하려고 한다.

필자는 본서를 각각 구한말과 1920년-1930년대 여권의식에 대한 한국교회의 성경 적용을 중심으로 살펴봄으로써 진행하려고 한다. 이를 위해 무엇보다도 구한말과 1920년-1930년대의 문헌들을 자세히 살펴볼 것이다. 먼저 여권에 대해 언급된 구한말의 문헌은 「독립신문」, 「신학월보」 그리고 「죠선그리스도인회보」 등이다.

구한말에 나타나는 여권에 대한 논의의 특징은 당시 여권 문제가 교회뿐만 아니라 사회에도 연결되어 있었다는 점이다. 당시 한반도의 대표적인 계몽지인 「독립신문」에서 여권 문제를 흔히 다루었다는 점이 그와 같은 사실을 말한다. 이는 당시 여권에 대한 교회의 진보적 인식이 사회에 영향을 끼쳤다는 것을 의미하기도 한다. 그럼에도 불구하고 여권에 대한 논의를 다룬 문헌들의 분량에서 볼 때 구한말은 1920년-1930년대에 비해 빈약하다. 그 이유는 당시 여권에 대한 진보적인 견해가 선교사들은 물론이요, 계몽적 지식인들 그리고 초기 한국 기독교인들에게 주류 담론이었기 때문이다. 그렇기 때문에 당시 여권에 대한 논쟁이 1920년-1930년대와 비교해 볼 때 상대적으로 치열하지 않았음을 추론할 수 있다.

1920년-1930년대 한국교회의 여권 논쟁으로 제시된 논의들과 성경 적용에 대한 문헌은 구한말과 비교할 수 없을 만큼 풍부하다. 장로교단의 「신학지남」, 감리교단의 「신학세계」 그리고 성결교단의 「활천」과 오늘날 무교회주의자로 널리 알려진 김교신이 주필로 활동한 「성서조선」 그리고

「기독신보」와 당시의 「노회 회의록」 등 다양한 문헌에서 여권 문제에 대한 언급이 발견된다. 필자는 그런 사실이 1920년-1930년대 한국교회의 여권의식에 대한 논의가 그만큼 치열하였음을 반증하는 것이라고 본다. 즉 한국교회가 구한말과는 비교할 수 없을 만큼 거대화 및 조직화됨으로써 보수화된 후 여권의식에 대한 논의가 활발히 펼쳐졌다.

이 시대에는 구한말과는 달리 여권 문제에 대한 논의에서 교회와 사회가 연결된 측면이 잘 보이지 않는다. 구한말 교회의 여권의식에 대한 진보적 시각이 사회에 영향을 끼쳤다는 사실과 달리 오히려 1920년-1930년대 한국교회의 여권의식에서 사회보다 교회가 더욱 보수적 측면을 보였다.

언급한 문헌들 외에 필자는 1920년-1930년대 언론지 「조선일보」, 「동아일보」, 문예지 「별건곤」, 교양잡지 「신여성」, 「동광」 그리고 「개벽」 등의 여권에 대한 직간접적인 언급을 통해서도 한국교회에 영향을 준 한국사회의 여권의식에 대해 살펴보려고 한다.

본서는 실제적으로 전반부와 후반부로 구분되는데, 전반부는 "제2장 구한말 여권의식 변화"이고, 후반부는 "제3장 1920년-1930년대 여권의식 변화"이다. 왜냐하면 본서의 목적은 구한말과 1920년-1930년대의 여권의식 변화의 과정을 살펴봄으로써 한국교회 여권의식이 유교적 보수성을 내포하게 된 이유를 알아보고, 그것이 1920년-1930년대는 물론이요 지금까지 한국교회에 미치고 있는 영향을 발견하는 데 있기 때문이다.

그뿐만 아니라 본서의 전반부와 후반부에 언급하는 사회적 요인(要因)들을 통해 한국교회의 여권의식의 변화에 대해 알아보고, 이와 같은 사회적 배경 속에서 여권의식에 대한 한국교회의 성경관이 어떻게 변화되었는지 알아보는 것도 본서의 중요한 목적이다. 이를 통해 필자는 여권에 대한 한국교회의 성경 해석 변화가 오늘날 한국교회는 물론 한국 사회에 시사해 주는 바를 제시하려고 한다.

제2장

구한말의 여권의식[1] 변화

　　필자는 본 장에서 구한말 한반도 여성이 처한 현실의 배경을 중심으로 언급하려고 한다. 특히 여기서 중심적으로 살펴보려고 하는 것은 오랫동안 한반도를 잠식해 온 유교 이데올로기에 의해 묶인된 여성에 대한 차별과 그에 대한 선교사들의 반응이다. 필자가 유교 이데올로기에 대하여 살펴보고자 하는 까닭은 오랜 세월 한반도가 유교 이데올로기에 장악됨으로써 여성들이 남성들에게 예속된 삶을 살 수밖에 없었다고 보기 때문이다. 그로 인해 여성들은 관습이라는 명목하에 차별 받는 삶을 살 수밖에 없었다.

　　그러나 한반도에 선교사들이 입국함으로써 그것은 관습이 아닌 악습임이 드러났다. 선교사들의 눈에 비친 한반도는 봉건질서 속에서 여성들을 비롯한 피지배 계층들이 인간다운 삶을 누릴 수 없는 곳이었다. 왜냐하면 선교사들은 한반도에서 벌어지는 여성을 비롯한 피지배 계층에 대한 사회적 차별이 "인류가 타락함으로써 벌어진 죄의 결과"라고 보았기 때문이다. 필자가 본 장에서 유교 이데올로기로 인한 여성 차별과 그에 대한 선교사들의 반응을 중심으로 살펴보려고 하는 이유가 여기에 있다.

본 장에서 필자는 먼저 구한말 한반도 여성들의 현실에 대해 살펴본 후 한반도에서의 여권의식 변화와 그 요인에 대해 살펴보려고 한다.

1. 구한말 여성의 현실

구한말 선교사들의 입국 당시 한반도의 여권 문제는 참으로 심각하였다. 왜냐하면 오랫동안 지속된 관습이라는 명목하에 여성에 대한 차별과 학대가 묵인되고 있었기 때문이다. 이처럼 한반도에서 여성에 대한 차별과 학대가 오랫동안 지속될 수 있었던 근본적인 이유는 당시 한반도가 유교 이데올로기에 장악되어 있었기 때문이다.[2]

빈번한 구타, 이른바 과부 보쌈으로 널리 알려진 납치, 인신매매,[3] 고된 노동, 종속됨, 무학(無學)으로 인한 무지(無智) 등으로 미신에 억눌린 모습이 바로 구한말 선교사들에 눈에 비친 여성들의 모습이었다. 그 외에도 결혼 후 가족을 위한 고된 노동, 남편에게 종속된 삶, 무지로 인한 미신에 억눌린 삶을 사는 이들이 바로 구한말 한반도 여성들이었다. 그러나 이들을 보호할 수 있는 사회적 장치는 거의 없었다.

구한말 한반도는 "제도 문물은 물론이요, 정치 이상과 규범이 모두 유학의 그것(체계)을 적용함으로써, 국민 개인의 행동에도 그 지도 이념이 유교사상이었을 뿐만 아니라, 사회생활의 일체 양식과 모든 풍습이 유교사상을 토대로 한"[4] 유교적 사회였다. 사회학자 박영신은 이를 "유교에 터한 사회"였다고 함축하여 표현하고 있다.[5] 이와 같은 유교 이데올로기, 특히 여성 억압에 대한 유교 이데올로기는 17세기 주자학자들이 가졌던 가부장적

가(家)의식⁶으로부터 비롯되었다.

16세기 말과 17세기 초 왜란과 호란을 겪은 조선의 지배층은 전쟁 복구와 사회적 결속을 도모하기 위해 예(禮)에 입각한 주자학적 이념을 재정립하기 위한 노력을 기울였다. 일상생활에서 예치(禮治)와 예학(禮學)의 확산을 위해 17-18세기 동안 남성유학자들은 여성들을 교육할 규범서를 활발히 간행하였다. 조선 후기 지식인 남성들의 여성에 대한 시각은 가부장적인 경우가 대부분이었다.

예를 들어 17세기를 대표하는 문인인 김창협(1651-1708)은 일찍 죽은 누이와 아내를 애도하며, 자신이 최고의 가치로 여기는 부덕(婦德)을 실현했다고 칭송했지만, 그가 예외적으로 남성과 동등하게 인식한 여성은 그의 딸에 한정되었다. 학문에 흥미와 재능을 보였으나 일찍 죽은 딸을 위한 제문(祭文)에서 여사(女士)라는 호칭을 쓰면서, 여성의 몸으로 남성적 담론을 낙으로 누린 이는 오직 자신의 딸 하나뿐이라고 기록한 것이다. 물론 남성 지식인들 가운데 간혹 부부 관계를 수평적으로 보려는 경우도 없지 않았지만, 대부분은 대동소이(大同小異)하였다.⁷

이후 선교사들이 이 땅에 발을 디딜 때까지 여성에 대한 억압은 더욱 강화되었고 계층을 불문하여 사회적으로 용인되었다. 이처럼 여성 차별이 관습적으로 허용될 때, 여성은 신분질서에 따른 피지배 계층 속에서도 더욱 억압받는 계층으로 전락할 수밖에 없다.⁸ 결국 여성은 "누군가에 의해, 누군가를 위해 존재하는 예속된 존재"일 수밖에 없는 것이다. 여성의 예속성에 따른 폐해는 낮은 계층일수록 더욱 심각하였다. 그렇기 때문에 앞서 언급한 것처럼 결혼한 여인의 경우 새벽부터 밤늦게까지 가정을 위해 고된 노동을 해야만 했고, 심지어 남편으로부터 사사로운 구타를 당하기까지 하였다.⁹

구한말 한반도를 다녀간 서양인들이 본 한국인의 공통적 특징은 게으름이었다. 그들은 마치 "누워서 빈둥거리며 생각에 잠기기를 좋아할 뿐, 움직여야 하는 이유"를 알지 못하는 것처럼 보였다. 그러나 이것은 단지 남성들로부터 발견되는 모습이었을 뿐이다. 왜냐하면 여성들은 몽상(夢想)할 시간조차 없을 만큼 숨 가쁜 삶을 살았기 때문이다.[10]

결혼한 여성들은 시어머니의 끊임없는 감시 아래서 가족을 위해 고된 일을 해야만 하였다. 음식 만들기, 의복 짓기, 절구질로 쌀을 도정(搗精)하는 일은 물론, 머리에 무거운 짐을 얹어 장으로 운반해야 했을 뿐만 아니라, 물을 긷고, 집에서 멀리 떨어진 밭에서 일을 해야 했다. 옷을 빠는 것은 말할 나위없는 고역이었다. 왜냐하면 한국인들은 때가 타기 쉬운 하얀 옷을 즐겨 입었기 때문이다.[11] 선교사 애니 베어드(W. A. Baird)는 그의 소설 『따라 따라 예수 따라 가네』에서 12살 소녀 보배의 입을 빌어 다음과 같이 말하고 있다.

> 아기를 고쳐 업는 보배는 오늘따라 더욱 피곤함을 느꼈다. 까무잡잡한 피부에 두 뺨은 발그레하고 까만 머리를 총총 땋아 내린 보배는 올해 열두 살이 되었다. 깨끗하게 잘 차려입으면 아주 예쁜 얼굴이지만 보배는 늘 지저분한 모습이었다. 그럴 수밖에 없는 것이 보배 어머니와 보배는 집안 남자들의 옷을 세탁하고 다림질 하는 일에 모든 정성을 다 바쳤기 때문에 자신들의 몸을 돌볼 틈이 없었다. 어젯밤만 해도 다듬이질을 하느라 자정이 한참 지난 시간까지 잠자리에 들 수 없었다. 아버지가 갓 다린 빳빳한 옷을 입고 시장에 갈 수 있도록 하기 위해서였다.[12]

이처럼 고된 일과만이 여성들을 힘들게 하는 것이 아니었다. 왜냐하면 근본적으로 여성들에게는 유교적 가부장제 속에서 남편에 대한 복종이 요구되었기 때문이다. 이른바 삼종지도(三從之道)라 하여 결혼 전에는 아버지를, 결혼 후에는 남편을, 그리고 남편이 사망한 후에는 아들을 따라야 한다는 도덕률에 묶여 있었다. 여성은 남성과의 절대적인 종속관계에 있을 때만 비로소 사회적 존재로 인식되었다.¹³ 심지어 1909년 민적법이 재정되기까지 여성들에게는 이름조차 없었다.¹⁴

선교사 캠프(E. G. Kemp)는 다음과 같이 말하며 여성들의 이름 없음에 주목하였다.

> 한국 여성은 이름이 없다. 어렸을 때는 가족 내에서 사용하는 유아기의 이름을 가진다. 다른 사람들은 그를 아무개의 동생, 아무개의 딸이라고 부른다. 그리고 결혼 후 아들을 낳아서 아무개의 어머니라고 불릴 때까지도 이름이 없다.¹⁵

이름을 소유하느냐 소유하지 못하느냐 하는 문제는 인권의 바로미터일 수밖에 없었다. 왜냐하면 당시 여성들은 남성의 부수적인 존재로 인식되어 남편의 '안사람'이나 '아들의 엄마'라는 호칭만 가졌을 뿐만 아니라, 때로는 미성숙한 인간을 의미하는 '아기'로 불리기도 하고 심지어는 사물로까지 간주됨으로써 '이것'이나 '저것'으로 불리기까지 했기 때문이다.¹⁶ 그와 같은 사실은 선교사 무스(J. R. Moose)의 증언을 통해 확인된다.

한국 여성들은 진짜 이름이 없으며, 다만 '금쥐'나 '섭섭이' 혹은 "~와 같은 것"이라고 불린다. 이러한 관습을 따라서 나의 전도부인은 '보배'라고 불리었다. … 열다섯 살이 되었을 때 그녀는 세금 징수업자 김씨와 결혼했다. '보배로 불리는 대신 그녀는 '아기', '저것', '안사람' 등 부르고 싶은 대로 불려졌다. 그러다가 수복(long life and blessing)이라는 아들이 태어났다. … 사람들은 이제까지의 호칭을 바꾸어서 수복이 엄마라고 불렀다.[17]

이와 같이 구한말 한반도에 복음이 들어오자 비로소 여권 문제를 비롯한 오랜 시간 사회적으로 불문화되어 온 악습들이 드러나기 시작하였다. 당시 「독립신문」에서는 한반도 여성들의 비참한 현실을 다음과 같이 폭로하였다.

세상에 불쌍한 인생은 조선 여편네니 우리가 오늘날 이 불쌍한 여편네들을 위하여 조선인민에게 말하노라. 여편네가 사나이보다 조금도 나아진 인생이 아닌데 사나이들이 천대하는 것은 다름이 아니라 사나이들이 문명개화가 못 되어 이치와 인정은 생각하지 않고 다만 자기의 팔 힘만 믿고 압재하려는 것이니 어찌 야만에서 다름이 있으리요. 사람이 야만과 다른 것은 정의와 예법과 의리를 알아 행실을 하는 것이거늘 조선 사나이가 여편네 대접하는 것을 보면, 정도 없고 의도 없고 예도 없고 참 사랑하는 마음도 없이, 대접하기를 사나이보다 천한 사람으로 하고, 무리하게 압제하는 풍속과 억지와 위엄으로 행하는 일이 많이 있으니, 그 여편네를 대하여 불쌍하고 분한 마음이 없으리요.[18]

보편적으로 한국 여인들은 실제 나이보다 훨씬 늙어 보였다. 나이 서른이면 쉰으로 보였고, 마흔쯤 되면 치아가 없는 사람들이 당시 한국 여성들이었다.[19] 물론 여성에 대한 차별은 신분에 따라 방식이 달랐지만, 신분의 높고 낮음을 막론하고 자행되는 여성에 대한 차별은 선교사들에게 심각한 문제로 인식되었다.[20] 선교사들은 한국 여성들이 "열등의 멍에를 운명으로 지고 있는 사람들"이라고 보았다.

사실 한국 여성들은 이와 같이 불합리한 관습 속에서 살면서도 그것을 깨는 것은 생각조차 할 수 없었다.[21] 더욱이 복종을 거부하거나 추문을 일으키는 여성은 매질을 당했는데, 그것은 신분이 낮을수록 심하였다.[22] 선교사 언더우드(L. H. Underwood)는 자신이 목격한 바를 다음과 같이 증언하였다.

> 조선 여성들은 대게 아름답지 못하다. 지금까지 어느 누구보다도 그들을 사랑하고 자매처럼 생각하는 나는 이 점을 실토하지 않을 수 없다. 비애, 절망, 힘든 노동, 질병, 사랑 부족, 무지 그리고 너무나 빈번한 수치심 등은 그들의 눈을 흐리게 했으며, 그들의 얼굴은 무감각하고 상처투성이가 되도록 만들었다. 그렇기 때문에 25세가 넘은 여성들 중에는 외관적인 아름다움을 쓸데없는 것으로 보는 사람도 있다.[23]

이와 같은 사실에서 볼 수 있는 것처럼 한반도에는 새로운 여권의식이 절실했지만, 그것은 불가능하게만 보였다. 왜냐하면 앞서 언급한 것처럼 구한말은 유교 이데올로기에 의해 사회 전반이 장악되어 있었기 때문이다. 더욱이 여성 스스로가 예속된 현실을 벗어날 수 없는 중요한 요인이 있었는데, 그것은 사회적으로 여성 교육이 허용되지 않는 것이었다. 여성들은 무지(無智) 가운데 살고 있기에 예속된 존재로서의 문제의식조차 느낄 수 없었을 것이다.

　선교사들의 입국 당시 이 땅에는 여성들을 위한 교육 기관이 전혀 없었다. 남성들은 최소한 향교에서 중국 고전을 배울 수 있었지만, 여성들을 대상으로는 가사(housework) 훈련 외에 어떤 교육도 이루어지지 않았기 때문에 글을 아는 여성은 수천 명에 하나 꼴이었을 만큼 극소수였다. 이렇듯 여성들이 교육 받는 것을 허락하지 않은 까닭 가운데 하나는 "교육 받은 여자는 혼삿길이 막힌다는 잘못된 인식"이었다. 교육을 받지 못한 까닭에 그들은 쉽게 미신에 빠졌고, 늘 악령에 대한 두려움에 사로잡혀 있었다.[24]

　선교사들은 여성들의 처지를 이해하고 동정하는 가운데 다음과 같이 탄식하였다.

> 보통 조선여자는 미신숭배의 신앙을 갖고 있으며 무시무시한 악령들에게 끊임없이 시달리며 살고 있다. 이렇게 볼 때 우리는 조선여자들의 일상적인 보잘 것 없고 미신적이며 또한 천박한 것이라고 충분히 생각할 수 있다. 불쌍한 조선의 여인들이여![25]

　선교사들이 여성들을 위해 학교를 연다고 했을 때, 심지어 다음 번에는 가축을 위한 학교가 열릴 거라고 빈정거린 사람조차 있었다는 사실[26]에서 당시 여성들에 대한 인식이 잘 드러난다. 선교사 캠프의 증언은 당시 여성을 가축과 동일시한 듯 보이는 시각이 사실이었음을 말해 주고 있다.

남편들의 생활에서 여성들이 차지하는 위치에 대한 생각을 명백히 해 주는 하나의 옛 이야기가 있다. 위대한 신이 조용한 아침의 나라의 조상으로 삼기 위해 세 현인을 제주도에 내려 보냈다. 그들이 앉아서 바다를 바라보고 있을 때 조류에 떠돌아다니는 이상한 물건들을 보았다. 현인들은 물가로 걸어가서 그 괴상한 물건들이 놋쇠로 묶인 상자들이었다는 것을 알았다. 이것들을 열었을 때 각각 가정에 유용한 동물들, 즉 돼지, 소, 개 그리고 여자들이 들어 있는 것을 발견했다.[27]

선교사들은 이러한 악습들이 "인류의 타락"에 따른 죄의 결과로 보았다. 이후 평양신학교에서 교수로 가르친 미국인 선교사 사우업(史佑業)이 "여성이 남성으로부터 종의 대우를 받는 것은 세상에 죄가 들어온 까닭이다"[28]라고 언급한 사실에서, 선교사들은 이와 같은 여성 차별이 단순히 사회적 악습임을 넘어 인류의 타락에 의한 결과 가운데 하나로 보았음을 알 수 있다. 즉 유교 이데올로기 속에서 말하는 이른바 "여필종부(女必從夫)의 법칙"[29]은 문화적으로 용인할 수 있는 관습이 아니라, 복음으로 혁파되어야 할 악습이었다.

구한말 선교사들에 의해 복음이 전해짐에 따라 한반도에는 여권의식에 눈을 뜨는 다양한 요인들이 발생하였다.[30] 한국교회가 그와 같이 여권의식의 변화를 일으킨 첨병이었음은 물론이다. 그러한 요인들은 선교사들에 의한 한글 대중화 및 여성 교육의 확산 등 참으로 다양하였다. 이에 대하여는 다음 단락에 자세히 언급하려고 한다.

2. 여권의식의 변화 요인

앞서 언급한 것처럼 선교사들의 입국과 함께 여권의식에 대한 구체적인 변혁이 일어나기 시작하였다. 물론 선교사들은 한반도에 복음을 전하기 위해 왔지만, 그들의 복음 전파 사역에 여권의식 변화도 내포되어 있었다. 구체적으로 여권 변화에 지대한 영향을 끼친 다양한 요인들이 발생했는데, 필자는 여기서에서 그러한 요인들을 다섯 가지로 언급하려고 한다. 그것은 한글의 대중화, 여성 선교사들의 활동, 여성 교육 기관 확산, 대부흥 운동, 그리고 여성 지도자의 등장이다.[31]

1) 한글의 대중화

한반도 여권 신장을 위한 선교사들의 가장 중요한 사역은 여성들을 위한 학교 교육을 시작하는 것이었다. 교육에서 가장 역점을 둔 것은 학교에 입학한 여성들이 한국어 글을 읽고 쓰게 함으로써 성경을 읽도록 만드는 것이었다.[32] 그러나 이와 같은 교육 기관은 대부분 대도시권에 있었을 뿐만 아니라, 나이가 적은 여성들을 대상으로 하였기 때문에 시골에 사는 성인 여성을 비롯한 대부분의 여성들은 혜택을 받기 어려웠다.

그럼에도 불구하고 여성들이 글을 읽을 수 있는 교육이 전국에 걸쳐 확산되고 있었는데, 그것은 한글 성경의 확산에 기인하였다. 권서(勸書)들과 전도부인들을 통해 '쪽복음서'로 편집된 성경이 확산되고, 성경을 읽기 위해 이들로부터 한글을 배움으로써 여성들이 문맹으로부터 차츰 벗어나게 된 것이다.[33]

선교사들과 한반도 초기 기독교인들의 손으로 번역된 한글 성경은 빠르게 전역으로 확산되었다. 그로 인해 한글이 대중 문자로 보급되어 초기 기독교인들은 무지로부터 차츰 벗어날 수 있었다. 여성들도 한글을 익힘으로써 무지로부터 벗어나고 성경의 복음을 통해 자신들의 존재를 확인 받고 삶이 변화되는 해방적인 경험을 할 수 있었다.[34]

선교사들은 한글의 과학성에 대해 경탄해 마지않았다. 그렇기 때문에 한글로 옮긴 성경 보급을 포함한 문서 선교가 주요한 전략이 되었음은 당연하다. 당시 소수 계층의 특권물로 이해된 한문과는 다르게 한글은 민중의 언어였기 때문에 배우기 쉬웠을 뿐만 아니라, 정확한 성경 번역에도 적지 않은 도움이 되었다. 그렇기 때문에 선교사들은 처음부터 한글로만 모든 문서를 기록하고 번역하였다.[35]

그로 인해 한반도에서의 성경 보급 성과는 "중국에서 50년에 걸쳐 보급했던 양을 한국에서는 10년 안에 보급했을 정도"였다고 평가되고 있다. 구체적으로 보면 1893년 3,925권, 1896년 2,997권, 1899년 46,121권, 1902년 28,716권, 1905년에는 98,498권을 보급하였으며, 1911년에는 26만여 부, 1924년에는 60만여 부, 1936년에는 86만여 부에 달하였다.[36]

이외에도 '쪽복음서' 형태로 출판된 한글 성경들이 권서들에 의해 전국으로 보급되었다.[37] 선교사들에 의한 한글 보급은 성경 번역 외에 참으로 다양한 한글 저술 작품들을 통해서도 이루어졌다. 선교사들에 의해 저술된 한글 작품이 적지 않은데, 이에 대하여는 둘째 요인인 "여성 선교사들의 활동"에서 자세히 언급하려고 한다. 어쨌든 선교사들을 통한 한글 보급은 단순히 기독교 전파라는 목적을 넘어 이 땅의 백성들에게 자아의 각성과 인간의 평등, 자유로운 진리의 추구, 진취적인 대중 의식을 심어 주기에 충분하였다.³⁸ 한국 기독교인들의 여권에 대한 자각도 그에 포함되었음은 물론이다.

한글은 1446년 음력 9월 훈민정음(訓民正音)이라는 이름으로 반포되었지만 선교사들에 의해 사용되기까지 오랫동안 인정받지 못하였다. 오히려 어리석은 백성들이 사용하는 글이라 하여 이른바 언문(諺文)이라 일컬어지며 무시 받아 왔다. 그러나 복음이 이 땅에 전파됨으로써 한글은 그 진가를 인정받게 되었다. 말 그대로 백성들이 사용하는 언문으로서 말이다.

그러나 한글을 통해 그리스도인들은 민족의 자긍심을 갖게 됨은 물론 애국심도 고취될 수 있었다. 그뿐만 아니라 억압된 자에게 자유를 선포하는 복음의 진리를 깨달음으로써 인권을 말하는 사회 개혁자들로 자리매김할 수 있었다. 이와 같이 초기 한국 기독교인들이 사회 개혁 세력이 될 수 있었던 이유가 무엇보다도 한반도 전역에 걸쳐 빠르게 확산된 복음 전파에 기인한 것이었음은 물론이다.

성경을 확산시키는 일에는 무엇보다도 권서들의 역할이 참으로 지대하였다. 그러한 사실은 외국인 선교사가 입국하기 이전에 성경의 일부가 만주와 일본에서 번역되었고, 그것이 권서에 의해 몰래 반포되어 신자가 생겼다는 사실에서도 확인된다. 구한말 일제하 민족수난기 역사의 현장에서 성경 확산에 힘썼던 '권서전도자'들은 한국 초기교회 형성의 선구자들이라고 보아도 과언이 아니다.³⁹

권서들은 성경을 팔기 위해 장소를 가리지 않고 찾아갔다. 그러나 내외 구분이 엄격히 지켜지던 상황에서 남자 권서들이 여자들에게 직접 성경을 판매하는 것은 불가능했다. 봉건적 관습과 사회 구조의 가장 저변에 위치하여 수난 받고 있을 뿐만 아니라 가정을 중심으로 극히 제한된 자유밖

에 누리지 못하는 여자들에게 성경을 전하기 위해서는 여자 권서(부인 권서)들이 필요했다.⁴⁰

부인 권서들은 여성 선교사의 지도를 받으며 전도부인들과 같이 일했기 때문에 그 역할이 전도부인들과 비슷하였다. 그들의 주 업무는 부녀자의 방에 들어가서 성경을 읽어 주고 그 진리의 말씀을 설명해 주며 성경을 판매하는 것이었다. 그 외에도 자신들이 말씀을 가르치는 가정에 문제가 생겼을 때는 물론, 병자가 있을 때나 귀신 들린 사람이 있을 때도 찾아가서 문제를 해결해 주고 기도해 주었다.⁴¹

이처럼 다양한 활동 가운데 가장 두드러진 사역은 한글을 가르치는 교육 사역이었다. 부인 권서들은 일과 후에도 글을 배우고자 하는 부녀자들을 모아서 가르쳤을 뿐만 아니라, 먼 곳에 살거나 저녁에 모일 수 없는 부녀자들을 위해 일일이 방문해서 글을 가르쳤다.⁴² 그들은 대도시는 물론, 시골과 산간벽지에 사는 여인들까지 찾아가서 복음을 전하고 한글을 가르침으로써 성경을 읽도록 도와주었다. 이만열은 부인 권서들에 대해서 다음과 같이 평가하고 있다.

> 부인 권서들이야말로 가난하고 소외되어 희망 없고 비참한 지경에 빠졌던 부녀자들에게 기독교적인 자유와 행복을 전해 준 전도자들이었다.⁴³

부인 권서들을 감독한 선교사 존스(Mrs. Jones)의 고백은 당시 부인 권서들이 부녀자들의 문맹 퇴치에 역할이 지대하였음을 잘 말해 준다.

나를 가장 기쁘게 만드는 것을 읽기를 배운 사람들의 수를 보는 것이었다. 강화에 있는 우리 교회에 3년 전에는 한 사람도 글을 읽을 수 있는 사람이 없었는데 (지금은) 스물아홉 명이 자기들의 성경을 읽고 있는 것을 보았다. 옛날에는 부인 권서들이 오면 다른 부녀자들은 질문 없이 단지 듣기만 하고, 스스로 읽고자 하는 욕망이 없었다. 그러나 (이제는) 가르치는 시간이 되면 부인 권서의 성경만이 나타나는 것이 아니라, 많은 부녀자들이 소중하게 간수했던 책을 가지고 나온다.[44]

이처럼 성경을 읽고 배운 여인들이 결국 자신들의 권리에 대해 자각하게 되었음은 물론이다. 왜냐하면 그들은 성경의 복음을 통해 자신들의 존재를 확인 받았을 뿐만 아니라, 자신들의 삶이 변화되는 해방적인 경험을 하는 가운데 성경의 권위를 내면화했기 때문이다.[45] 이와 같은 측면에서 볼 때 "부인 권서들이 당시의 여성 의식을 깨우는 선각자 역할을 하였다"는 김해연의 평가[46]는 참으로 적절하다. 1902년-1903년 의주에서 개최된 사경회에 참석하여 여선교사의 가르침을 받은 한 여성이 다음과 같이 고백하였다는 것은 그러한 사실을 반증한다.

> 한국의 여성은 무엇입니까?
> 개나 돼지는 아무 일도 하지 않고 그저 먹고 살다 가도록 되어 있지 않습니까?
> 우리 한국 여성도 그저 그렇게 만들어진 줄 알고 살아 왔습니다.[47]

앞서 언급한 것처럼 한글은 선교사들에 의해 사용되기까지 오랫동안 인정받지 못하였지만, 복음 전파의 수단으로서 지대한 역할에 사용되었다. 왜냐하면 여성들이 한글을 통해 성경 진리를 깨달음으로써 남성보다 열등한 존재가 아님은 물론, 종속적 존재가 아닌 주체적 존재임을 알게 되었기 때문이다. 마찬가지로 유교적 봉건 사회에서 오랫동안 멸시 받던 한글은 오랫동안 억압 받아온 여성들이 주체적 존재임을 깨닫도록 해 준 가장 좋은 도구였다.

한글 성경의 확산으로 한국인들은 여권 문제를 포함해 관습적으로 유지 되어 온 악습들에 대한 문제의식을 가지게 되었다. 그리고 한반도 여권의식이 급격히 변화되는 두 가지 계기가 있었다. 그것은 19세기 말 부터 선교사들에 의해 설립된 교육 기관에서 이뤄진 여성 교육의 확산과 1903년-1907년에 걸쳐 진행된 대부흥 운동이었다. 다음 단락에서 필자는 먼저 여성 선교사들의 활동을 간략히 살펴본 뒤 여성 교육의 확산과 대부흥 운동에 대하여 살펴보려고 한다.

2) 여성 선교사들의 활동

한반도에 입국한 여성 선교사들의 활동에는 처음부터 여성을 억압으로부터 해방하려는 목적이 내포되어 있었다. 왜냐하면 그들은 본국에 있을 때부터 비기독교 문화권에 사는 여성들의 형편없는 사회적 지위에 대해 전해 듣고 충격을 받아 그러한 여성들에게 깊은 관심을 가졌기 때문이다. 그렇기 때문에 여성 선교사들은 억압적인 이교 문화 아래에서 고통 받는 여성들에게 영혼 구원뿐만 아니라 물리적인 자유도 주려고 하였다.[48]

물론 구한말 여성 선교사들이 이른바 진보적 신앙을 가진 것은 아니었다. 그들은 오히려 성경 고등비평과 자유주의 신학은 위험한 이단으로 여기고 청결한 삶을 강조하며 사회 참여보다는 복음전도를 강조하는 보수적 신앙을 가진 청교도적 신앙을 소유하고 있었다.[49] 그럼에도 불구하고 구한말 한반도의 상황은 이들 여성 선교사들이 적극적인 사회 참여를 함으로써 진보적 가치를 실천하도록 하였다.

더욱이 그들은 이전 세대 여성들과는 달리 고등 교육을 받은 수혜자들이었다. 그들이 성장한 19세기 미국은 "다음 세대를 길러 내는 민족적, 사회적 책임을 완수하기 위해 여성들이 더 나은 교육을 받아야 한다"는 슬로건(Slogan) 아래, 여성 교육이 획기적으로 발전된 시기였다. 그로 인해 여성 선교사들은 신학교나 대학교에서 의료, 교육 등 전문 지식을 받은 후 한반도를 비롯한 각 선교지에 파송될 수 있었다.[50] 결국 이와 같은 교육적 배경으로 말미암아 한반도에 파송된 여성 선교사들은 의료와 교육 등 전문 분야에서 지대한 영향을 끼칠 수 있었다. 이들 가운데 대표적인 인물이 로제타 셔우드 홀(Rosetta Sherwood Hall)과 애니 베어드(Annie Baird) 그리고 스크랜턴(M. F. Scranton) 등이다.

로제타 셔우드 홀은 초장기 한국 개신교인들이 '평양 오마니'라고 불렸던 미국 여성이다. 그는 44년 동안 한국 선교사로 일하면서 병원을 네 개나 설립했을 뿐만 아니라, 시각장애인과 청각장애인을 위한 학교 및 여자 의과 대학도 설립하였다. 이와 같은 측면에서 볼 때 그는 한국 장애인 복지의 선구적 인물이었다고 보기에 충분하다. 그러나 그의 활동은 그것으로 한정되지 않았다. 전도, 교육, 문서 선교도 그의 활동에 영역에 포함되었다. 로제타 셔우드 홀 한 사람이 한반도에 끼친 공헌만 해도 이와 같이 지대하다. 그러나 그는 1884년부터 1907년 사이에 한국 땅을 밟은 200여 명 여성 선교사들의 한 명이었을 뿐이다.[51] 그 외에도 많은 여성 선교사들이 이 땅에 지대한 영향을 끼쳤다.

사실 여성 선교사들은 주로 교육과 의료 분야에 종사하는 가운데 초기 개신교와 한국의 근대화에 적지 않은 영향을 끼쳤다. 언더우드(Horace G. Underwood), 마포삼열(Samuel A. Moffet) 등 널리 알려진 남성 선교사들의 활동에 가려 이들 여성 선교사들은 주로 선교사 남편을 내조하는 데 그 영역이 국한되었다고 인식된 측면이 있다.[52] 그러나 여성 선교사들의 영역도 의료, 교육, 문화 그리고 교회 설립 등 남성 선교사들의 활동을 방불(彷彿)한 것이었다. 일반 사람에게 널리 알려지지 않은 여성 선교사 가운데서도 교육과 문화에 지대한 공헌을 한 이들이 있었다. 그 가운데 대표적인 인물이 애니 베어드이다.

애니 베어드는 숭실대학교 설립의 중심 역할을 한 선교사인 윌리엄 베어드(William M. Baird)의 아내로 널리 알려져 있다. 그는 독자적으로도 교육과 문학 등에 중요한 공헌을 남겼다. 먼저 그는 다양한 교과서를 저술했는데 대표적으로 1897년 출간한 『한국어를 배우기 위한 50가지 도움들』(*Fifty Helps for the Study of the Korean Language*)이 있다. 이 책은 한국어를 배우고자 하는 외국인들을 위한 교본으로 저술된 것으로서, 당시 외국인들은 이 책을 한국어 공부의 표준이 되는 교재로 사용하였다.[53]

이외에도 애니 베어드는 동물학, 식물학, 생물학 등 자연 과학 계열의 교재들을 번역 편찬하였다. 1906년에는 순 한글로 편역한 우리나라 최초의 식물학 도서로 알려진 『식물도셜』을 출판하였고 1908년에는 『텬문학 략해』(天文學略解), 『생리학 초권』(生理學初卷)을 출판하였다. 그뿐만 아니라 1910

년-1912년에 걸쳐 세계사 교과서로서 네 권으로 구성된 『만국통감』(萬國通鑑)을 출판하였고, 1913년에는 자연 과학 도서인 『식물학』(植物學)을 출판하였다. 이 가운데 『만국통감』은 1906년 숭실대학을 졸업한 이준겸과 1907년 숭실대학을 졸업한 이근식의 번역과 도움으로 출판할 수 있었다.[54]

애니 베어드는 전도를 목적으로 한 문학 작품들도 다수 저술하였다. "성부 하나님의 독생자 예수 그리스도를 통한 인간에 대한 사랑과 구원 의지"를 조선 사람들에게 이야기 식으로 전하려는 전도문서로는 1906년 출판한 『쟝자로인론』,[55] 1911년 출판한 『고영규젼』이 있고, 바람직한 부부생활을 위한 교본으로 1911년 출판한 『부부의 모본』 등이 있다. 그 밖에도 한국에 관심을 가진 외국인들을 위해 1909년 영어로 저술한 문학 작품으로 『한국의 새벽: 극동에서의 한 회심에 대한 이야기』(Daybreak in korea: A Tale of Transformation in the Far East)가 있다.[56]

이외에도 앞서 언급한 것처럼 1908년 조선의 한 여성 그리스도인의 이야기를 그린 『따라 따라 예수따라 가네』도 빼놓을 수 없는 역작이다. 특히 그는 널리 알려진 찬송가 "멀리 멀리 갔더니"(1895)의 작사가이다. 그 외에도 널리 알려진 "예수 사랑하심은" 등 몇몇 찬송가를 번역하고 『챵가집』을 편찬함으로써 이 나라의 음악과 문학에 기여한 바가 적지 않다.[57] 물론 그는 복음을 전할 목적으로 그와 같은 일들을 하였지만 결과적으로 한국의 교육과 문학 그리고 음악에 지대한 공헌을 남긴 것이다.

앞서 언급한 것처럼 평양신학교에서 교수로 사역한 게일(James S. Gale)은 1895년 존 번연의 『텬로력뎡』(天路歷程)을 그의 아내와 함께 번역하였다. 그 외 한국문학 번역이나 저술들에 게일 선교사 아내의 이름은 언급되지 않고 있지만, 게일 선교사가 『춘향전』이나 『구운몽』 같은 문학 작품을 수려한 영문으로 번역할 때[58] 그의 아내가 도움을 주었음은 충분히 짐작할 수 있다. 즉 게일이 근대 한국 문학사에서나 문화사에서의 위치를 결코 간과할 수 없는 것처럼 그의 아내도 간과할 수 없다.

교육사업에서도 여성 선교사들의 역할은 참으로 지대하였다. 1881년 5월 언더우드가 고아나 극빈자 아동을 모아 이른바 '언더우드 학당'이라고 불리는 고아원 학교를 시작했을 때, 1886년 미국 감리교 여성 선교사 스크랜턴(Mary F. B. Scranton)[59]에 의해 오늘날 이화여자대학교의 모체가 된 이화학당이 설립되었고, 다음해 7월 미국 북장로교 선교사 엘러즈(Annie J. Ellers)에 의해 오늘날 정신여자고등학교의 모체가 된 정신여학교가 설립되었다. 그러나 여학교는 봉건적 관습으로 인해 학생을 모집하는 것이 어려웠기 때문에 초장기 학생들의 대부분은 고아나 과부 혹은 첩 등과 같은 소외 계층이었다.[60] 그럼에도 불구하고 이처럼 초라하게 시작된 이화학당은 이후 수많은 여성 지도자들을 배출하였다.

여성 선교사들의 활동이 한반도 여성들의 지위 향상에 모범이 될 수밖에 없었던 가장 큰 이유는 그들이 한반도 여성들의 모범이 되었기 때문이었다. 그와 같은 모범이 준 영향은 크게 세 가지로 언급될 수 있다.

첫째, 그동안 수동적인 삶을 살아온 한반도 여성들이 "자신들도 충분한 능력을 가지고 있다"는 것을 깨닫게 되었을 것이다. 왜냐하면 각 분야에서 전문성을 발휘하고 있는 여성 선교사들의 모습은 한반도 여성들에게 모범이 되었기 때문이다.

둘째, 그동안 평등하지 못한 삶을 살아온 한반도 여성들이 남녀의 동등함을 깨닫게 되었을 것이다. 왜냐하면 한반도 여성들은 여성 선교사들이 남편과 동등하게 선교사역을 할 뿐만 아니라, 때로는 독립적인 선교사역에 힘쓰기도 하는 모습을 봄으로써 남편과 아내가 서로 존중하고 동역하는 동등한 존재임을 깨닫게 되었을 것이기 때문이다.

셋째, 여성 선교사들에게 교육을 받은 한국 여성 지도자들은 여성 선교사들을 본받아 의료, 교육, 사회사업 등 각 분야에서 전문성을 발휘할 수 있었다.[61] 한반도에 복음이 전파되기 이전 여성들이 사회의 전문 분야에서 능력을 발휘한다는 것은 불가능하였다. 왜냐하면 앞서 언급한 것처럼 여성들은 삼종지도(三從之道)의 법칙에 매여 가정에 충실할 뿐, 여성들이 사회에 진출하는 것은 실질적으로 봉쇄되어 왔기 때문이다.

그러나 한국 여성들은 여성 선교사들이 학교를 세우고 의료원을 세우는 모습을 목격함으로써 그와 같은 역할을 할 수 있었다. 1900년 여메례가 여성자립기구인 '보호여회'를 조직했을 뿐만 아니라 1906년 '진명여학교'를 설립하였고,[62] 1908년 김정혜가 '정화여학교'를 세웠으며,[63] 박에스더(Easther Pak)가 1900년 볼티모어 여자의과대학에서 의학박사학위(M. D.)를 받고 귀국한 후 한국인 최초 여성 의사가 되었다는 사실은 그와 같은 사실을 반증한다.[64]

더욱이 노살롬에게서 볼 수 있는 것처럼 여성 오지 선교 개척자가 배출되었다는 사실[65]은 한반도 전역을 다니며 교회를 개척 설립하는 일에 힘썼던 여성 선교사들이 한국 여성들에게 어떠한 모습으로 비추었는가를 잘 말해 준다. 이처럼 여성 선교사들이 한국 여성들에게 역할 모범이 됨으로써 한국 여성들 가운데 적지 않은 여성 지도자들이 나오도록 하는 데 지대한 영향을 끼쳤다.

3) 여성 교육 기관의 확산

구한말 여성 교육의 필요성에 대하여는 한반도를 방문한 선교사들은 물론 구한말 계몽적 지식인들도 문제의식을 가지고 있었다. 선교사들은 무엇보다 여성의 열악한 인권에 주목함으로써 동등한 남녀 관계에 강조점을 두었다. 그뿐만 아니라 훈련된 여성 사역자들에 대한 필요성 인식도 여성을 위한 교육 기관을 확산하도록 하는 요인이 되었다.

구한말 계몽적 지식인들도 선교사들과 동일하게 전통적인 여성관을 비판함으로써 여성에 대한 근대 교육을 강조하였다. 그러나 동시에 그들은 자녀 교육을 담당하는 기능적 측면에서도 여성의 근대 교육을 강조하였다. 무엇보다도 그들은 한반도를 위협하는 외세에 맞설 수 있는 강한 근대 국민 국가 형성을 위해서 근대 교육을 받은 어머니가 필요하다고 확신하였다.[66] 이 단락에서는 먼저 구한말 계몽적 지식인들의 여성 교육에 대한 문제의식을 살펴본 후 선교사들에 의한 여성 교육 기관[67]의 확산에 대해 언급하려고 한다.

(1) 구한말 계몽적 지식인들의 문제의식

한반도 계몽적 지식인들의 여성 교육에 대한 문제의식이 언급된 대표적인 문헌은 「독립신문」이다. 서재필에 의해 1896년 4월 7일 창간되어 1899년 12월 4일 독립협회의 해산과 함께 폐간된 「독립신문」에는 여권 변혁에 대한 관심이 적지 않게 언급되었는데, 여기 언급된 주된 주장은 한반도에 팽배한 남녀 간의 불평등을 철폐하자는 것이었다. "일부일처(一夫一妻)로 이루어진 부부 관계",[68] "이혼의 부당성",[69] "여성의 교육 받을 권리",[70]

"반상(班常)과 남녀차별의 금지"[71] 그리고 "조혼에 따른 폐해 알림"[72] 등에는 그와 같은 사실이 잘 드러나 있다.

더욱이 이 시기는 대한제국이 태동되던 시기로서 청나라의 간섭으로부터 벗어나 실질적인 자주독립에 대한 기대를 가졌던 시기이기도 하였다. 계몽적 지식인들은 조선의 잠재력을 일깨워줌으로써 자주독립 국가로서 역량을 갖출 것을 촉구하였다.

지금 조선 일을 외국 사람들이 도리어 조선 사람보다 더 아니 그 어찌 한심치 안으리오. 외국사람들이 겉가량으로 조선의 인구 수효 치기를 일천 육백 만명인데, 사나이가 구백만명 가량이요 여인이 칠백만 명 가량이라. 호수인즉 삼백 사십 팔만 구백 십일호 가량을 치고 지면인즉 영국 리(里) 수로는 육십만 방리 가량이라. 이 수효들을 가지고 세계 각국과 비교하여 보면 조선이 영국보다 크고 비리시[벨기에]보다 아홉절이 크고, 하란[네덜란드]보다 여덟 갑절이 크고, 정말[덴마크]과 서사[스위스]보다 여섯 갑절이 크고 이틸리[이탈리아]와 거진 같고 서반구로 가면 샐베도[엘살바도르]보다 열세 갑절이 크고 코스타가[코스타리카]와 샌도밍도[산도밍고]와 헤타이[아이티]보다 네 갑절이 크고 늬코륵가[니카르과]와 한두라스[온두라스]보다 갑절이라 인구 수효로는 정말과 희랍보다 여덟 갑절이요, 서사보다 다섯 갑절이요, 포도아와 하란과 비리시보다 세 갑절이요, 서전[스웨덴]과 나위[노르웨이]와 구라파 토이키[터키]보다 갑절이요, 서반아와 거진 같고 서반구 속에서 합중국 외에는 조선 같이 인구가 많은 나라는 없는데 … 이것을 가지고 보건드면 조선이 세계 중의 큰 나라요 토지는 동양의 제일이라. 기후가 좋으니 각색 곡식과 실과와 채소가 구라파나 미국 못지 않게 될 터이요 금·은·동·철과 석탄이 한량이 없이 있는지라. 이 토지를 가지고 잘 서둘기만 하면 조선도 천하에 상등나라로 될 터이라.[73]

이 글에서 볼 수 있듯이 외부의 시각에서도 당시 한반도는 충분한 잠재력을 지니고 있었다. 그럼에도 불구하고 이 나라가 후진성을 벗어나지 못하고 있었기 때문에 계몽적 지식인들은 한탄할 수밖에 없었다.[74] 그들은 조선 백성들이 인종에 있어서는 동양에서 제일감에도 불구하고 백성들이 학문을 배울 수 없기 때문에 후진성을 벗어나지 못한다고 주장하였다.

다만 나라가 이러한 것은 인민들이 학문이 없어 그런 것인즉, 상등 나라가 되려면 인민을 교육하는 것이 제일이란 말을 알 듯하노라. 인종인즉 조선 사람들이 동양에서 제일가는 인종인 것은, 청인이 느리고 더럽고 완고하여 좋은 것을 보아도 배우지 아니하고 남이 흉을 보아도 부끄러운 줄을 모르고, 일본 사람들은 문명한 것을 본받기를 잘하나 성품이 너무 조급한 고로 큰일을 당하면 그르치는 일이 있거니와, 조선 사람은 가운데 있어 일본 사람의 개화하려는 마음도 있고 청인의 누그러진 성품도 좀 있는 인종인즉, 다만 잘 가르쳐만 놓으면 동양에서는 제일이 될 듯하더라.[75]

이 글에는 타민족과 비교한, 민족에 대한 자긍(自矜)감이 내포되어 있지만 동시에 열등감도 내포되어 있다. 왜냐하면 '문명과 야만의 이분법' 속에서 한반도는 언제나 나약하고 가난한 존재로 분리되고 있었기 때문이다.[76] 이와 같은 측면에서 볼 때 백성들이 학문을 배워야 하는 당위성은 한반도가 야만을 탈피하고 문명의 반열에 들어서기 위함에 있었다. 그렇기 때문에 그들은 "조선 사람들 또한 가르치기만 하면 다른 나라 사람들보다 못하지 않다"고 주장하며 조선 사람들이 '조선 일'[77]은 물론 "외국 학문을 배워야 한다"고 강조하였다.[78]

여성 교육의 필연성도 이와 같은 맥락에서 이해되었다. 교육으로부터 소외된 당시 여성들이 '상놈'과 다를 바 없는 계층으로 이해되었음을 「독립신문」은 폭로하고 있다.

> 또 남녀의 차등으로 말할 지경이면 이목구비와 오장육부는 다 일반이로되, 사람마다 여인은 집안에 재산과 같이 여겨서 거내이불언외(居內而不言外)라 칭하고, 깊은 도장(都墻) 안에 가두어 두고 하는 일인즉 겨우 바느질과 음식지절이요, 세상 물정과 학문은 막연히 몰랐은즉 어찌 남녀가 동등이 되었으리요. 그런즉 반상지분과 남녀지별을 이렇듯 등분함이 어찌 하늘이 사람을 낸 본의에 합당타 하리요. 대한 사람을 이천만을 치더라도 그중에 여인과 상놈을 빼고 보면 전국 안에 일할 사람들은 불과 오분의 일밖에 못 될터이니 어찌 나라가 진보하기를 바라리요.[79]

한반도가 전근대성을 탈피하고 문명국가에 속하기 위해서는 신분 해방은 물론 그와 동시에 학문의 보편화도 절실하였다. 왜냐하면 양반과 상민의 구분이 분명했던 전근대 시기에 지식은 특정 계급의 폐쇄적 향유를 지향하는 것이었기 때문이다.[80] 다시 말해 전근대 시기에 양반들이 지식을 갖는다는 것은 신분 체제를 공고히 하는 것을 의미하였다. 이와 같이 신분 체제의 영구화는 한반도의 후진성을 영구히 하는 것으로 이해되었다.

그렇기 때문에 구한말 계몽적 지식인들은 여성을 차별함으로써 교육으로부터 배제하는 것을 '문명과 야만의 이분법'이라는 측면에서 볼 때, 야만에 속하는 악습으로 규정하였다. 심지어 당시에는 "여성 교육이 없이는 민족의 생존이 불가능하다"는 견해까지 등장했는데 이는 장차 민족 개혁의 사명을 감당해야 할 남성들을 훌륭히 지원해 주어야 할 어머니로서, 아내로서의 책임을 맡은 여성들의 역할을 염두에 둔 것이었다.

> 사내아이들은 자라면 관인(관료)과 학사(학자)와 상고(상인)와 농민이 될 터이요 소녀들이 자라면 이런 사람들의 아내가 될 터이니 그 아내가 남편만큼 학문이 있고 지식이 있으면 집안 일이 잘 될터이요 또 그 부인네들이 자식을 낳으면 그 자식 기르는 법과 가르치는 방책을 알 터이니 그 자식들이 충실할 터이요 학교에 가기 전에 어미의 손에 교육을 많이 받을 터이라 그런즉 여인네 직무가 사나이 직무보다 소중하기가 덜하지 아니하고 나라 후생을 배양하는 권이 모두 여인네에게 있은즉 어찌 그 여인네들을 사나이보다 천대하며 교육하는 대도 등분이 있으리요.[81]

오늘날의 시각에서 본다면 이 글에서는 젠더(Gender, 사회적 성[社會的性])의 영역으로 여성의 역할을 구분 지었다는 한계가 보인다. 그럼에도 불구하고 구한말 전통적인 여성관이 팽배한 시대적 배경에서 볼 때 이는 혁명적인 주장이 아닐 수 없었다. 여성들을 "남성과 같은 수준의 학문을 갖추도록 해야 한다"는 언급과 "여성의 역할을 남성의 역할보다 폄하해서는 안 된다"는 언급에서 당시 개혁적 지식인들의 진보적인 여성관이 돋보인다. 그들은 여성 해방과 여성 교육이 봉건 사회의 신분 차별을 혁파하는 지름길로 이해했기 때문에 여성 해방은 근대성 획득의 측면에서 이해되었다. 근대성 획득은 단순히 한반도가 근대화된 국가의 범주에 속하는 것을 의미하는 것이 아니라, 진정한 자주독립 국가가 되기 위한 방편이었다.

근대성 획득은 비록 표면적으로는 청나라의 속국에서 벗어난 독립 국가처럼 보였지만, 심층적으로는 여러 나라에 이권을 내어줌으로써 여러 강대국들의 속국 된 현실로부터 벗어나 진정한 자주독립 국가를 세우기 위해 반드시 이루어야 할 과제였다. 이를 위해서 무엇보다 전근대적 산물인 봉건 사회를 해체하는 신분 해방이 이루어져야 한다고 보았고, 이를 위해서는 백성들을 가르쳐야 한다는 것이 구한말 계몽적 지식인들의 진단이었다. 왜냐하면 만약 백성들이 지식을 습득한다면 한반도는 세계열강에 못지않은 나라가 될 것이라고 보았기 때문이다.

여성 해방, 여성 교육 강조도 이와 같은 맥락에서 이해할 수 있다. 구한말 계몽적 지식인들의 여성 교육에 대한 관심은 정부가 주도하고 있는 불평등한 교육 기회에 대한 분노로까지 표출되었다.

> 정부에서 학교 몇을 지금 시작하여 아이들을 가르치나 계집아이 가르치는 학교는 없으니 정부에서 백성의 자식들을 교육할 때 어찌 남녀가 층등이 있게 하리요 계집아이들은 조선 아이가 아니며 조선 인민의 자식 되기는 일반이어늘 오라비는 정부학교에 가서 공부하는 권이 있으되 불쌍한 계집아이는 집에 가두어 놓고 가르치는 것은 다만 사나이에게 종노릇할 직무만 가르치니 우리는 그 계집아이들을 위하여 분히 여기노라.[82]

계몽적 지식인들의 이와 같은 문제의식은 선교사들의 여권에 대한 문제의식과 상응하는 것이었다. 그로 인해 그들은 선교사들의 여성 교육에 적극적인 지지를 보냈고,[83] 「독립신문」 같은 유력 언론지를 통해 구한말 여론 형성에 지대한 영향을 끼쳤다. 그와 같은 지지가 선교사들이 여성 교육사업을 펼침에 대해 적지 않은 힘이 되었을 것임은 짐작하기 어렵지 않다.

(2) 선교사들에 의한 여성 교육 기관의 확산

선교사들의 한반도 여성 인권에 대한 문제의식은 앞서 언급한 바와 같다. 선교사들, 특히 여성 선교사들에 의해 한반도 여성들은 문맹(文盲)으로부터 벗어날 수 있었고, 선교사들은 그들 가운데 부인 권서와 전도부인과 같은 전도 인력을 양성할 수 있었다. 선교사들의 여성 교육 확산은 남녀 동등에 대한 선교사들의 문제의식은 물론이요, 점증하는 여성 개종인구에 따른 여성 사역자 양성 필요성에 따른 것이기도 하였다. 왜냐하면 부인 권서와 전도부인의 활발하고 폭넓은 활동으로 말미암아 선교사들은 전문적인 여성 사역자 양성의 필요성을 절감하게 되었기 때문이었다.

결국 복음 전파 및 여신자 교육을 담당할 여성 지도자 양성 교육 기관인 성서연구반, 성경학원, 여자신학교 등이 설립되었다. 이 가운데 여자신학교를 제외한 나머지 교육 기관은 중·노년에 이른 여성은 물론이요, 심지어 소박을 맞은 여성을 대상으로 하는 교육[84]도 실행되었을 뿐만 아니라, 농아와 맹인 등을 위한 교육 기관도 설립되는 등 거의 모든 여성들을 대상으로 교육을 실시하였다.

이를 통해 그동안 교육을 받을 기회가 없었던 수많은 여성들이 성경 읽기와 세례 문답을 배움으로써 읽기와 쓰기 능력을 습득할 수 있었다.

이러한 사실을 통해 가정의 울타리에서 벗어날 수 없었던 부녀자들이 자신들을 구속한 울타리를 넘어 배움의 장으로 나올 수 있도록 초기 한국교회가 어떠한 역할을 하였는지 잘 알 수 있다. 결국 교육을 통해 문맹을 벗어난 여성들은 자신을 대변하지 못하는 하위 주체로부터 자신을 대변할 수 있는 주체로 변모될 수 있었다.[85]

이처럼 여성들을 위한 교육이 활발하게 진행되고 있음에도 불구하고 한국교회 일각에서는 이에 대해 여전히 부정적인 입장을 견지하였다. 우리나라 최초 미국 유학생 가운데 하나였던 윤치호가 대표적인 인물이었다.[86] 그는 1911년 영문으로 발행되는 선교잡지 *The Korea Mission Field* 7월호에 발표된 "기술교육의 필요성"(A Plea for Industrial Training)이라는 글에서 다음과 같이 주장하였다.

> 신(新)학교 소녀(학생)들은 요리를 어떻게 하는지 모릅니다. 바느질하는 방법, 옷감을 자르고 빠는 방법, 다림질 하는 방법도 모릅니다. 어떤 때는 어머니의 규칙에 불순종하기까지 합니다. 대체로 집안 살림을 하는 방법도 모를 뿐만 아니라, 학교에 결코 가보지 않은 소녀들처럼 힘든 일을 할 준비 또한 되어 있지 않은 것처럼 보입니다.[87]

이에 대해 여성으로서는 우리나라 최초로 미국 대학에서 문학사학위를 취득한 하란사[88]의 반박은 다음과 같았다.

> 두 가지 가정 일에 대하여 불평이 타당함을 인정하더라도 다음 사실만큼은 반드시 인지(認知)해야 합니다. 미국과 유럽에서는 정규 고등학교

졸업생이 단순히 요리하는 방법이나 바느질하는 방법을 알게 되기를 바라지는 않는다는 사실입니다. 또 한 가지 알아야 할 것은 그 학교들의 목적과 방향은 현명한 어머니, 충실한 배우자 및 개화된 가정주부가 되는 새로운 유형의 여성을 배출하는 것이지 요리사나 간호원, 혹은 침모를 배출하는 것이 아니라는 점입니다.[89]

더욱이 윤치호의 주장이 정당화될 수도 없었다. 왜냐하면 당시 선교사들은 한국인 소녀들을 교육할 때 소녀들이 "음식 만들기, 옷을 재봉하는 것과 수선하는 것, 그리고 자신과 집안을 청결하고 말끔하게 정돈하는 법을 배우도록" 함으로써 "참된 가정을 만들고 유지하는 역할을 하도록 함"[90]에도 소홀히 여기지 않았기 때문이다.

이와 같은 윤치호의 주장은 당시 고루한 견해일 수밖에 없었다. 왜냐하면 이미 박에스더가 미국 볼티모어 여자의과대학을 졸업하고 1900년에 귀국하여 10년 동안 보구여관과 평양 기홀병원에서 여성을 위한 진료 활동은 물론, 평양 맹아학교와 간호사양성학원, 그리고 전도부인을 양성하는 여자성경학원 교수로 열정적인 활동을 하는 등 전문적인 교육을 받은 여성들의 활동이 두드러지기 시작했기 때문이다.[91] 그뿐만 아니라 그의 두 자매인 신마리아(Mary Shin)가 정신여학교(연동여학교) 졸업 후 정신여학당 교사가 되어 활동하고 있었고, 김배세(Bessie Kim)가 1910년 세브란스병원 간호원양성학교를 제1회로 홀로 졸업하고 세브란스병원의 수간호사로 활동하고 있었다.[92]

이들 외에도 예메례가 이화학당을 졸업하고 1900년 11월 순수 한국인 여성들만으로 조직된 구제 단체인 '보호여회'[93]를 창설했을 뿐만 아니라, 1906년 고종 황제의 후비(後妃)인 엄비(嚴妃)에 의해 설립된 근대 여학교인 진명여학교의 실질적 책임자로 일함으로써 사회운동가로, 교육자로 활발한 활동을 하고 있었다.[94] 그뿐만 아니었다. 마찬가지로 이화학당을 졸업한 이경숙도 이화학당 최초의 한국인 교사로 활동하였고 이후 수원 종로교회에서 여선교사업을 하였을 뿐만 아니라, 그 교회에서 설립한 삼일여학교에서 교육가로서 활동하는 등 폭넓은 활동을 하고 있었다.[95]

이와 같이 한반도의 여성들이 전문적인 고등 교육을 받게 되기까지 선교사들은 쉽지 않은 싸움을 해야만 하였다. 무엇보다 힘든 싸움은 여성을 존중하지 않은 사회적 편견과의 싸움이었다. 그렇기 때문에 선교사들이 볼 때 한반도 여성들을 위한 교육은 너무나도 절실한 것이었다. 여성이 더이상 남성의 소유물이 아닌 남성과 동등한 인격으로 존중받을 수 있도록 하기 위해서 한시라도 여성을 위한 교육을 지체할 수 없었다.

한반도에서 선교사들이 황제의 허락을 얻어 정식 학교를 시작한 때는 1886년 6월 8일이었다. 감리교 선교사 아펜젤러가 두 명의 학생으로 이른바 근대 교육의 효시가 된 배재학당을 시작한 것이다. 배재학당은 개교와 동시에 학생들이 몰려들어 불과 5개월 만에 학생 수가 32명에 이르렀다.[96] 이와 비슷한 시기에 여성 선교사들이 여성을 위한 학교를 시작하였다. 그것은 1886년 5월 31일 스크랜턴(M. F. Scranton) 부인에 의해 시작된 미 감리회의 이화학당과, 이보다 1년 정도 늦은 1887년 6월 엘러즈에 의해 시작된 북장로회의 정동여학당이었다.[97]

이들 학교를 시작으로 수도권만 해도 1885년부터 한일합방 이전인 1909년까지의 여성 교육 기관으로는 기독교계 학교로 이화학당과 정동여학당을 포함하여 21곳이 건립되었고, 민간사립여학교로는 1906년 건립된 진명여학교를 포함하여 3곳이 건립되었다. 그리고 관립 여학교로는 한성고등여학교와 숙명고등여학교 총 2곳이 설립되었다. 즉 구한말 여성 교육을 위해 수도권에 건립된 여학교만 해도 26곳에 달하였다.[98]

이 무렵에는 수도권뿐만 아니라 지방 대도시권에도 여학교들이 설립되었는데, 각각 미국과 캐나다에서 온 선교사들이 건립한 평양의 숭의여학교(1903년), 원산의 누씨학교(1903년), 개성의 호수돈여학교(1904년), 원산의 진성여학교(1904년) 그리고 광주의 수피아여학교(1907년), 대구의 신명여학교(1907년), 전주의 기전여학교(1907년) 등이 이 시기 대표적인 여학교였다.[99]

그러나 앞서 언급한 것처럼 여학교 운영은 처음부터 어려움에 직면할 수밖에 없었다. 왜냐하면 뿌리 깊은 남존여비 사상으로 인해 학생 모집조차 어려웠기 때문이다. 따라서 당시 학생들은 고아, 과부 혹은 첩과 같은 소외 계층일 수밖에 없었다. 앞서 언급한 박에스더와 하란사[100] 그리고 이경숙과 여메례도 이와 같은 소외 계층 여인들이었다. 이들은 전통 봉건주의 사회 체계에서 존중받지 못하며 살았지만 선교사들이 시작한 교육 기관을 통해 자기 개발의 기회를 얻었을 뿐만 아니라[101] 이후 한국교회의 지도자들로 활약하였다.

선교사들이 설립한 교육 기관을 통해 활발한 여성 교육이 이루어짐으로써 이와 같이 한국교회의 여성 지도자들이 되었다는 사실은 한반도의 여권의식이 놀랍게 변화되고 있음을 말하는 것이었다. 그뿐만 아니라 여성들을 실질적인 지도자들로 세우기 시작한 획기적인 계기가 있었다. 그것은 1903년-1907년에 걸쳐 진행된 대부흥 운동이었다.

4) 대부흥 운동

박용규는 한국교회 대부흥 운동의 발흥과 확산 과정에서 대부흥의 불을 지핀 사람, 참여한 사람 그리고 그에 따른 수혜자도 여성들이었다고 주장한다. 1903년 8월 원산에서 부흥 운동이 발흥(發興)할 때 그 출발점을 제공한 이들은 여성 선교사인 화이트(Mary Culler White)와 맥컬리(Louse Hoard McCully)였다. 그뿐만 아니라 대부흥 운동이 진행될 때 자신의 죄악을 토로하고 회개하며 부흥의 불을 지폈던 주역도 여성들이었다. 그로 인해 결국 동방의 여느 나라처럼 남성의 부속물처럼 살고 있던 여성들이 대부흥 운동을 통해 인격을 가진 인간으로 존중받기 시작하였다.[102]

남자들 스스로가 여성을 일컬어 한 "자매"라고 일컬었다는 것이 그러한 사실을 잘 말해 준다. 원산 부흥 운동이 평양 부흥 운동으로 확산되던 1904년 당시 서울 정동감리교회에서는 새로운 단어가 출연하였다. 그것은 "형제자매"라는 단어이다. 1904년 11월 「신학월보」에 언급된 내용에 따르면 정동미이미교례배당(정동감리교회)에서 하목사[103]가 보름 동안 부흥회를 열고 한 주일 동안 "회개 하나의 문제를 가지고 열심히 복음을 전함으로 여러 형제자매들이 성신의 책망하심을 밧아 일체 회개하고 죄를 자복한 후 사유하심을 엇은 모든 형제 자매들이 성신의 츙만하심"[104]을 얻었다고 한다. 여성을 일컬어 "자매"라고 하는 표현을 남성들이 사용한 것이다.[105]

여성들에 대한 남성들의 새로운 인식이 있었던 것보다 더욱 중요한 사실은 대부흥 운동을 통해 여성 자신들의 의식 변화가 일어났다는 것이다. 본래 한반도의 여성들은 봉건적·가부장적 제도하에서 의사 표현의 자유조차 제한 받았지만, 부흥 집회에서 공개 자백이라는 형식으로 자신의 의사를 자유롭게 표현하는 경험을 할 수 있었다. 그뿐만 아니었다. 이른바 성령 체험이라는 초이성적 경험을 통해 이들은 남성들도 참여하는 집회를 인도할 수 있는 용기와 자신감을 가질 수 있었다. 대부흥 운동을 통해 여성들은 자신의 의사를 자유롭게 표현하고 집회를 인도하는 지도력을 갖추게 됨으로써 자신들에 대한 새로운 의식을 가질 수 있었다.[106]

결국 대부흥 운동의 영향은 그리스도인 개개인의 변화를 넘어 한국 사회의 변화로 확산되었다.[107] 대부흥 운동을 계기로 한국교회는 강한 응집력을 지니게 되었을 뿐만 아니라, 한반도 전역에 걸쳐 간과할 수 없는 영향을 끼치게 되었다. 일반 민중들은 물론이요 수많은 지성인들이 조국의 유일한 희망인 기독교로 돌아서기 시작하였다.[108]

갑오개혁 운동(1894년 7월-1896년 2월)을 통해 한국 사회의 신분 제도가 공식적으로 철폐되었음에도 불구하고 여전히 차별은 잔존하였다. 그러나 대부흥 운동을 통해 한국교회는 인간의 평등을 내면화하게 되었고 그것을 사회로 확산시켰다. 구한말 선교사들과 개혁적 지식인들의 여성 해방에 대한 목소리가 이제는 한국교회를 통해 사회적 합의로 발전되었다.

더욱이 대부흥 운동을 통해 여성 교육에 대한 부모들의 인식이 혁명적이라 할 만큼 변하였음도 발견된다. 1907년 북감리교 연회에서 선교사 노블(W. A. Noble)은 당시 300명이 넘는 소녀들이 로빈스(Miss Robins) 선교사가 운영하는 학교에 등록했는데, 그와 같이 부모들이 자신의 딸들을 학교에 보내고 있다는 사실은 실로 혁명적인 일이라고 평가하였다.[109] 대부흥 운동을 경험함으로써 다음과 같은 인식이 자리매김한 것이다.

오직 남자만 천당에 가는 것이 아니오. 여인도 같이 가는 것이니 대개 남여 (차별) 없이 천부님의 자녀라. 이로 인하여 남자를 힘써 가르치는 것과 같이 여교인도 교육하는 것이 긴요하니.[110]

물론 이와 같은 여성 교육에 대한 그리스도인들의 인식이 사회 전반으로 확산되기까지는 다소 시간이 걸렸다.[111] 그러나 대부흥 운동 이후 한국교회가 사회의 중심 역할을 하게 됨으로써 여성 교육이 사회 전반으로 확대된 사실은 부인할 수 없다. 대부흥 운동은 한국교회뿐만 아니라 한국 사회 전반의 여권의식 변화의 획기적인 계기가 되었다. 한국교회의 이와 같은 여권의식 변화가 성경 해석을 근간으로 한 것이었음은 물론이다.

그러나 1907년 대부흥 운동 이후 거대화되고 조직화된 한국교회는 점차 남성 중심의 리더십을 형성하기 시작하였다. 1907년 이전에도 교회 안에 직제가 있었고 장로가 남자였지만, 숫자도 많지 않았을 뿐만 아니라 성직 개념이 확실하게 정립되지 않았기 때문에 초기 20년 한국교회는 별다른 차별이 없는 평신도 중심의 공동체였다.[112]

그러나 1907년 독노회가 조직되고[113] 장로교단 헌법에 "직원이 두 가지니 장로와 집사라, 장로는 두 가지니 강도함과 치리함을 겸한 자를 흔히 목사라 칭하고 다만 치리만 하는 자를 장로라 하나니 이는 성찬에 참여하는 남자라 하느니라"[114]고 명시함으로써 교회 안의 남성 중심 성직 개념을 확립하였다.

앞서 언급한 것처럼 1907년 대부흥 운동은 성경을 공부하는 사경회로부터 비롯되었다. 다시 말해 대부흥 운동도 성경 본문으로부터 근거 되었다는 것이다. 그러나 대부흥 운동을 기점으로 거대화를 이루게 된 교회가 계층화되고 남성 중심의 공동체로 형성됨에 있어 성경이 근거 되었다고 볼 수는 없다.

최만자는 이를 조선 사회의 오래된 가부장적 사회 질서에 젖은 관습적 사고와 서구 가부장제적 교회 제도가 자연스럽게 결합기 때문이었다고 주장한다.[115] 그의 주장에서 동의하는 것은 어렵지 않다. 왜냐하면 오랫동안 지속되어 온 사회적 습성이 하루아침에 없어지지 않기 때문이다. 더욱이 앞서 언급한 것처럼 교회사적으로 볼 때 초대 교회의 교부들과 종교개혁가들조차 여성에 대하여 가부장적인 시각을 가졌다는 사실에서 한국교회의 가부장적 속성은 한국교회만의 특성이 아니었음이 분명하다. 그러나 그것이 결코 성경에 근거될 수 없는 것이었음도 분명하다. 다시 말해 남성 중심 리더십 형성에 근거가 된 성경 해석이 결코 선교사들로부터 배운 근본주의적 성경 읽기에 따른 것일 수 없다는 것이다.[116]

1907년 대부흥 운동 이후 한국교회가 남성 중심의 리더십을 형성한 것은 사실이다. 그럼에도 불구하고 여권의식이 대폭 진보되도록 하는 데 대부흥 운동이 중요한 계기가 되었음도 사실이다. 그러나 대부흥 운동과 근본주의적 성경 해석 그리고 여권에 대한 보수적 시각을 하나로 보는 것은 맞지 않다. 다만 대부흥 운동 이후 장로교단에 1907년 남성들만으로 구성원을 세운 독노회가 설립됨으로써 남성들 중심으로 교회의 지도력을 구성한 것은, 교회의 보수성이 약해졌을지라도 한계성을 내포하고 있었음을 의미한 것이라고 볼 수 있다.

5) 여성 지도자의 등장

여성 교육의 확산과 대부흥 운동을 통해 한국교회에 급격한 변화가 일어나기 시작하였다. 그 가운데 하나가 전문성을 갖춘 여성 지도자의 등장이다. 여성 지도자들은 무엇보다도 선교사들과 밀접한 교분을 가지고 있는 경우가 많았는데, 그들 중에는 성인이 되어 선교사들과 교분을 갖게 된 경우도 있었고 간혹 부모의 도움으로 어린 시절부터 선교사들과 교분을 갖게 되는 경우도 있었다.

1920년대 이전 한국교회의 여성 지도자 가운데 대표적인 인물들 중에서 전도자로 활동한 인물로 평양의 전삼덕과 김세지 그리고 노살롬, 해주의 주룰루 등이 있었다. 교육 기관을 설립한 인물로는 1906년 4월 21일 진명여학교를 설립한 여메례, 1906년 4월 선교사 크램(W. C. Cram) 부인과 함께 송계학당을 설립하고 1908년 11월 정화학교[117]를 설립한 김정혜 등이 있다. 교육자로 널리 알려진 인물로는 1890년 39세 나이로 스크랜턴 선교사의 양녀가 되고 머지 많아 이화학당의 첫 번째 한국인 교사가 된 이경숙,[118] 1906년 미국 웨슬리안 대학을 졸업하여 한국 여성으로는 처음으로 '문학사'(B. A.)학위를 받고 1910년 이화학당에 신설된 대학과의 교수가 된 하란사[119] 등이 있다.

앞서 언급한 것처럼 세 자매가 함께 의료와 교육 분야에서 활동한 경우도 발견된다. 신마리아(Mary Shin), 박에스더, 김배새(Bessie Kim)가 그들이다.[120] 이들 가운데 신마리아는 정신여학교(연동여학교) 졸업 후 정신여학당 교사가 되어 여성 교육에 힘썼고, 김배세는 1910년 세브란스병원 간호원 양성학교를 제1회 홀로 졸업하고 세브란스병원의 수간호사로 활동하였다.

그리고 박에스더는 미국 볼티모어 여자의과대학을 졸업한 후 1900년부터 10년 동안 보구여관(保救女館)에서 여환자들을 진료하였다. 물론 이들의 활동은 선교사들의 활동을 돕는다는 측면이 강했지만 한국 여성의 사회 진출의 모범적인 예로 보기에 충분하다.

물론 지도자로서 이들의 활동 영역이 교육, 의료, 전도 등으로만 분류된 것은 아니었다. 이들 가운데 이경숙은 초기에는 스크랜턴 선교사의 뜻에 따라 이화학당 교사로 일했지만 이후 스크랜턴 선교사가 전도 활동에 힘쓰자 함께 동역함으로써 전도 활동에 전념하였다.[121] 여메례는 1911년 창설된 '보호여회'의 중심이 되어 사회사업에 전념하다가 이후 이화학당 교사 겸 전도부인으로 활동했을 뿐만 아니라, 진명여학교를 설립하는 등 다방면에서 활동하였다.[122]

여메례와 마찬가지로 전도부인으로 활약한 김세지는 평양 지역을 중심으로 전도 활동을 하였고 동시에 1903년 '보호여회'를 조직하여 구제 활동을 하기도 하였다.[123] 그뿐만 아니라 1919년 3·1 운동 직후에는 초교파 항일 비밀결사대인 애국부인회를 창설하여 활동하다가 옥고를 치르기까지 하였다.[124] 이를 통해 김세지의 활동에는 전도 활동과 구제 활동뿐만 아니라 민족주의적 활동도 포함되었음을 알 수 있다.

하란사는 초기 이화학당 대학부의 교수로 활동했으나 이후 1910년대 후반에는 민족 운동에 관여함으로써 활동 영역을 확장시켰다. 1919년 6월 파리 강화회의에 고종 황제의 다섯째 아들 영친왕을 파견하는 일에 하란사가 관여했다는 사실은 널리 알려져 있다.[125] 이를 통해 알 수 있듯이 초기 한국교회 여성 지도자들 가운데는 한 사람이 여러 방면에 걸쳐 폭넓은 활동을 한 경우도 적지 않았다.

이들 초기 여성 지도자들로부터 발견되는 특징은 이들의 계몽적 인식과 민족주의적 인식 등이다. 물론 전도자, 교육자, 의료인으로서 역할은 각각 구분되기도 하였지만 계몽적 인식과 민족주의적 인식은 그들 가운데 공통적으로 내포되어 있었다. 해주 지방에서 전도자로 활동한 주룰루에게서 볼 수 있는 것처럼 현장의 전도자들로부터는 귀신을 쫓아내기도 하는 이른바 '영적전쟁'의 특성이 나타나기도 하였다.[126]

초기 한국교회 여성 지도자들의 등장은 한국교회뿐만 아니라 한국 사회에서 그만큼 여성의 지위가 상승된 것을 의미하기도 하였다. 물론 오늘날의 시각에서 본다면 미미(微微)할지도 모르지만, 구한말 선교사들이 입국할 때만 해도 이와 같은 사회 변화는 불가능해 보였다. 더욱이 이들이 1920년-1930년대 한국교회는 물론이요, 한국 사회의 여러 방면에서 활동하는 여성들의 효시가 되었다는 사실에서 볼 때, 초기 한국교회 여성 지도자들의 탄생은 한국교회는 물론 한국 사회의 여권의식 발전이라는 측면에서 그 의의가 적지 않다.

3. 여권과 성경 해석

구한말 한반도의 여권의식 변화가 한국교회에서 비롯되었음은 앞서 언급한 바와 같다. 구한말 한반도 사회를 잠식한 유교 이데올로기를 이교적인 악습이라고 본 선교사들로부터 배운 초기 한국 기독교인들은 급진적인 사회 변혁 세력이 될 수밖에 없었다. 비록 소수에 불과했음에도 불구하고 이들의 영향력은 적지 않았기에 「독립신문」 등의 언론을 통해 자신들의 견해를 말할 수 있었다. 이를 통해 볼 때, 당시 한국교회와 사회가 분리되지 않았음을 알 수 있다.

구한말 한국교회의 여권의식에 대한 성경 해석이 언급된 문헌은 1920년-1930년대와 비교해 볼 때 상대적으로 빈약하다. 그러나 필자는 그것이 여권에 대한 한국교회의 관심의 미미했음이 아니라, 오히려 지대(至大)했음을 의미한다고 본다. 왜냐하면 구한말 선교사들은 문화 충격으로 인해 한반도의 여권의식에 대해 문제의식을 가졌을 뿐만 아니라, 한반도 근대화의 시급성을 절감하고 있던 계몽적 지식인들도 여성에 대한 전통적 이해를 문명과 야만의 이항 대립 가운데 야만에 속하는 것으로 생각했기 때문이다.

다시 말해 한반도의 전통적인 여권의식은 고루한 것으로 여겨질 수밖에 없었다. 그들의 여권의식이 선교사들로부터 영향 받은 것이었음은 물론이다. 왜냐하면 선교사들은 당시 서구 문명의 첨병으로 이해되었기 때문이다. 그와 같은 상황에서 여권 문제에 대한 전통적 견해와 진보적 견해의 빈번한 충돌은 필요치 않았을 것이다. 구한말 한국교회의 진보적 여권의식의 근거로 제시된 성경 해석이 1920년-1930년대와 비교해 볼 때 빈약한 이유를 그와 같은 측면에서도 이해할 수 있다. 1896년 5월 7일 「독립신문」에 언급된 "논설"은 당시 선교사들이 여성들이 교육을 통해 무지로부터의 해방되어야 함을 확신하고 있었음을 말해 주고 있다.

사람이란 것은 학문이 없을수록 허한 것을 믿고 이치 없는 일을 바라는 것이라. 그런 고로 무당과 판수와 선황당과 풍수와 중과 각색 이런 무리들이 백성을 속이고 돈을 뺏으며 마음이 약한 여인네와 허한 것을 믿는 사나이들을 아혹히 유인하여 재물을 버리고 악귀를 위하게 하니 그것은

다름이 아니라 사람들이 몰라서 이렇게 속는 것이오.[127]

선교사들의 그와 같은 확신은 머지않아 한반도 여성 스스로의 자각으로 연결되었다. 다음 해 마지막 날 서울 정동교회에서 열린 토론회에서의 조이스회 회원들의 주장은 그와 같은 사실을 반증한다. 1897년 12월 31일 서울 정동교회에서 "여성을 교육하고 동등으로 대하는 것은 가(可)한가?"라는 주제로 토론회가 열렸다. 이 토론회는 찬성하는 측과 반대하는 측으로 나뉘어 진행되었는데, 찬성하는 측에서는 서재필과 김연규가 연사로 나섰고 반대하는 측에서는 윤치호와 조한규가 연사로 나섰다. 이들 중 반대하는 측의 조한규는 여성을 동등하게 대할 수 없음에 대하여 창세기에 언급된 하와의 범죄 이야기를 근거로 다음과 같이 주장하였다.

> 성경에 가라사대 남자가 여자의 머리가 된다하고 하나님께서 아담을 먼저 만드셨으며 아담을 도와주게 하사 한 뼈로 이와(하와)를 내셨으며 또한 이와가 죄를 먼저 지었으니 동등 되지 못하리라.[128]

그때 회중석에 있던 한 여성이 다음과 같은 반론을 제기하였다.

> 이와가 비록 죄를 지었으나 마리아가 아니시면 예수께서 어찌 세상에 오셔서 죄를 대속하셨으리오.[129]

이날 토론회는 남성 중심으로 진행되었고 여성이 연사로 나서는 것은 허락되지 않았다.[130] 그럼에도 불구하고 여성에 의해 남녀의 동등성이 제기됨으로써 이들은 심도 있는 토론을 하지 않을 수 없었다. 이날 조한규의 주장에 반론을 제기한 여성은 1897년 12월 31일 정동교회 엡윗(Epworth)청년회 산하 '조이스회' 회원이었다. 한반도에 복음이 전파된 지 불과 10여 년이 지나 여성들의 자발적 기구인 '조이스회'가 조직되었고 회원들은 여권 문제를 공적인 논의로 확산하려고 하였다.[131] 이덕주는 이들의 여성 동등성 주장은 한국 여성들이 여권 문제에 대하여 처음으로 제기한 것으로써 그 의미가 적지 않다고 평가하였다.[132]

더욱이 이날 토론회 가운데는 이후 1934년 "성경의 정통성" 시비로 발전되었던 고린도전서 14:33-34와 디모데전서 2:12에 언급된 여권 문제도 다루어졌음이 발견된다.[133] 토론회에서 여성을 교육할 뿐만 아니라 여성이 다른 사람을 교육하는 것을 찬성하는 서재필과 그에 반대하는 윤치호의 의견이 팽팽히 맞섰다. 이 때 서재필의 주장이 성경의 권위에 대한 도전으로 받아들여지지 않았음은 물론이다. 서재필은 다음과 같이 주장하였다.

하나님께서 사람을 생(生)하심에 남녀를 무론하고 이목구비와 심의성정(心義性情)은 다 한 가지며 만물 가운데 제일 총명하고 신령한지라. … 무릇 학문이라 하는 것은 사람이 어렸을 때 널리 배워 장성한 후 차차 실시하여, 첫째 몸을 닦고 그 집을 가지런히 하고 나라를 다스리고 천하를 평정케 하는 것인즉, 어찌 홀로 사나이만 학문을 배우며, 권(權)으로 말할지라도 남녀가 같은 인품인데, 어찌 사나이만 사람의 권을 가지고 여편네는 사람의 권을 가지지 못하리오. … 대개 여편네의 직무는 세상에 나서 사나이를 가르치는 것이라. … 남의 고모나 그 조차와 아우를 대하여 가르치며 애호하는 범절은 너 나 없이 다 아는 바요, 아내가 그 남편을 대하여 마음

쓰는 것을 말할진대 … 모든 권면하는 말이 다 남편의 교사요 고문이라. … 오늘날 여편네도 사나이와 같이 학문으로 교육하고 여편네도 사나이와 동등권을 주자는 문제가 오히려 크게 부끄러움이라. 구라파 각국에서는 남녀를 같은 학문으로 교육시키고 남녀에게 동등권을 준 것이 이미 몇 백 년 전에 작정한 일인 고로, 국부 민강하여 복음이 장원(長遠)한지라. 대한 인민도 남녀를 같은 학문으로 교육하고 동등권을 주어 전국이 복음을 누리게 하는 것이 매우 마땅하다.[134]

물론 "구라파 각국에서는 남녀를 같은 학문으로 교육시키고 남녀에게 동등권을 준 것이 이미 몇 백 년 전에 작정한 일인 고로 …"라는 언급에서 볼 때, 서재필의 주장이 다소 과장된 것이었음을 알 수 있다. 그러나 그는 한반도와는 비교가 되지 않을 만큼 여권이 신장되어 있는 미국 사회를 경험한 인물로서 기독교와 발전된 문명과 여권 신장을 연결된 것으로 이해함으로써 서구와는 반대로 후진성을 벗어나지 못하고 있는 한반도의 현실에 대해 질타하였다.

그러나 서재필처럼 미국 유학을 경험한 윤치호는 오히려 여성을 교육하는 것과 여성이 다른 사람을 교육하는 것에 부정적인 입장을 말하였다. 그러나 그가 여성 교육에 부정적인 입장을 말한 근거는 성경이 아니라 유교적 세계관이었다.

남녀를 같은 학문으로 교육시키고 남녀에게 동등권을 주는 것이 마땅하다 하나, 공자, 맹자가 학문으로 인민을 가르쳤는데 공자, 맹자가 사나이로서 분 바르고 연지 찍었다는 말은 못 들었으며, 세계 만국에 치국평천하 하는 이들이 다 사나이지 치마를 입었다는 말은 듣지 못하였고, 암탉이 울어서 날이 새는 이치가 없는지라. 여자는 남자의 오장(五臟)이나 다름이 없으니, 집안에 있어 장부의 의복 음식이나 받들고 자식이나 낳아 후사나 잇게 할 따름이지 학문을 배워 무엇에 쓰며 … 구라파 각국에서 남자가 여자를 경대(敬待)함은 다름 아니라, 남자는 원래 강하고 여자는 약한 고로 그 남자의 강함으로써 여자의 약함을 보호함이요 여자가 남자와 동등권을 가진 것이 아니라, 대한 인민은 이미 몇 천 년 구습에 젖어 남녀가 유별한지라, 어찌 학문을 함께 배우며 강약이 현수(懸殊)한즉 동등권을 어찌 가지리오. 오늘날 이 문제는 좌의가 득승(得勝)함으로 결정하는 것이 마땅하다.[135]

윤치호는 일찍이 갑신정변에 연류 되어 미국으로 도피한 후 에모리대학교에서 신학석사학위를 취득하고 귀국하여 독립협회 활동을 했을 뿐만 아니라, 제2대 독립신문사 사장까지 역임한 개혁적 인물이었다. 다방면에 걸쳐 계몽활동과 민권운동을 벌인 그의 이력이 말해 주듯 구한말 대표적인 개화파 인사였을 뿐만 아니라, 오랜 시간 미국에서 공부하며 미국인들의 생활을 목격했음에도 불구하고 여권 문제에 대해 이와 같은 견해를 고수한 이유를 이해하는 것은 참으로 쉽지 않다. 어쨌든 그의 여권의식이 당시 선교사들과 부합되지 않았던 것은 사실이다.

윤치호의 여권의식에서 볼 수 있는 것처럼 당시 개화적인 인사들 중에서도 여권의식에서만큼은 보수적인 입장을 견지한 인물들이 있었지만, 필자가 앞서 언급한 것처럼 그와 같은 견해는 고루한 것으로 여겨졌다. 윤치호의 주장에 대하여 조이스회 회원들은 다음과 같이 반론을 펼쳤다.

하나님이 세계에 인생을 내실 때 사나이나 여편네나 사람은 다 한가지라. 여자도 남자의 학문을 교육받고 여자도 남자와 동등권을 가져 인생에 당한 사업을 다 각기 하는 것이 당연한 도리거늘, 동양 풍속은 어찌하여 남자에게 압제만 받고 죽은 목숨같이 지내는지, 천지간 만물 가운데 오직 사람이 귀하다 함은 총명이 있는 연고인데, 총명이 한갓 남자에게만 있는 것은 아니라 여자도 또한 총명한 재질인즉, 학문과 동등권을 가져 남자를 더욱 이롭게 도울지라. 그리하여 남녀 간에 고락을 한 가지로 하고 사업을 같이하며 생애를 고르게 하여 나라가 더 부강하고 집안이 더 태평할 터이니, 그럴 지경이면 어찌 아름답지 아니하리요.[136]

이날 토론회에서는 서재필과 김연규 그리고 조이스회 회원 등 여성 교육을 찬성하는 측이 회중들을 설득하는 데 성공한 것으로 보인다. 왜냐하면 그날 회중들은 "오늘은 양력으로 섣달 그믐날이요 내일부터는 양력으로 정월 초일인즉 새해부터는 대한 인민들도 남녀 간에 같은 학문으로 교육하고 동등권을 주는 것이 나라에 크게 유조하고 긴요하다고 작정을 하고"[137] 모임을 끝냈기 때문이다.

1897년 12월 31일 정동교회에서의 토론 이후 창세기의 창조 이야기는 오히려 여성의 평등한 지위를 가르치는 근거로서 적용된 언급이 발견된다. 이는 창조라는 보다 근원적인 교리로부터 여성의 평등성을 주창하려는 노력에 기인한 것이었다.[138] 1901년 2월 「신학월보」에 언급된 "부부도"(夫婦道)에서는 유교의 삼강오륜에서 말하는 부부의 관계를 창세기의 인간 창조에 비추어 해석하는 언급이 발견된다. 여기서 말하는 부부 관계는 동등한 관계를 의미하는 것이었다.

하나님께서 천지만물을 창조하실 때에 일남일녀를 창조하신 후에 그저 버려두지 아니하시고 오히려 부부짝을 지어두사 가족법을 실시함이니 이로 말미암아 부부도는 천조법(天條法)이 되시며 또 세상 교(教)를 보아도 부부도는 오륜 중에 셋째 륜이니 그 높고 중할 줄을 가히 알지라.[139]

부부의 예를 맺는 "혼례는 생명의 시작이며 만복의 근원"이라 하고 "하나님께서 정하신 부부도를 중(重)히 여기고 잘 지키면 개명한 나라이며 만일 경(輕)히 여기면 야만인이라 칭한다"[140]는 언급을 통해 평등한 부부 관계를 문명과 야만의 척도로 보고 있음을 알 수 있다.

그뿐만 아니라 1901년 11월 「신학월보」의 한 지면에는 "첩얻는 폐단"이라는 제목으로 부부 윤리를 강조하고 있다.

처음에 하나님께서 한 남자를 만드시고 그다음에 여자를 만드사 부부의 도를 세우셨다니 부부는 인류의 시작이요 생육의 근원이라.[141]

마가복음을 근거로 남자의 문란한 정조 관념을 비판하는 언급도 발견된다.

마가 10장 78절의 의미를 생각하고 그 이치를 살피면 남자가 두 아내를 두어 죄짓는 것이 여자가 두 남편을 두어 죄지음과 같으니 그런 즉 남자는 용서하고 여자는 용서치 못할 이치가 없거늘 후세사람들이 아내는 집안에 가두어 의복과 음식하는 일에 결박하여 노복(奴僕)과 같이 대접하고 자기는 몸을 더러운 욕심으로 첩을 두 셋씩 두고, 혹 부귀한 집은 처첩이

집에 가득하다.¹⁴²

이에 대한 문제의식은 결국 부부의 평등성에 대한 문제 제기로 확장되었다.

> 하나님께서 남녀를 마련하사 백년 친구로 화락하야 서로 사랑하고 평생에 동등으로 지내게 하셨는데 어찌하야 대한 여인들은 권리가 없노?
> 이것은 다름이 아니라 다 어두워 이러함이로다. 우리 예수교인들은 하나님이 짝지어 주신 아내를 좋든지 언짢든지 서로 사랑하고 보호하며 자유권을 주어 맘대로 다니게 할 것이요 또 남편이나 아내나 각각 행하는 일이 옳거든 함께 행할 것이라.¹⁴³

이와 같은 자각은 사실 일상에서의 구체적인 실천 촉구로부터 기인하는 것이었다. 다음과 같은 논의에서 볼 수 있는 것처럼 말이다.

> 시골 풍속은 부인들이 모두 밥 먹을 때에 방에 앉아서 편히 먹지 못하고 부엌에 나가 흙상에 놓고 먹는 것과 남편은 아내에게 항상 낮은 말을 하고 아내는 남편에게 높은 말로 대답하는 것을 강론하는데, 이 법이 처음에 어떻게 난 것을 생각한 즉 혹이 가라사대 한 사람의 말이 여편네가 남편에게 매를 아니 맞으면 호우가 되어 남편을 업신여기고 말을 안 듣는다 하니 그 뜻으로 여인들을 이렇게 대답하였는데, 우리가 믿기 전에는 이렇게 좇아 행하였더라도 지금은 성경 뜻을 안즉 이렇게 하는 것이 마땅치 아니하니 동네 외인들이 흉볼지라도 이후부터는 이 두 가지를 버리

고 밥 먹을 때에 부인들도 방에 들어와 남편과 같이 편안히 앉아서 먹기로 작정하자 한즉, 일심으로 작정이 되고 또한 내외간에 높고 낮은 말하는 것도 좋지 못하니 서로 같은 말로 대접하기로 작정한 후 여러 부인에게 묻기를 이렇게 작정한 것이 부인 뜻에 합당하오 한즉, 대답하는 이가 없사매, 이것을 생각한 즉 좋아 아니하시는 것같아야 다시 묻기를 부인들이 그 전법을 좋아하신 즉 우리가 부인들의 허락 없이 새법을 내면 아니되겠으니 그 전과 같이 지낼 수밖에 없다 한즉, 부인 중에 한 분이 웃으며 말하기를 우리 마음이 너무 기쁘기로 좋아서 대답을 못한 것이라 하더이다. 또 한가지 강론하고 작정한 것은 혼인 할 때에 신부의 얼굴을 고쳐서 누군지 알지 못하게 성적함이 불가하니 마땅히 하나님께서 만드신 모양으로 혼인하기로 작정하고 기쁜 마음으로 파하였다더라.[144]

그러나 여권에 대한 성경 해석에 대하여 봉건적인 틀을 벗어나지 못한 견해도 있었다. 앞서 말한 것처럼 창세기의 인류 타락 이야기를 근거로 한 여성의 종속성에 대한 주장도 한국교회 일각에서 제기되었다. 1905년 「그리스도인회보」에는 다음과 같은 사설이 있다.

우리 여인의 죄를 생각하면 남자보다 더 많으니 하나님께 정성을 더하여야 할지라. 왜 그러한가 하니 태초에 아담이 먼저 하나님께 범죄한 것이 아니오. 해와가 먼저 죄를 범한 것이라.
전에부터 오늘까지 마귀를 숭본하여 같기를 불공이며 미력과 산천으로 쫓아다니며 여러 귀신들을 섬기는 것이 다 부인의 좋아하는 바니 어찌 아니 남자보다 여자가 더 죄를 짓는 사람이 아니겠습니까?[145]

그러나 이와 같은 주장은 한국교회의 주류 담론으로 자리매김할 수 없었다. 왜냐하면 초기 한국 기독교인들은 유교적 습성들을 이교적인 악습으로 여겨 혁파하려던 선교사들로부터 배웠기 때문이었다. 더욱이 여성에 대한 그와 같은 해석은 민족의 발전을 저해하는 구습(舊習)에 속한 것이었기 때문에 개화의 물결은 초기 한국 기독교인들이 여권에 대한 그와 같은 이해를 더욱 고루한 것으로 여기도록 만들었다.[146] 개화기의 진보적 여권의식과 민족의식은 서로를 강화시키고 고무하는 관계에 있었기에 더욱 그러하였다.[147]

물론 이와 같은 초기 한국교회 일각의 주장을 근거로 한국교회가 초기부터 여성에 대하여 가부장적이었다고 보는 견해도 있다. 대표적으로 이숙진에게서 발견된다. 그는 '죄인'이라는 자의식이 개신교 여성의 주체 형성에 참으로 중요한 경로였기 때문에, 한국교회는 초기부터 가부장적 시선으로 채색된 다양한 종교 교육을 통해 한국 여성들에게 죄인 정체성을 강하게 심어 주었다고 주장한다.

그뿐만 아니라 한국교회는 이 시기 하나님을 '왕'과 '아버지', '절대군주'와 '절대적 통치자', '만왕의 왕' 그리고 '엄위하신 성부' 등 가부장적 표상이 강화되는 명칭으로 나타냄으로써 처음부터 남성적 표상이 배타적으로, 자구적으로, 가부장적으로 사용되어 왔다고 한다. 그는 그와 같은 현상을 근거로 한국교회의 여권의식이 처음부터 가부장적이었음을 의미하는 것이었다고 주장한다.[148]

물론 초기 한국교회의 저명한 신학자였던 최병헌[149]을 비롯하여 앞서 언급한 윤치호 등 한국교회의 몇몇 지도자들이 창세기의 타락 이야기에 대하여 그와 같은 이해를 가진 것은 맞다. 그러나 그것을 근거로 한국교회가 처음부터 여권에 대하여 가부장적 입장을 고수해 왔다고 볼 수는 없다. 왜냐하면 그와 같은 언급은 소수에 불과하였고 대부분은 그러한 시각을 고루한 것으로 여기며 개혁적 입장을 견지했기 때문이다.

그뿐만 아니라 죄의식 담론을 여성에게만 강조하였다고 보는 것도 맞지 않다. 한국교회의 죄의식은 여성만이 아닌 모든 기독교인들에게 강조된 것이었다. 게다가 한국교회의 하나님 명칭에 대한 이해, 즉 '왕'과 '아버지', '절대 군주'와 '절대적 통치자', '만왕의 왕' 그리고 '엄위하신 성부' 등을 여성에 대한 억압적 시각의 근거로 볼 수만은 없다. 이숙진은 다음과 같이 말한다.

> 하느님 아버지의 속성 중에 '자비로운 성모의 심정'이나 '자비로운 어머니의 눈물'과 같은 애정이 들어 있다고 하더라도 가부장제는 역시 가부장제일 뿐이다. 만물의 근원인 하느님은 여전히 어머니/여성이 아니라 아버지/남성으로 표상되며, 또한 하느님 표상은 여성에 의해서가 아니라 남성에 의해서 지배되고 있기 때문이다.[150]

이숙진이 주장하는 것처럼 만약 "만물의 근원인 하느님은 여전히 어머니/여성이 아니라 아버지/남성으로 표상되며, 또한 하느님 표상은 여성에 의해서가 아니라 남성에 의해서 지배되고 있기 때문"이라는 측면에서만 본다면 한국교회는 처음부터 여성을 억압했다고 말할 수밖에 없다. 더 나아가 기독교 신앙 자체가 여성을 억압하는 신앙이라고 말할 수밖에 없다.

그러나 성경에서 말하는 예수님의 행적과 초기 한국교회의 개혁적 풍토에 비추어 볼 때 이숙진의 주장에 의문을 제기할 수밖에 없다. 왜냐하면 예수께서는 사회적으로 억압받았던 여성들을 인격적으로 대하셨을 뿐만 아니라 자신의 측근 됨까지도 허락하셨기 때문이다. 이를 통해 기독교 신앙이 여성을 해방하는 신앙임을 알 수 있다. 구한말 그리스도인들이 여권 문제를 비롯한 불합리한 사회적 관습을 훼파하려던 자못 급진적인 이들이었다는 사실에서도 한국교회가 여성을 해방하는 역할을 하였음을 확인할 수 있다.

그뿐만 아니라 "하나님의 여성성 제기"는 자칫 "기독교 신앙의 핵심"에 대한 의문 제기로 확장될 수 있기에 우려스럽다.[151] 왜냐하면 하나님을 어머니라고 부를 경우 하나님의 초월성이 타협됨으로써 내재적(內在的)인 신관이 발생하기 때문이다. 그런 하나님은 성경에서 말씀하는 하나님이 아닌 우리가 만들어 낸 하나님일 수 있기에 결국 기독교 신앙의 핵심에 대한 의문 제기로 확장될 수밖에 없다.[152] 이와 같은 측면에서 볼 때 다음과 같은 손승희의 충고는 타당하다.

> 여성신학의 목적은 기독교 전통을 부정하는 것이 아닌 기독교 전통에 서서 이를 창조적으로 비판하고 재형성하는 데 있다.[153]

역사적으로 형성되어 내려온 기독교 전통을 비판하고 재형성하는 것, 즉 초대 교회 시대부터 오늘날까지 전해 내려오는 기독교 안의 가부장적 요소들을 비판하고 가부장적 문화에 의해 왜곡된 기독교 내의 요소들을 복음의 본질에 따라 재형성하는 것은 여성신학자를 비롯해 모든 신학자에게 주어진 과제이다.[154] 그러나 기독교 자체를 가부장적 종교라고 규정하고 기독교의 전통을 본질로부터 재형성하려고 하는 자세는 지양해야 한다. 여성

구약학자인 악트마이어(E. Achtemeier)는 이와 같은 주장에 깊은 우려를 표명하면서 다음과 같이 말하고 있다.

> 나로서는 그러한 하나님(아버지로서의 하나님)을 거절하거나 그 하나님을 "신이 아닌 것들"인 땅의 신들로 바꾸어야 할 어떠한 이유도 상상할 수 없다. 그렇다. 여성들은 차별로 인해 고통 받았다. 우리가 사는 세상은 이와 같은 악들로 가득 차 있다. 그러나 하나님은 거룩하시고, 전능하신 하늘과 땅의 창조자이시기에 우리는 항상 (그와 같은 고난을) 극복하는 자가 될 것이다. 그뿐만이 아니다. 그 어떠한 것도 우리 주 예수 그리스도 안에 있는 그의 사랑으로부터 끊을 수 없다.[155]

더욱이 하나님을 아버지로 부른다 해도 그것을 여성을 억압하는 가부장적 이데올로기라고 볼 수는 없다. 필자는 이숙진을 비롯한 여성신학자들이 말하는 아버지에 대한 가부장적 이해를 오히려 역기능적 이해로 보아야 한다고 생각한다. 유교적 가부장제에서 엄한 가장으로 군림하는 아버지에 대한 한국인들의 역기능적 아버지 이해 말이다. 이와 같은 측면에서 볼 때 전통적인 한국 사회에서 예수께서 "아바 아버지"로 부르신 친밀한 아버지 인식이 아닌 역기능 가정의 억압적 아버지로서의 인식이 적지 않았음을 알 수 있다.[156]

처음부터 한국교회는 성경을 "하나님의 말씀이요 믿고 행할 확실한 법례"라고 고백하였다. 그렇기 때문에 초기 한국 기독교인들은 성경을 단지 읽고 깨닫는 책으로뿐만 아니라, 그 가르침을 따라 행해야 하는 것으로 인식하였다. 결국 이와 같은 성경 읽기는 한국교회의 전도열과, 생활의 변화(악습 폐기) 등을 실천하는 성경 읽기, 이른바 삶과 분리되지 않는 체험적 성경 읽기로 이어졌다.[157]

그들은 성경을 단순히 읽는 데 그치지 않고 중요한 구절을 암송함으로써 하나님의 말씀을 삶 속에서 뿌리 내리기 위해 심혈을 기울였다.[158] 결국 그들의 이와 같은 성경 읽기는 신분 차별을 비롯한 봉건 사회 속 뿌리 깊은 차별에 대한 도전으로 실천되었다. 구한말 어느 양반(兩班) 고백은 그와 같은 사실을 반증하고 있다.

> 넉 달 전 나는 이 사랑방에 있는 것이 부끄러웠다. 교인들이 모여 무릎 꿇고 기도할 때 나는 기분이 매우 언짢아 편히 앉았었지만, 얼마 후 나도 무릎을 꿇기 시작했는데, 부끄러운 마음이 모두 사라져 버렸다. 하나님은 나에게 믿는 마음을 주신 것이다. 내 친구들은 내가 미쳐 버렸다고 말하면서 찾아오지도 않는다. 그러나 참 하나님을 경배한다는 것은 미쳐 버린 징조가 아니다. 사실 나는 양반이지만 하나님께서는 어떤 이는 양반으로, 또한 어떤 이는 상놈으로 만드시지 않았다. 인간들이 그러한 구분을 지은 것이다. 하나님께서는 모든 사람들을 평등하게 만드시었다.[159]

이 고백에는 여권에 대한 새로운 의식도 내포되어 있다. 왜냐하면 사랑방은 양반 신분인 성인 남성만의 공간으로서 본래 여성들에게는 출입이 제한된 곳이었기 때문이다. 언급된 "사랑방 예배 이야기"는 신분과 귀천, 성별과 노소의 구별 철폐라는 당시 한국 사회에서 일어난 자못 혁명적인 변화를 상징하고 있다. 이를 통해 볼 수 있듯이 여권에 대한 의식의 변혁은 한반도에서 일어난 가장 급진적인 사건 가운데 하나였다. 성경을 "하나님의 말씀이요 믿고 행할 확실한 법례"라고 고백한 초기 한국 기독교인들이 그와 같은 급진적인 사회변화의 주역이었다.[160]

4. 소결

여성 억압이 관습이라는 이름으로 받아들여지던 구한말, 한반도에 복음이 전파됨으로써 여성들에게 다양한 변화가 일어났다. 먼저,

> 복음은 여성들로 하여금 억압된 상황에 대한 깨달음과 동시에 정확한 자기 인식을 갖게 해 주었다.[161]

이름조차 없었던 그들에게 고유한 이름이 주어졌다. 가사 교육 외에는 다른 교육을 받을 수 없었기에 무지와 미신에 사로잡힌 삶을 살아온 한반도 여성들이 교육을 받을 수 있었다. 그들은 성경을 읽기 위해 한글을 배웠고, 여러 교육 기관에서 근대 교육을 받았다.

여성 교육 기관 설립에는 구한말 계몽적 지식인들의 지지가 많은 도움이 되었다. 개화기 지식인들은 서구와 비교하며 한반도의 후진적 여권의식에 대해 개탄하고, 여성 교육의 당위성을 「독립신문」 등을 통해 지속적으로 주장하였다. 무엇보다도 구한말 한반도 여권 옹호에 대한 주장이 가능했던 이유는 성경이 여권 옹호를 위한 근거로 적용되었기 때문이었다.

1903년-1907년 대부흥 운동을 경험하면서 기독교인들은 간음, 축첩 등의 죄를 회개하였고, 이를 통해 남성들이 여성을 성적인 수단이 아닌

인격적 존재로 인식하게 되었다. 더욱이 대부흥 운동을 통해 여성들은 공적인 자리에서 스스럼없이 자신의 의견을 말할 뿐만 아니라 남녀가 함께 참여한 집회를 인도하기도 함으로써 지도력을 갖추게 되었다. 결국 대부흥 운동을 통해 한국교회는 도덕적인 성숙을 이룸으로써 사회에 지대한 영향을 끼치게 되었다.

한반도에서 여성을 위한 교육 활동은 물론이요, 의료, 복지, 교회 개척 등 다양한 분야에서 남성 선교사 못지않은 활동을 보였던 여성 선교사들도 초기 한국교회의 여성 지도자 양성의 모범이 됨으로써 한국교회 여권 의식 향상에 지대한 영향을 끼쳤다.

물론 이 시기 한국교회를 남성 중심의 리더십으로 체계화하려는 움직임이 있었다. 1907년 평양신학교 제1회 졸업생 7명 모두가 남성이었을 뿐만 아니라, 같은 해 장로교 정치기구인 독노회가 조직되었을 때 참석한 선교사 33명과 한국인 40명이 모두 남성으로 구성되어, "목사와 장로는 모두 세례 받은 남자여야 한다"라고 규정한 것이다.[162]

이러한 한계가 있었음에도 불구하고 1907년 대부흥 운동은 한국교회의 여권의식 발전에 큰 계기로 작용하였다. 앞서 언급한 것처럼 대부흥 운동을 계기로 여성들이 남성들을 지도했을 뿐만 아니라, 남성들이 여성들을 자매라고 일컬음으로써 여성들을 자신들과 동등한 인격으로 인식하였다는 것은 그와 같은 사실을 반증한다.

무엇보다도 이 시기 드러나는 특징은 한국교회 안에서 전통적인 여권의식을 뒷받침하는 근거로 성경을 적용하는 견해가 주류에 속하지 못했다는 것이다. 왜냐하면 당시 기독교를 받아들인 지식인들 가운데 대부분이 계몽적 인물이었기 때문이다. 그들은 여권에 대해 전통적 견해를 주장하는 것을 고루하게 여기며 민족의 발전에 저해되는 요소로 생각하였다. 그렇기 때문에 그들은 성경을 진보적 여권의식을 뒷받침하는 근거로 삼았다.

더욱이 당시 성경을 근거로 전통적인 여권의식을 주장하는 이들의 세계관은 사실 유교적 세계관이었다. 앞서 언급한 것처럼 1897년 12월 31일 정동교회에서 윤치호가 여성에 대한 전통적인 견해를 언급했을 때, 성경보다는 오히려 유교 경전을 근거로 삼았다는 것은 그와 같은 사실을 반증한다. 구한말의 여권의식 변화는 한반도에서 일어난 가장 급진적인 변화 가운데 하나였다. 성경을 "하나님의 말씀이요 믿고 행할 확실한 법례"라고 고백한 초기 그리스도인들은 그와 같은 급진적인 사회 변혁의 주역이었다. 그것은 성경을 하나님의 말씀으로 확신하고 순종하려고 하였던 결과였다.

제3장

1920-1930년대의 여권의식 변화

앞서 필자는 구한말 한국교회의 여권의식 변화 및 여권에 대한 사회적 인식 변화의 근거가 된 성경 해석에 대해 살펴보았다. 이번 단락에서는 1920년-1930년대 여권 변화 요인과 그 양상에 대하여 살펴보고자 한다. 1920년-1930년대는 구한말과 비교해 볼 때 여권이 놀라울 만큼 발전하였다. 그러나 동시에 여권에 대한 보수적인 이해도 자리매김하였다. 그렇기 때문에 필자는 그와 같은 복합적인 현상에 대하여 본 장에서 살펴보려고 한다.

여기서 먼저 1920년-1930년대 한국 사회의 여권의식 변화와 요인을 분석함으로써 여권의 발전을 살펴본 후 이에 대한 반작용으로 나타난 여권의식의 보수화에 대하여 살펴보려고 한다.

1. 여권의식의 발전

　1920년-1930년대의 한국교회는 구한말과는 비교할 수 없을 만큼 성장을 이루었다. 구한말에는 저항하는 소수의 신앙 운동과 같은 성격을 내포하고 있었지만 이 시기에는 제도화된 기관이 되었을 뿐만 아니라 근대 교육 등을 비롯해서 다양한 경험을 쌓은 인재를 다수 소유하고 있는 공동체, 즉 사회로부터 지도력을 기대 받는 공동체로 성장하였다.

　1920년-1930년대는 구한말에 비해 많은 면에서 교회가 발전할 수 있는 토양이 구비(具備)되었다. 왜냐하면 구한말에는 척사(斥邪)적 사회 정서를 비롯한 수많은 어려움 속에서 교회가 생존해야만 했지만, 1920년-1930년대는 한국교회가 안정 속에서 발전을 이룰 수 있었기 때문이다. 그 이유는 다양했지만 3·1 운동 직후 일제의 한반도 정책 변화에 기인한 측면도 있었다. 일제가 언론, 집회, 출판의 자유를 확대하는 이른바 "문화정치"를 폄으로써 그와 같은 환경이 구비된 측면이 있었다.[1]

　그뿐만 아니라 미국과 일본에서 유학을 마친 신학자들이 귀국함으로써 한국 신학의 주춧돌을 놓을 수 있었던 이 시기를 한국 신학의 정초기(定礎期)라고 부른다. 이는 불과 40여 년 전인 구한말 복음의 불모지였던 한반도로서는 상상하기도 어려운 일이었다. 이와 같은 측면에서 구한말과 1920년-1930년대에는 간과할 수 없는 차이점이 발견된다.[2]

　마찬가지로 사회에도 놀라운 변화가 일어났다. 구한말, 불결하기 짝이 없는 거리로 가득했던 한양은 깨끗한 도심 거리에 행인들로 가득한 근대 도시 경성으로 그 면모를 갖추고 있었다. 근대식 고층 건물이 세워지고 거대한 백화점에는 소비를 욕망케 하는 상품들이 넘쳐났다. 비록 대다수의

식민 치하 평범한 사람들이 아닌 경제력을 갖춘 소수를 위한 것이었지만 말이다.³ 1920년-1930년대 경성 거리가 산책을 즐기는 여성들로 가득하였다는 사실은 이시기 여성의 권리가 구한말과 비교할 수 없을 만큼 발전되었음을 잘 말해 준다.⁴

이와 같은 사회 변화 속에서 여권의식의 발전도 자연스러운 현상이었다. 그에 대한 여러 가지 요인이 있지만, 필자는 본 장에서 여성의 고학력화와 그에 따른 여성의 사회 진출 그리고 여성 지도자 등장 및 가정에서 여성의 입지 강화에 대하여 언급하려고 한다.

1) 여성의 고학력화

1920년대와 1930년대는 한국의 여성성이 자세히 검토되고 그 결과 다시 정의되었던 중요한 시기였다.⁵

그 이유는 이른바 "신여성"⁶의 출현 때문이었다. 신여성에 대한 정의는 간단치 않지만, 대략 중등학교 혹은 그 이상의 교육을 받은 젊은 여성계층을 의미한다.⁷ 1886년 우리나라 최초의 여자 교육 기관인 이화학당 설립을 시작으로 여성 선교사들에 의해 근대적 여성 교육 기관들이 설립되었지만, 학생들을 모집하는 것은 쉽지 않았다. 1910년대만 하더라도 교사들은 다음과 같이 노력하며 애원했음에도 불구하고 부모들은 차가운 반응을 보였다.

… 등사판에 광고지를 백이어서 집집마다 차자가서 제발 따님이나 누이가 있으시면 학교로 보내주십시오, 돈 한 푼도 밧지 않고 공부 시켜 드립니다 ….⁸

그러나 1919년 3·1 운동 이후 놀라운 현상이 벌어졌다. 각 학교에서 입학을 희망하는 학생들을 다 받을 수 없을 만큼 여성들의 향학열이 높아졌다. 1920년대가 되자 거리 곳곳에는 학교에 다니는 여자들이 눈에 띄기 시작하였다. 전국에 걸친 여학교 학생 인원이 1912년 116명에서 1920년에는 1,000명을 넘어 1,062명이 되었고, 7년 후인 1927년에는 2,069명으로 증가하였으며, 그로부터 5년 후인 1929년에는 4,198명으로 증가하였고 1938년에 이르러서는 7,913명으로 대폭 증가하였다.⁹

결국 신여성의 등장으로 여성들의 사회 진출이 본격화되기 시작하였다. 중등 교육 이상을 받은 여학생들이 전체 여성 인구 가운데 불과 0.67%에 불과했 당시 상황에서 신여성들은 사회의 주목을 받는 계층일 수밖에 없었다.¹⁰

신여성들은 사실 특권층이라 해도 과언이 아니었다. 왜냐하면 1920년대 일제는 본토의 경우 국가 세출(歲出)의 7%를 교육에 투자함으로써 국민들의 배움의 길을 넓게 했지만, 식민지 한반도에는 모든 교육 예산을 합산한 총액으로 불과 세출의 1.4% 예산만을 지원했기 때문이다. 당시 언론에서는 '일본과 동일한 조건을 한반도에 적용해 달라는 요구는 부당한 것일까?' 하는 의문을 제기하며, 만일 일본과 비슷한 수준으로 교육 예산을 지출한다면 재학생 전부의 수업료를 면제하고도 보통학교 500여 개를 더 운영할 수 있을 것이라고 주장하였다.¹¹ 그와 같은 상황에서 남성과 여성을 불문하고 교육은 소수에게 주어지는 혜택일 수밖에 없었다.[12] 이와 같은 측면에서 볼 때 당시 중등 교육 이상을 받는 신여성들은 그야말로 특권계층일 수밖에 없었다.

1924년 잡지 「신여성」에는 당시 서울 지역 여학교 졸업생들의 졸업 후 진로가 언급되었다. 언급된 여학교는 숙명고보, 배화고보, 진명고보 그리고 경성여고, 동덕고등, 정신여교, 이화고보 등이다.[13] 이들의 졸업 후 진로는 사범과로의 진학, 상급학교로 진학, 교사직 선택, 일본 등 외국으로의 유학 등 다양하다.[14] 그 외에도 1920년대에는 경성여자상업[15] 등 직업전문 교육을 하는 여학교도 설립되어 여성들의 사회 진출을 돕고 있었다.

앞서 언급한 것처럼 이와 같은 교육을 받는 신여성은 극소수에 불과하였다. 그러나 당시 신여성들의 등장이 구한말과 비교할 때 엄청난 발전이었고, 비록 소수였다 해도 고학력 여성의 등장이 한반도 여권의식 변화에 미친 영향을 짐작하는 것은 어렵지 않다. 더욱이 고등 교육을 받고 심지어 일본[16]과 미국으로 유학을 다녀온 여성들이 사회의 전문 분야에 진출함으로써 한반도 여성의 지위를 놀라울 만큼 상승시켰음도 물론이다.

그러나 이와 같은 여성의 고학력화 이면에는 한반도 여성의식에 대한 보수화도 배태(胚胎)되고 있었다. 그러한 현상은 여권의식의 상승을 우호적으로만 보지 못한 남성들에게서뿐만 아니라, 일본과 미국으로 유학을 다녀온 여성 지도자들로부터도 발견되었다. 물론 그 원인이 신여성들 자신으로부터 기인한 바도 없지 않았지만, 그것은 앞서 언급한 바와 같이 여러 가지 요인들이 작용한 결과였다. 이와 같은 상황 속에서 한국교회에는 여성의식에 대한 보수적 견해와 진보적 견해가 혼재하는 가운데, 보수적 견해가 주류 담론으로 자리매김하는 양상이 나타나기 시작하였다.

2) 여성의 사회 진출

여성의 고학력화는 자연스럽게 여성의 사회 진출로 이어졌다. 이와 맞물려 여성들도 경제적 자립을 이루어야만 사람 구실을 할 수 있다는 생각이 확산되었다. 1925년 2월 「신여성」에 언급된 기사에는 여학교를 졸업한 신여성들이 직업을 가짐으로써, 결혼 후 경제적 문제를 남편에게 전적으로 의지하여 남편에게 예속된 삶을 살아야 했던 이전 여성들의 전철(前轍)을 밟지 말 것을 주장하고 있다.

그러면 이 학교를 졸업하는 여성에게 무슨 길이 있을까?
오직 직업을 구하는 수밖에 없다. … 집으로 돌아가되 공부시켜 놓은 딸이 아버지의 손으로 가서 얻어먹는다는 것은 좀 어려운 일이다. 이곳에서 여성들은 매매의 계약이 성립된다. 그리하여 그는 부모의 강권대로 할 수 없이 다른 남성에게 먹을 것을 얻기 위하여 자기를 그곳으로 팔지 아니하면 아니 된다. 어떤 엄정한 의미에서 말하면 직업부인이 된다는 것도 역시 돈 있는 사람에게 공공연하게 팔리는 것이다. 그러나 그는 여기서 어떤 다른 의식을 갖게 된다. 다시 말하면 개인에게나 한평생을 온갖 것을 다 제공하고 노예와 같이 팔리는 것보다는 자기의 기술을 일시 파는 것이 나을 것이다. 또 그곳에서 직업에 대한 사회상 모든 것을 알게 된다. 따라서 미약하고 피상적이나마 경쟁으로 남성과 대립하게 된다. 이리하면 이곳에서 개성의 말살과 유린을 없어지게 되는 것이다. 이런 의미에서 우리는 소극적이나마 개개인이 될 수 있는 데까지 직업부인이 되어야 할 것이다. 개성을 가진 완전한 인간으로서의 직업부인은 비로소 사회를 알게 된다. 이때에 그는 한 걸음 더 진보된 사상의식을 얻게 될 것이다. 그러므로 우리 여성은 무엇보다도 직업부인이 되어야 할 것이다.[17]

이 글에서 논자는 여성이 직업을 갖는 것이 경제적으로 남성에게 예속되지 않고 남성과 경쟁할 수 있는 능력을 키울 수 있을 뿐만 아니라, 더욱 진보된 사상을 습득할 수 있는 길임을 강조하고 있다. 이와 같이 기혼 여성이 직업을 갖도록 독려 하는 것은 비단 평범한 경제적 가정의 여성에게만 해당되는 것이 아니었다. 심지어 부유한 가정에서 "유모 두고 식모 두고 손가락 하나 꼼작 안하면서 남편이 벌어다 주는 돈으로 생활하는 이들은 그 남편에게 다만 생식기를 팔고 얻어먹는 매음녀"라는 논조까지 등장하였다. 주요섭의 이야기를 들어 보자.

> 하루 밤에도 여러 남자에게 생식기를 일 원 혹은 오 원식 받고 파라서 생애 하는 창기나 매음녀와 이렇게 한집에 들어앉아서 다만 한 남편에게 한 주일에 두 번 혹은 세 번식 팔아서 그것으로 매일매일 먹고 입고 마실 것을 얻는 이런 종류의 아내와는 결코 다른 점이 없을 것입니다. 다만 서로 다른 점이 있다고 하면 그것은 하나는 공개적이요 하나는 다만 한 남자의 전용물임 외에는 없을 것입니다.[18]

더욱이 1920년대 중반에는 사회주의적 관점에서 남녀 관계를 설명하는 주장이 나오기 시작했는데, 여기서는 남녀 관계를 경제권을 가진 자와 가지지 못한 자 사이에 필연적으로 발생하는 예속 관계로 설명하고 있다. 경제적 실권을 가진 남성과 그렇지 못한 여성의 관계는 "주인과 노예 관계"

일 수밖에 없다는 것이다.[19]

> 오늘의 세상은 남자의 세상이니 국가의 조직이 남자를 본위로 하게 되었다 할 수 있으며, 따라서 소위 법률이라는 것이나 도덕, 풍속, 습관에 이르기까지 전부가 남자를 위하여 존재 되어 있다. 오늘의 여자가 남자에게 받는 그러한 대우를 받고 있던 것이 재산의 소유가 있게 되면서부터 여자는 집안에 있어 어린아이나 기르고 옷이나 지으면 그만이고 경제적으로의 실권을 잡게 된 후로는 경제적으로 우월한 자가 세상에서 권력계급이 되고 경제적으로 아무런 힘을 가지지 못한 자는 사회적으로 보아 아무런 권력을 못 가지게 됨과 같이 남자와 여자의 관계도 즉 부부의 사이에서도 경제적으로 실권을 잡고 있는 남자에겐 여자가 정복을 당하게 된 것이다. 이에서 사회의 제도는 처음은 극히 적은 범위의 사유(私有)가 시일이 흐름을 따라 재산을 본위로 한 자본주의 세상이 되자 더욱 더욱 여자는 남자의 노예로 화(化)하였고 유린을 당하게 된 것이다. 그러나 자본주의의 세상은 언제까지나 제한하고 지속되라는 법은 없다. 세상은 진화하려는 법칙에 의하여 무한히 진화하고 있다. 거기에 사람이 살았다는 참된 의미가 있고 역사가 지어지는 것이다.[20]

사실 당시 사회주의 여성들만큼 사회생활에 적극성을 띠고 남성과의 평등 관계를 주장하는 여성들은 많지 않았다. 1924년 11월 3일 허정숙[21]은 「동아일보」 사설에서 다음과 같이 주장하였다.

오늘날 사회의 우리 부인은 경제상의 독립을 얻지 못한 까닭에 이것으로 말미암아 생활의 자유를 얻지 못하고 남자의 노예가 되어버렸다. 그들의 완동물(玩動物)이 되었으며 기계가 되어버렸다. …

우리의 오늘날 처지는 실로 그 역사적 유래가 어디 있으며 그 심각한 원인이 어느 곳에 숨어 있는 것인가?

우리가 남자에게 부림을 받는 노예가 되며 노리개가 되며 기계가 되며 오직 그들 마음 가는 대로 사역이 되는 것은 한갓 우리가 우리 손으로 우리의 힘으로 옷과 밥을 얻지 못하고 남자에게 붙어사는 기생충이 되어 날마다 먹고 사는 물질의 공급을 오직 그 한사람의 힘을 비는 까닭이다. 다시 말하면 일상생활에 경제적 독립을 얻지 못하고 일절의 생활조건을 오직 남의 수중에 맡기고 있는 까닭이다. 그러므로 나는 오직 우리 가정 부인들에게 특히 이 점을 양해하여 주기를 바라며 해방을 찾거든 먼저 경제적으로 근본적 해방을 부르짖기를 절망(切望)하며 우선 그 길을 찾아서 밟기를 바란다.[22]

이 글을 쓸 당시 24살의 허정숙은 결혼을 했음에도 불구하고 남편과 함께 여전히 경제적으로 부유한 아버지에게 의존하고 있었지만, 이듬해인 1925년 1월 동아일보에 기자로 취직함으로써 자신의 주장을 실천으로 옮겼다.[23] 허정숙뿐만 아니라 당시 사회주의자들이 남녀 모두 경제활동을 할 뿐만 아니라, 동일하게 주어진 역할을 함으로써 조직을 운영했음을 볼 때 이들이 사회 진출에 가장 적극적이었음을 알 수 있다.

허정숙과 같은 사회주의 여성들의 주장은 당시 유학을 다녀와서 활동한 기독교 여성 지도자들이 여성의 활동을 가정으로 한정 짓고자 하였던 것과 차이가 있었다.[24] 사실 중등학교 이상의 교육을 받지 못한 대부분의 여성들에게 사회 진출은 쉽지 않았다. 그러한 상황에서도 사회주의 여성들은 직업의 우열을 가리지 않고 적극적인 사회 활동을 함으로써 경제활동을 통한 여성 자립의 모범이 되었음을 부인할 수 없다.

물론 사회주의 여성들뿐만 아니라, 앞서 주요한의 주장에서도 볼 수 있는 것처럼 당시 사회는 여성들의 사회 진출을 독려하는 분위기가 강하였다. 그러나 1920년-1930년대는 남성들조차 구직(求職)이 쉽지 않았다. 더욱이 세계 대공황이 발생한 1929년 이후에는 대학을 졸업한 남성들조차 구직난을 겪었다.[25] 그런 상황에서 여성들 가운데 구직에 성공함으로써 사회 진출을 한 사람들이 있었다는 것은 여권의식의 긍정적 변화를 반증하는 현상임에 틀림없다.[26]

결국 1920년-1930년대 여성 교육의 확산은 여성들이 남성들에 못지않게 자신의 역량을 개발하도록 함으로써, 사회에서 남성에 버금가는 경쟁력을 갖추도록 하는 계기가 되었다. 이러한 사실이 구한말 여성들과 1920년-1930년대 여성들이 비교되는 가장 큰 차이였음은 물론이다.

3) 여성 지도자의 등장

앞서 살펴본 것처럼 여성 지도자들은 구한말에도 출현하였다. 이들은 선교사들과의 교분을 통해 근대 교육을 받은 후 지도자로서 활동하였다. 그들 가운데 이화학당, 진명여학교 등 선교사들이 설립한 여학교를 졸업한 후 여성 교육과 여성 복지 그리고 민족주의적 활동 등에서 활약한 이들도 있었지만, 간혹 그와 같은 교육을 받지 못한 가운데서도 전도 부인으로 활동하는 경우도 있었고,[27] 사재(私財)를 들여 여성 교육 기관을 설립하는 경우도 있었다.

초기 한국교회 여성 지도자들 중에는 물론 하란사, 박에스더 등 해외 유학을 다녀온 이들이 있었지만, 그런 경우는 많지 않았다. 그러나 1920년대 이후 일본과 미국 등에서 공부를 마치고 귀국하여 다양한 분야에서 활동하는 여성 지도자들이 등장하였다. 이 가운데 대표적인 인물은 김활란,[28] 김마리아,[29] 김필례,[30] 황애덕,[31] 안이숙,[32] 임종호[33] 등이다.

김활란과 김필례는 교육가로서 활동하였고, 김마리아와 안이숙과 임종호는 민족주의적 활동으로, 황애덕은 농촌 운동가로서 활동하였다. 황애덕 외에도 농촌 운동으로 잘 알려진 여성은 심훈의 소설 『상록수』로 널리 알려진 최용신이다. 최용신은 1934년 일본 고베신학교에서 잠시 유학했지만 질병으로 곧 귀국하였다.[34] 이들 가운데 김마리아와 임종호는 신학 교육자로서도 활동하였다.

이 시기 여성 지도자들의 역할이 특히 두드러진 분야는 농촌 계몽 운동이었다. 이는 농촌 문제에 특별한 관심을 가졌던 안나 채핀(Anna B. Chaffin)이 감리교신학교[35]에 개설된 농촌문제연구과를 개설하고 앞서 언급한 황애덕을 교수로 임명함으로써 본격화되었다. 황애덕은 "신학생들이 농촌으로 가기를 꺼리니 그들을 꼭 좀 계몽시켜 달라"는 안나 채핀의 부탁을 받고 감리교신학교의 교수로 부임하였다.

안나 채핀의 관심과 후원 속에서 신학교에서 배출된 여성 지도력이 농촌 현장에서 실천적 지도력으로 자리 잡게 되었을 뿐만 아니라, 실질적인 농촌 선교의 결과를 얻을 수 있었다.[36] 황애덕으로부터 감명을 받아 농촌 계몽 운동에 투신한 신학생 가운데는 앞서 언급한 최용신이 있었다.[37]

여성 지도자들의 농촌 계몽 운동에는 민족주의적 성격이 내포되었음이 발견된다. 박인덕[38]의 다음과 같은 고백은 그와 같은 사실을 잘 말해 준다.

> 일국(一國)의 역사를 보면 언제나 활적(活的) 희망의 정신을 잃지 않은 민족이나 개인은 아무리 깊은 엄동(嚴冬)에 빠졌다가도 다시 일어서고야 말았습니다. … 우리 농촌 살림에는 이보다 더 혹독한 추위가 다시없을 것이외다. 이보다 더 추워질 … 수는 없으니 점점 나아질리 밖에는 없을 터이지요. 반드시 나아지리라! 낫게 만들리라! 하는 이러한 희망 이러한 용기 이러한 실행력을 고취시키는 것이 우리에게는 봄빛이 될 것입니다. 이 빛을 누구보다도 안방살림을 맡은 농촌여자들에게 하루바삐 보여 주어야 할 필요를 선각자로는 누구나 다 이미 아는 사실인즉 이론은 빗겨 놓고 실행방침으로 연구한 것 중에 한 가지를 들어 이 방면에 유의하는 분들과 같이 생각하고자 합니다. … 어떠한 식으로든지 농촌여자교양운동이 전선적(全鮮的)으로 일어나는 때에야 우리도 한 번 살림다운 살림을 하게 될 것입니다. 한 민족이 정치적으로 경제적으로 파멸당하였다고 아주 진멸된 민족은 아니라 하였습니다. 생기가 있는 초목은 봄빛에 다시 살아나고야 맙니다.[39]

지금까지 언급한 것처럼 당시의 여성 지도자들은 한국교회와 직접적으로 관련된 영역에서만 발견되는 것은 물론 아니다. 앞서 언급한 것처럼 사회주의자 허정숙도 일본 고베신학교에서 잠시 수학한 후 상해에서 공산주의 이론을 배웠고 미국 콜롬비아대학교에서 수학하는 등 해외 유학을 경험하였다. 그는 공산주의 이론가로서뿐만 아니라 앞서 언급한 것처럼 「동아일보」기자로서 언론에 자신의 주장을 언급하는 등 여성 지도자로서 두드러진 활동을 하였다. 물론 후에 사회주의자가 된 허정숙을 한국교회의 여성 지도자로 볼 수는 없지만, 그도 기독교 가정에서 태어나고 미션스쿨인 배화여학교를 졸업한 후 아버지의 권유로 잠시 일본 고베신학교에서 수학한 여성으로서 기독교의 토양 위에서 성장하고 활동한 인물이었다.

물론 해외 유학을 경험하지 않은 인물 중에서도 여성 지도자로서 두드러진 활동을 한 경우가 있었는데, 대표적인 예가 앞서 언급한 최용신이다. 이외에도 전주 기전여학교 교사로서 거리의 성자로 알려진 방애인[40] 등이 있다. 1923년 개성 호수돈여학교를 졸업한 방애인은 본래 이화여전에 진학하려고 했지만, 여성의 고등 교육에 대해 긍정적이지 않은 아버지의 뜻에 따라 이화여전 입학을 포기하고 전주 기전여학교 교사로 부임하였다. 그는 날마다 성령 체험을 구하던 중 1930년 1월, 기도하는 가운데 "눈과 같이 깨끗하라"는 하나님의 음성을 들었다.

그와 같은 신앙 체험 후 방애인은 독신 생활을 결심하고 기전여학교 학생들을 가르치는 중에도 나병 환자, 고아 등을 돌보았다. 그는 전주 기독 여성 모임인 "기전신성회"의 산파였고 지도자였다. 그의 돌봄 사역은 그가 1933년 9월 16일 병으로 소천한 후 "전주고아원" 설립으로 이어졌다. 오늘날 그는 거리의 성자 또는 조선의 성자로 칭송받고 있다.[41] 최용신과 방애인 등은 비록 유학을 경험하지는 않았지만 한국 사회의 여성 지도자로서 교육, 농촌 운동 그리고 복지 영역에서 발자취를 남겼다.

이 시기 여성 지도자들이 구한말 한국교회의 여성 지도자들과 다른 점을 다음과 같이 정리할 수 있다.

첫째, 1920년-1930년대에는 구한말보다 해외 유학을 경험한 여성 지도자들이 증가하였다. 초기에는 선교사들과 교분이 있을 뿐만 아니라, 가정이 부유한 하란사와 어려서부터 선교사의 활동을 보고 자란 박에스더 등 극소수 여성들에게만 해외 유학이 가능하였다. 그러나 1920년-1930년대에도 물론 많지는 않았지만, 중등 교육 이상을 받은 신여성들에게 다양한 방법으로 해외 유학 기회가 주어짐으로써, 그들은 일본과 미국 등에서 공부를 마친 후 귀국하여 교육, 목회, 복지 그리고 언론 등 다양한 영역에서 활동할 수 있었다.

둘째, 구한말 한국교회의 여성 지도자들은 대체로 선교사와 밀접한 교분을 갖는 가운데 그들을 보조하는 역할을 하거나 자신의 재력을 기반으로 교육 기관을 설립하는 등의 활동을 하였다. 그러나 1920년-1930년대에는 여성들이 여학교에서 중등 교육 이상을 받고 교육 등 전문 영역에서 활동하는 가운데, 구한말과 비교해 볼 때 선교사의 직접적인 감독으로부터 비교적 독립적인 활동을 할 수 있었다.

셋째, 구한말 한국교회의 여성 지도자들은 주로 전도부인과 같은 복음전도자들 가운데 배출되었다. 체계화된 여학교를 졸업한 경우에도 교육 연한과 커리큘럼에서 1920년-1930년대 여학교와 비교할 때 차이가 있었지만, 이 시대 여성 지도자들은 대부분 체계화된 양질의 교육을 제공하는 여학교가 배출한 신여성들이었다.

넷째, 구한말 한국교회의 여성 지도자들 중 여성 목회 지도자들은 체계적인 신학 교육을 받지 않은 전도부인이었으나, 1920년-1930년대에는 일본과 미국의 신학교에서 체계적이고 전문적인 신학 교육을 받은 이들이 나타났다. 1934년부터 1940년까지 일본 청산학원 신학부를 수료한 전밀라,⁴² 1927년 일본 요코하마 교리츠여자신학교를 수료한 강기일, 앞서 언급한 것처럼 뉴욕 비블리컬신학교에서 수학한 김마리아와 일본 신호신학교를 수료하고 청산신학대학을 졸업한 임종호 등이 그들이었다.

이 가운데 김마리아는 1933년 원산 마르다윌슨신학교 교수를 역임하였고, 임종호는 1931년-1941년 평양여자신학교 교수를 역임하였다. 이와 같이 1920년-1930년대에는 목회 활동에서도 체계적인 신학 훈련을 받은 전문가들이 여성들 중에 배출되었음을 알 수 있다.

다섯째, 구한말 한국교회의 여성 지도자들은 여권의식에 대해 진보적인 입장을 견지하였다. 그러나 1920년-1930년대 여성 지도자들 중에는 오히려 여권의식에 대해 보수적인 입장을 견지하는 이들도 나타났다. 그뿐만 아니라 구한말 한국교회의 여성들은 민족주의적 성격이 강했으나. 1930년대 이후 여성 지도자들 가운데는 일제의 황민화에 협력하는 이들이 등장하기 시작하였다. 특히 이들 중에는 해외 유학을 경험한 여성들이 적지 않았다. 이와 같은 사실들에 대하여는 다음 단락에 자세히 언급하려고 한다.

지금까지 언급한 것처럼 1920년-1930년대에는 국내에서 여학교를 졸업하고 심지어는 해외 유학까지 경험한 여성들이 구한말과 비교해 볼 때, 선교사들의 감독에서 벗어나 교육, 복지, 목회, 언론 등 다양한 영역에서 전문인 혹은 지도자로 활동하였다. 이 또한 구한말과 비교해 볼 때 여권의식의 현저한 발전을 반증하는 것이었다.

4) 가정에서 여성의 입지 강화

1920년-1930년대의 여권의식 발전은 가정에서 여성의 입지 강화에서도 볼 수 있다. 근대가 시작되면서 자유연애와 결혼 문화의 변화는 젊은 남녀의 생활 패턴을 크게 바꾸어 놓았다.[43] 이러한 변화는 곧 가정에서 여성의 입지 강화로 이어졌다. 여필종부(女必從夫)로 대표되는 전근대적 부부 관계로부터 벗어나, '아내의 발언권'이 강해진 것이다. 이른바 '전통적인 질서'에서의 아내는 시비를 들어도 반대 한마디 없고 욕을 해도 별다른 반응이 없었지만, 이른바 신여성 아내는 남편을 화수분(河水盆, widow's cruse)으로 알고 그 위에 군림한다는 것이 당시 논자들의 생각이었다.[44]

> 그러나 사나이나 죽을 욕을 보더라도 여자를 위하여 일을 하다가 한번만 그 여자의 소망을 듣지 않는 때에는 … 기다란 유서를 남겨 놓고, 한강철교나 대동강을 한 바퀴 돌아오는 여자도 있다. 여기서부터 마음이 부실한 사나이는 핸드보이, 핸드맨이 되는 것이다.[45]

물론 이와 같은 모습은 당시의 신여성들로부터 볼 수 있는 것으로서 모든 여성에게 보편화된 것은 아니었다. 더욱이 이와 같이 가정에서 남성의 입지에 대해 위기의식을 토로하는 논자들에게서 여전히 남성 중심 시각조차 엿보인다. 그러한 사실은 주도(主導)된 부부 관계에 대한 과장된 묘사도 발견된다.

> 남편은 공장 직공으로서 피땀 흘리며 햇빛을 못보고 질식할 만한 공장 속에서 열 시간씩, 열두 시간씩 노동을 하고 집으로 돌아오면 아내는 몸을 꼬고 드러누워서 담배나 피우고 잡스런 책만 읽고 있는 여자도 있다.[46]

이와 같은 주장은 과장된 면이 없지 않다. 왜냐하면 공장에서 하루 열 시간 혹은 열두 시간씩 일하는 남성은 지식인이 아닌 노동자 신분이었기 때문이다. 중등학교 이상을 졸업한 신여성들이 노동자 신분 남성과 결혼을 했다고 보기는 어렵다. 그렇기 때문에 이러한 언급을 통해 당시 전도된 부부 관계 및 남녀 관계에 대한 과장된 남성 중심적 시각을 볼 수 있다.

여권 상승에 대한 남성들의 이와 같은 우려에도 불구하고 당시 여성의 목소리가 커지는 것은 근대화에 따라 거스를 수 없는 사회 현상이었다. 1933년 1월 16일「조선일보」만평 란에는 당시 여성의 목소리에 위축된 남성들의 모습을 보여 주는 풍자만화가 수록되어 있다. 논자는 늦은 밤까지 귀가하지 못하고 삼삼오오 길바닥에 앉아 있는 남편들을 보며, 남편의 어깨가 위축되고 있는 세태(世態)에 대해 다음과 같이 한탄하고 있다.

> 가정불화는 남편이 밤늦게 들어오는 때부터이니 여기서 아씨님의 질투가 있다. 33년에는 한 동리 동리마다 아씨님들이 모여서 놀대로 놀고 늦게 들어오는 남편들을 증치하기 위하여 당번(當番)을 내어 그 당번이 밤이면 집집마다 대문을 자물쇠로 잠가두면 그 동리 남편들은 노천(露天)에서 밤을 샌다.
> 어시 호 쟁의는 확대되어 사나이의 대책은 어떤 것이 나올지?[47]

그러나 이러한 현상을 여성들의 입장에서 본다면 가정을 지키기 위한 자구책의 측면에서 이해할 수도 있다. 왜냐하면 당시 서울 도심을 중심으로 늘어나기 시작한 "카페"와 유흥시설은 가정이 있는 남성들이 뿌리치기 어려운 유혹이었기 때문이다.[48] 당시 대중잡지였던「삼천리」에 언급된 글을 통해 카페의 환락적인 분위기를 짐작할 수 있다.

> 카페! 카페는 술과 게집 그리고 엽기가 잠재하여 잇는 곳이다. 붉은 등불 파란 등불 밝지 못한 샨데리아 아래에 발자최 소리와 옷자락이 부버지는 소리 담배 연긔 술의 냄새 요란하게 흐르는 짜즈에 맛차서 춤추는 젊은 남자와 녀자 파득파득 떠는 우슴소리와 흥분된 얼골! 그들은 인생의 괴롬과 쓰라림을 모조리 이저 버린 듯이 즐거웁게 뛰논다. 거긔엔 눈물도 업고 슯흠도 업고 고민도 업는 행복한 인간들만 모히는 장소가티 보인다. 무겁게 떠도는 공긔속에서 밤이 느저도 입술의 접촉하는 소리와 한가지로 화려한 흥분은 어느때까지든지 계속된다. 젊은 남자! 그리고 어엽분 웨트레쓰는 서로 얼사안고 '마서라 먹어라' 하며 술취한 붉은 얼골에 겨우 씌여지는 눈으로 서로서로 처다본다.[49]

1933년「조선일보」만평 란에는 카페 문 밖에 남편을 기다리는 많은 가정주부들이 막대기를 들고 서 있는 모습이 그려진 풍자만화가 소개되었다. 만화를 통해 논자는 다음과 같이 세태를 한탄하고 있다. 이 또한 남성 중심적 시각이 내포된 것이었다.

카페-랑자국(娘子國)에서는 소시민국 공주들의 '스윗하-트'들을 홀려다가 '칵텔'과 '폭스트로트'에 소위 '곤약구'를 만드는 한편, 자막대기를 잠결에도 휘두르며 꿈속에서도 늦게 술취해 들어오는 남편을 벼르는 여성들은 그동안 이만저만하게 남편과 쟁의를 해보지 않는 게 아니지만, 33년에는 '매담'병대를 조직하여 몽둥이를 제각기 들고 카페-문전에서 공략을 취할 것이다.

'카페-'광들 카페-출입에 '매담'의 몽둥이를 당해낼 전략을 생각하였는가?[50]

이를 통해 알 수 있듯이, 1920년-1930년대에 가정에서 여성의 입지 강화는 거스를 수 없는 흐름이었다. 그것은 전반적인 가족 관계가 "삼강오륜이라는 주술"에서부터 벗어나고 있음을 의미하였다. 그러나 여전히 한국 사회는 전근대적 가부장제가 지배적이었다. 왜냐하면 여성의 목소리가 아무리 높아졌다 해도 대부분 가정에서 경제력은 여전히 남성이 독점하고 있었기 때문이다. 단지 여성들은 예전보다 높은 목소리를 낼 수 있었을 뿐, 남성과 동등할 수는 없었다.[51] 이것이 당시 여권의식 발전에 내포된 한계였다.

이와 같은 상황에서 한국교회에는 오히려 남성과 여성의 관계에 대한 보수적 견해가 등장하였다. 박형룡의 "여필종부" 주장은 그에 대한 대표적인 사례이다. 이러한 주장은 비단 박형룡으로부터만 발견되는 것이 아니다. 박형룡이 소속된 장로교단은 물론이요, 감리교단, 성결교단, 심지어 무교회주의자들로부터 동일한 견해가 발견된다. 이에 대해서는 본 장, "3. 여권과 성경 해석"에서 자세히 언급하려고 한다.

2. 여권의식의 보수화

여권의 발전에 대한 반작용으로 그에 대한 보수화가 나타난 것은 필연적인 현상이었다. 왜냐하면 이 시기 여권이 발전한 것은 맞지만, 사회의 중심은 여전히 경제력을 장악하고 있는 남성이었기 때문이다. 남성들은 "현실에서 공적 영역으로 확대되는 여성의 인력과 사회 활동으로 인해 발생하는 여권 사상의 고취"[52]에 대해 불편함을 느끼고 있었는데, 한국교회도 예외가 아니었다. 그로 인해 여성 문제는 이른바 젠더문제로 부각되었다. "여성이 해야 할 일과 역할은 남편에게 복종하고 아이를 양육하며 가사를 돌보며, 남편을 잘 돕고 위로한 것"[53]이라는 여성의 역할 규정이 한국교회의 주류 담론으로 부각되었다.

당시 감리교 목사 김인영은 "부인 해방 운동이란 것은 결국 하늘의 뜻과 다르며, 사회 질서를 바로잡을 수 있는 길은 여성이 가정으로 복귀하는 것"[54]이라고 하며 가정이야말로 여성이 있어야 할 공간이라고 강조하였다. 더욱이 당시 한국교회의 여성 지도자들 중에서조차 이를 지지하는 이들이 있었음이 발견된다.

우리의 근본적 사업 즉 가사사업이 우리의 참말로 할 바 사업이라고 한다. 이것은 하느님께서 우리에게 주신 특권인 동시에 보통으로 이것이 미미(微微)하고 부족한 것 가트나 민족과 사회와 교회에 밋치는 영향은 다 말할 수 업는 것이다. 이것은 힘있는 남자가 빼앗지 못할 우리의 고유한 사업이다. 그럼으로 우리의 처지에 있어서 할 수 있는 대로는 경제문제니 무엇 무엇이니는 다 팔뚝이 튼튼한 남자에게 미루어 맡기고 우리의 신체의 구조와 성격에 합당한 가족의 주부가 되어야 지정(至情) 애(愛)로써의 가정교육, 사회사업에 노력하야 강점이 많고 결함이 많은 우리 조선을 개혁하자. 그리하여 우리의 강산으로 하여금 낙원을 만들며 우리의 민족으로 하여금 낙원의 무대에서 환희하는 배우를 만들자.
이것이 우리의 사업이며 직무가 아닌가![55]

이외에도 한국교회의 여성 지도자 가운데 여러 사람이 다양한 형태의 가부장적 질서를 옹호, 지지하였다. 이를 통해 본래 가부장제의 희생자였던 여성이 오히려 가부장제를 옹호하는 모습을 볼 수 있다.[56]

이러한 모습은 대부분 해외 유학 등을 통해 지식을 쌓을 수 있었던 이른바 특권층 여성들로부터 나타나는데, 이들이 앞서 필자가 언급한 한국교회의 여성 사역자들과 대치되는 주장을 하고 있음을 알 수 있다. 이후 일제의 신사참배 강요 앞에서 이들의 상반된 반응이 흥미롭다. 전자는 '신사참배는 국가 의식'이라는 논리로 당시 한국교회 주류와 같은 입장을 표명하며 황민화의 길을 걸었다.[57] 그러나 후자는 신사참배는 죽음을 불사하더라고 받아들일 수 없음을 분명히 하였다. 이들은 대부분 여전도사들이었으며 지식적으로 특권층에 속한 이들이 아니었다. 전자는 "여성 교육을 위한 불가피한 협력이었다는 현실타협론"을 주장했지만, 후자의 경우 죽음을 불사하며 신사참배에 대항하였다.[58]

이러한 차이에 대해 윤정란은 후자의 경우 "기독교가 절대가치"로 인식되었기 때문이었다고 말한다. 그와는 달리 전자의 경우 민족의 독립 보다는 남녀가 평등하게 사는 문명국가 건설에 주안점을 두었고, "여성 교육을 통한 지위 향상"에 역점을 두었기 때문에 "여성 교육을 위해 협력할 수밖에 없었다는 현실 타협론"을 주장했다는 것이다. 그러나 윤정란은 후자의 경우에 대해서는 다음과 같이 말한다.

> 기독교는 식민통치하에 사는 한국 여성들에게 민족의식과 여성으로서의 자각의식을 갖게 해 주었을 뿐만 아니라, 그들이 기독교 사상에 입각한 삶을 살도록 해 주었기 때문에 기독교는 그들에게 포기할 수 없는 삶의 절대적 가치로 인식되었다.[59]

윤정란은 전자를 특권층으로 후자를 소외된 계층으로 구분하는 것처럼 보인다. 그의 주장은 일면 타당하다. 그러나 이처럼 단순화시킬 수만은 없다. 왜냐하면 전자에 속한 이들을 모두 특권층 출신으로, 후자에 속한 이들을 모두 소외된 계층 출신으로만 볼 수는 없기 때문이다.

일제 강점기 교회 혹은 기독교 기관들의 유급직원들을 모두 사회적 사다리를 타고 문화적, 종교적 지배계급이 된 이들로 분류한 박정신의 구분도 지나치게 단순화한 듯 보이지만, 그럼에도 불구하고 일견 타당한 그의 시각을 차용해 본다면, 전자에 속한 이들도 본래 대부분 피지배 계층에 속하였지만 기독교를 통한 사회적 사다리를 타고 문화적, 종교적 지배 계층이 된 이들이라고 볼 수 있다.[60]

전자에 속한 이들도 후자에 속한 이들처럼 본래 사회적으로 소외되었던 계층의 사람들이 다수 포함되어 있었기 때문에 기독교를 통해 민족의식과 여성으로서의 자각의식을 갖게 되었음은 마찬가지였다는 것이다. 그러나 그들은 후자와는 다르게 문화적, 종교적 특권층이 되고 특권층으로서의 자의식을 가진 후, 신사참배를 가결한 한국교회 교권주의자들의 논리에 자신들의 논리를 편승하였을 것이라고 본다.

 이숙진과 윤정란의 주장을 종합해 볼 때, 일제 강점기 특권층 여성 지도자들은 제도권 안에서 남녀가 평등한 사회를 세우고자 했지만, 동시에 한국교회의 가부장적 논리도 지지했음을 알 수 있다. 그들은 사회적인 교육을 받아 경제적인 독립을 얻었을 때, 여성들이 비로소 자립적 존재로 살아갈 수 있다고 주장하였다. 그러나 동시에 앞서 언급한 것처럼 "현모양처야말로 여성의 고유한 일이니, 경제문제 등은 남성에게 맡기도록 하자"[61]고 주장하는 등 모순된 견해를 표명하였다. 이를 통해 이들의 여성지위 향상에 대한 관심이 한계를 내포한 것이었음을 알 수 있다.

 1920년-1930년대 여성의 사회 진출에 대한 사회의 인식은 회의적 측면과 그렇지 못한 측면이 혼재하였다. 이른바 특권적 여성 지도자들은 경제적 자립을 통한 여권 상승을 위해 여성의 사회 진출을 적극 지지하는 모습을 보였으나, 동시에 사회 주류의 담론으로 자리매김하고 있는 가부장적 논리에 편승하는 모습도 보였다. 개혁적 남성 지식인들이 적극적으로 여성의 사회 진출을 지지하는 발언도 사회의 보편적인 가부장적 인식을 넘지 못하였기에 한계를 지닐 수밖에 없었다.

3. 여권과 성경 해석[62]

 앞에서 필자는 1920년-1930년대 한국 사회의 여권의식이 구한말과는 비교할 수 없을 만큼 발전했음을 언급하였다. 여성의 고학력화 및 사회 진출 그리고 가정에서의 입지 강화 등은 그러한 사실을 반증하는 것이었다. 그와 같은 여권의식의 발전은 이제 거스를 수 없는 흐름이었다.

그러나 급진적 여권의식 발전에 대하여 한국 사회 일각에서는 우려하는 목소리를 내었는데, 그런 점에서 교회도 동일하였다. 오히려 교회가 더욱 보수적인 견해를 드러냈다고 볼 수 있다. 대표적인 사건이 1934년 김춘배 목사의 여권 문제 제기에 대한 한국교회의 반응이었다. 그 사건은 지금까지 한국교회가 남성 중심으로 자리매김하는 근거가 되어 왔다.

필자는 여기서 당시 여권에 대한 성경 해석의 구체적 사례들을 언급하려고 한다. 1920년-1930년대 여권에 대한 성경 해석은 진보적 견해와 전통적 견해가 혼재하였다. 이와 같은 측면에서 필자는 당시 여권에 대한 진보적 견해와 보수적 견해를 언급한 후, 김춘배의 여권 문제 사건이 말해 주는 것처럼 여권에 대해 전통적인 시각에서의 성경 해석이 주류 담론이 될 수밖에 없었던 이유에 대하여 언급할 것이다.

당시 신앙 및 신학 잡지에 언급된 여권에 대한 성경 해석의 사례들을 언급한 후 김춘배 목사의 여권 문제와 한국교회의 반응에 대해 구체적으로 언급하려고 한다.

1) 진보적 견해

본서의 서두에서 필자는 구한말 선교사들의 여권의식이 한반도에서 진보적 가치에 속하는 것이었음을 언급하였다. 이와 같은 선교사들의 견해는 1920년-1930년대에도 그와 별다른 차이를 보이지 않았다. 그뿐만 아니라 한국교회 지도자들 가운데서도 구한말과 같이 진보적인 여권의식을 견지하는 이들이 적지 않았다. 그러나 이들의 여권의식은 선교사들과 비교해 볼 때 보수적인 측면을 내포한다는 한계가 있었다.

여기서 필자는 여권에 대한 선교사들의 성경 해석과 한국교회 지도자들의 해석을 언급한 후 고린도전서에 언급된 여권에 대한 해석에 대한 한국교회 지도자들의 견해를 언급하는 가운데, 여권의식에 대한 한국교회 지도자들의 진보적 견해와 그 한계를 언급하려고 한다.

(1) 선교사들의 견해

한국교회의 여권에 대한 진보적 견해는 먼저 선교사들로부터 발견된다. 1925년 당시 평양신학교의 교수였던 선교사 사우업(Charls Edwin Sharp)의 주장이 대표적인데, 그는 남성과 여성이 서로 동등하게 대하지 않음이 '큰 죄'라고 강조하였다.

> 이 세대에 한 가지 큰 죄는 나에게 유익 받기만 생각하고 자기의 맡은 책임을 생각하지 아니하며 돌아보지 아니하는 죄라. 그 죄를 인하여 온 세상이 다 망하여가는 모양과 같은지라. 부부간에도 서로 이 죄를 범하기가 쉬울지니라. 남자가 여자에게 유익 받기를 생각하지 말고 아내를 대하여 맡은바 책임을 먼저 생각할지니라. 또한 아내 된 여자도 그와 같이 행할 것이면 집집마다 그 가정은 천당과 같을지니 ….[63]

사우업이 남녀의 평등을 강조한 이유는 단순히 여성을 차별하는 관습에 대한 문제의식 때문이 아니었다. 앞서 언급한 것처럼 그는 여성 차별 자체가 근본적인 "죄"라고 보았다. "죄"는 인류가 하나님으로부터 멀어지게 된 근원이라는 사실에서 볼 때 여성 차별은 하나님 앞에 심각한 범죄로 여겨질 수밖에 없었다. 그렇기 때문에 여성 차별은 인류가 하나님 앞에 범죄함으로써 "이 세상에 들어온 죄"로부터 파생된 것이기에 반드시 척결(剔抉)되어야 하는 것이었다. 사우업을 비롯한 선교사들은 한반도에서 발생하고 있는 여성 차별을 이와 같은 측면에서 보았다.

> 하나님께서 가족을 조직하실 때에 머리는 남자로 세우시고 주관할 자격을 주신 것이니라(창 30:16; 딤전 2:12-14). 이 두 사람 중에 여자가 더 연약하매 죄가 이 세상에 들어온 후로부터 여자가 남자에게 종의 대우를 받았으니 이것은 하나님의 본뜻이 아니라, 예수의 복음이 들어가는 곳마다 사람들이 그 뜻을 깨달아 알고 여자의 지위를 이전보다 높게 대접하였으니, 이것은 하나님의 말씀이 퍼지는 결과 가운데 한 가지 큰 결과가 되는 것이니라.[64]

이 글을 표면적으로 보면 "하나님께서 가족을 조직하실 때에 머리는 남자로 세우시고 주관할 자격을 주신 것이니라"고 함으로써 마치 여권에 대한 전통적인 견해를 말하고 있는 것처럼 보인다. 그러나 오히려 그는 "죄가 이 세상에 들어온 후로부터 여자가 남자에게 종의 대우를 받았으니 이것은 결코 하나님의 본뜻이 아니니라"고 주장함으로써 "하와가 범죄함으로 인류가 타락하였으니 여자가 남자와 동등 될 수 없다"는 한국교회의 전통적인 견해를 반박하고 있다.

심지어 사우업은 "예수께서 하나님의 아들이시라도 어려서부터 장성하신 때까지 여자 된 모친을 복종하였다"고 주장함으로써,[65] 1897년 12월 31일 정동교회에서 "이와가 비록 죄를 지었으나 마리아가 아니시면 예수께서 어찌 세상에 오셔서 죄를 대속하셨으리오"라고 하며 조한규의 주장을 반박한, 엡윗청년회 산하 '조이스회' 여인들의 주장을 상기시키는 견해까지 언급하였다.

무엇보다도 여성에 대한 그의 시각은 여성에 대한 예수님의 시각을 자세히 언급한 데서 잘 드러나고 있다. 그는 "예수께서 여자를 천하게 여기지 않으시고 자기로 더불어 사귈 만한 사람으로 대접하였다"고 언급함으로써 "예수님께서 여자와 남자를 동등하게 여기셨다"는 사실을 강조하였다. 특히 그는 복음서에 기록된 예수님과 여인들의 이야기 가운데 우물가에서 예수님을 만난 사마리아 여인 이야기, 나사로의 가족인 마리아와 마르다 이야기 등 소외 계층이었던 여성들이 예수님의 사랑을 받았음을 강조하였다.

더욱이 사우업은 "예수께서 사마리아 여인에게 신령한 진리를 말씀하시고 자신이 메시아이심을 드러내신 사건", "부활하신 후 처음으로 여자들에게 자신의 모습을 보여 주신 사건"[66]을 언급함으로써 한국교회의 여권의식이 전통주의에 함몰되어서는 안 됨을 지적하였다.

사우업의 언급에서 발견되는 중요한 사실은 그가 여성의 죄책감 내면화를 반박했다는 것이다. 앞서 언급한 것처럼 한국교회 일각에서는 "이와가 먼저 죄를 지었다"는 창세기 이야기를 언급하여 여성들이 죄책감을 내면화하도록 함으로써 여성들을 이등 성도로 인식하게 하였다. 그러나 선교사 사우업은 "간음한 여자의 죄를 용서하심"(요 8:1-11), "다른 여자의 죄를 용서하심"(요 7:37)[67] 등을 언급함으로써 여성들의 죄의 내면화를 반박하였다.[68] 이보다 5년 전 그는 동일한 논조의 주장을 언급하였는데, 그를 통해 평양신학교에서 가르쳤던 선교사들의 보편적인 여권의식을 짐작할 수 있다.

어떠한 사람들은 여자들을 업신여기며 집안일을 하는 자로 여기되 예수께서는 그렇게 여기지 아니하시고, 남자와 여자를 다 같이 하나님의 은혜를 받고 하나님과 사귈 수 있는 것으로 인증하였고, 예수께서는 하나님의 아들이시라도 어려서부터 장성(長成)하신 때까지 여자 되신 모친 마리아를 복종하였느니라. 예수께서는 여자를 불쌍히 여기시며 높이 대접하시니 사마리아 여인에게 신령한 이치를 말씀하신 것과 자기가 메시아 되신 것을 처음으로 그녀에게 나타내셨고(요 4:6, 7), 간음죄 범한 여자의 죄를 용서하셨고(요 11:5), 병든 여자의 병을 고쳐주셨고(마 9:8), 다른 여자의 죄도 용서하여주셨고(요 11:5), 슬퍼하는 여자에게 위로하여 주셨고, 이방여자의 구하는 바를 시행하여 주셨고(마 15:5), 부활하신 후에 처음으로 여자에게 나타나셨느니라. 하나님께서 여자가 남자와 동등 되는 것을 말씀하셨느니라(갈 2:8).[69]

여기서 생각해 보아야 하는 것은 여성에 대한 진보적 견해를 주장하는 선교사들의 성경 해석 방법이다. 이들은 당시 한국교회에서 가장 보수적인 신학을 고수하였다. 이른바 근본주의적 신학[70]을 고수하였다는 것이다. 여성에 대한 사우업의 성경 해석에서 알 수 있듯이 선교사들은 성경에 대한 문자적 해석을 고수하였다. 이른바 고등비평적 성경 해석을 발견할 수 없다.

그럼에도 불구하고 이숙진은 이와 같은 근본주의적 성경 해석이 한국교회의 여권 억압의 근거가 되었다고 주장하고 있다. 한국교회가 성경무오설을 신봉하므로, 성경을 만고불변의 진리로 받아들인 근본주의 신학자들은 여성의 권리를 주장하는 입장을 이단시하였다는 것이다.

근본주의는 '전통'과 '정통'의 이름으로 헤게모니를 장악해 왔으며, 근본주의 신학은 성서에 대한 문자적 해석을 선호하는 동시에 특정 교리와 신조를 신앙의 시금석으로 설정해 왔다. … 당시 한국 개신교의 주류 세력을 형성하고 있으면서 성서무오설을 신봉하던 근본주의 신학은 이 구절[71]을 단지 과거의 교훈과 풍습이 아니라 만고불변의 진리로 받아들인다. 이러한 근본주의의 입장은 교회와 교권의 수호 차원에서 김춘배 목사의 성경 해석을 공격하고 그의 교역자 자격을 박탈할 것을 요구하는 것으로 전개된다.[72]

이숙진이 지적한 대로 서북 지역을 중심으로 교권을 장악한 교회 지도자들이 전통신학을 표방함으로써 헤게모니를 장악한 것은 부인할 수 없다. 그러나 이러한 주장에 대하여 그들이 과연 근본주의적 성경 해석을 통해 여권에 대한 전통주의적 견해를 고수했는지는 의문이다. 필자는 1934년 김춘배의 여권 문제 제기를 이단시한 박형룡 등의 성경 해석은 근본주의적 성경 해석이 아닌 교리주의적 성경 해석이라고 본다.[73] 오히려 선교사들의 근본주의적 성경 해석은 한반도 여권의식 변혁에 지대한 영향을 끼쳤다. 왜냐하면 구한말 초기 기독교인들은 성경을 문자적으로 읽고 실천함으로써 사회를 변혁시키려고 했기 때문이다.

이영미도 1920년대 이후 한국교회의 근본주의적 성경 해석이 교회 안의 여권 억압의 이유 가운데 하나였다고 주장한다.[74] 그러나 이 주장은 타당하지 않다. 왜냐하면 구한말은 물론 1920년대 이후에도 한국교회는 근본주의적 성경 해석을 고수하였기 때문이다. 한국교회가 구한말뿐만 아니라 1920년-1930년대에도 동일한 방법으로 성경을 해석하였음에도 불구하고 한국교회의 여권의식이 1920년대 이후 오히려 보수화된 이유를 간단하게 설명할 수는 없지만, 대략 언급한다면 극복하지 못한 유교적 속성, 교회 조직의 거대화와 체계화에 따른 보수화 등 다양한 사회적 배경 등을 들 수 있다. 물론 이숙진이 비판하는 것처럼 사우업의 언급 가운데는 젠더를 구분함으로써 남성과 여성의 역할을 구분한 견해도 발견된다.

> 여자가 첫째 행할 일은 자기의 남편을 진실히 사랑하며 감심(甘心)으로 순복(馴服)하며 생산(生産)하며 아이를 잘 양성하고 조력하여 가사를 잘 돌아보고 할 수 있는 대로 남편을 잘 도와주고 위로할지니 시집가기를 싫어하지 말며 아이 낳기를 싫어하지 말며 사치하지 말며 부족한 행실을 하지 말고 자기의 집을 잘 돌아볼지니라.[75]

이숙진은 사우업이 자신의 글에서 여성의 사회 활동을 한정함으로써 강력한 가부장제를 공고케 하는 위계질서를 주장했다고 말한다.[76] 그러나 그가 여성의 역할을 남성과 구분했다고 해서 강력한 가부장제를 옹호했다고는 볼 수 없다. 오히려 그는 부부간의 위계질서에 따른 차별이 아닌 동등한 관계에 대하여 반복적으로 강조하였다.

> 남자 된 자는 자기의 아내의 육신과 마음의 요구하는 것을 다 담당하며 자기의 몸과 마음을 돌아보는 것과 같이 아내의 몸과 마음을 돌아보며 음식과 의복 등은 자기와 일체로 하고 공부하는 것도 형편은 다를지라도 같이 하게 하며 모든 일을 동등한 자로 대접할지니라.[77]

앞서 언급한 것처럼 구한말 한반도는 여성들이 유교적 봉건 체제 속에서 억압받는 땅이었다. 여성이 결혼을 한다는 것은 곧 자아 됨을 포기하고 남편과 그의 가족에게 예속되는 것을 의미하였다. 이름조차 없었을 만큼 가정에서 여성들의 권리는 찾아보기 어려웠다. 그러한 상황에서 여권 향상을 위한 선교사들의 노력은 계속되었는데, 사우업은 이 글에서 남성이 모든 일에 여성을 동등하게 대할 뿐만 아니라, 여성을 보호하고 책임지도록 당부하였다. 이 글은 그와 같은 측면에서 이해해야 한다.

이숙진은 사우업이 남성과 여성의 역할을 구분한 이유가 "현실에서 확대되는 여권 사상의 고취에 대한 개신교의 위기의식" 때문이었다고 주장한다.[78] 그러나 여성을 남성과 구분함으로써 그 역할을 가사를 돌보는 것으로 한정했다고 해서 그렇게 볼 수만은 없다. 왜냐하면 여성은 남편에게 예속된 존재가 아닌 남편과 동등하게 가정을 이루는 존재로서, 비록 그 역할이 가사에 힘쓰고 자녀를 양육하는 것으로 한정되어 언급되었다 해도 구한말과 비교해 볼 때 급격한 여권 변혁이 일어났음이 사실이기 때문이다.

사우업의 언급은 오히려 이 땅에서의 여권의식을 획기적으로 변모시켜야 함을 말해 주는 것이었다고 본다. 여성의 사회 진출이 상식이 된 오늘날의 관점에서 그의 견해를 부정인 측면에서만 볼 수 없는 이유가 여기에 있다. 물론 한계를 내포하였음은 맞지만 그럼에도 불구하고 여성의 지위가 대폭 상승했음은 결코 부인할 수 없다.[79]

선교사들이 한반도 여권에 대해 진보적인 견해를 말하였다는 것은 그들이 성경에 언급된 훌륭한 지도자의 모범으로서 여성을 언급했다는 사실에서도 알 수 있다. 왜냐하면 전통적인 유교적 사고에서 훌륭한 지도자로 여성을 소개하는 것은 생소한 일이었기 때문이다. 앞서 언급한 것처럼 조선왕조 500년 동안 유학자 이율곡의 어머니 신사임당이 바람직한 여성의 모범으로 알려진 것과는 달리, 허균의 누이였던 허난설헌이 대문장가로서 중국에서는 널리 알려졌지만 조선에서는 명성을 누리지 못하였다는 것은 그와 같은 사실을 반증한다.

선교사들에 의해 성경에 언급된 여성들이 신앙의 지도자이거나 적어도 훌륭한 신앙의 모범으로 언급되기 시작했는데, 1920년 평양신학교에서 가르치던 게일(James S. Gale)은 예수님을 잉태한 마리아를 신앙적인 모범 인물로, 세례 요한의 어머니 엘리사벳을 여선지자로 소개하고 있다. 먼저 그는 로마 가톨릭에서 발견되는 중보자로서의 마리아 신앙에 대해 주의할 것을 요구하며 그와 같은 "여인 존숭 사상"이 불교와 같은 동양 종교의 신앙과도 유사한 점이 있다고 주장한다.[80] 그가 보는 마리아는 신앙의 대상이 아니라 모범적인 신앙인이었다.

사실 마리아는 가부장적 조선 사회에서는 이해하기 어려운 인물이었다. 왜냐하면 여성의 정조를 중시하는 유교 사회에서 혼전(婚前)에 아이를 잉태한 여인을 윤리적 모범으로 이해할 수는 없었기 때문이다. 그러나 신앙의 대상으로는 가능하였다.

게일이 언급한 것처럼 마리아가 신앙적 대상으로 사람들에게 인식되었던 이유가 "엄위하신 천부"로서의 하나님 이해와 그와 비교되는 "자비하신 어머님"으로서의 마리아 인식에도 있었겠지만[81] 유럽의 성화에서 볼 수 있는 신적 존재로서의 마리아 이해, 불교의 관세음보살 신앙의 영향과 함께 인성을 초월하기에 윤리관도 초월할 수 있는 신앙적 존재로서의 마리아 이해도 있었을 것이라고 본다. 왜냐하면 혼전 잉태가 이성적으로는 납득할 수 없지만, 신앙적으로는 동정녀 잉태가 성(聖)의 영역으로서 이해가 가능하기 때문이다. 이른바 성모(聖母)로서 말이다.

그러나 게일이 소개하는 마리아는 신앙적 존재가 아닌 작은 시골 마을인 나사렛에서 나고 자란 평범한 여인이었다. 그는 불과 16세에 하나님의 권능으로 아들을 잉태했는데, 이는 매우 위험한 선택이었다. 왜냐하면 정혼한 요셉으로부터 파혼을 당하고 사람들로부터 손가락질을 당함으로 수치스러운 삶을 살 뿐만 아니라, 심지어 죽음까지 당할 수 있었기 때문이다. 그럼에도 불구하고 성자 잉태를 믿음으로 받아들임으로써 이른바 "주의 모친"이라 일컬음 받게 되었다.[82]

한마디로 마리아는 우리와 같은 성정(性情)을 지닌 인간이었지만 믿음으로 자신에게 주어진 삶을 결단함으로써 하나님의 인류 구속에 쓰임 받은 위대한 인물이었다는 것이다. 게일은 마리아를 일컬어 감사하는 인물, 순종하는 인물, 겸손한 인물이라고 하며 다음과 같이 칭송하였다.

> 감사한 마리아여. 순종하는 마리아여. 어찌 그리 겸손하뇨?
> 하나님이 특별이 이 여자를 택하여 세대의 모범을 삼으려 하심이니 성경을 연구하는 자는 자기의 뜻을 버리고 항상 원하기를 나는 마리아와 같이 하나님 아버지의 뜻을 순전히 이루어지리라 할지니라.[83]

결국 미천한 신분의 마리아는 자신을 희생하여 하나님의 인류 구속에 쓰임 받은 여인이었기 때문에 신앙의 모범으로 소개되었다. 희생하는 사람으로서의 마리아, 섬기는 사람으로서의 마리아는 전통적인 유교 사회에서의 익숙한 모범적 여성상과 가까웠다는 측면에서도 신앙의 모범으로 받아들이기 쉬웠을 것이다. 무엇보다도 앞서 언급한 것처럼 초기 한국

기독교의 여인들이 "이와가 비록 죄를 지었으나 마리아가 아니시면 예수께서 어찌 세상에 오셔서 죄를 대속하셨으리오"라고 고백하였다는 사실은 이미 여성들 스스로가 새로운 존재로서의 자각을 했음을 의미한 것이었다고 본다.

이 글에서 게일은 또 한 여성을 언급했는데, 그는 세례 요한의 어머니 엘리사벳이다. 마리아가 혼전에 아기를 잉태함으로써 가급적 사람들의 눈을 피해 행동하다가 엘리사벳을 찾아갔을 때, 성령의 감동을 입어 예언하기를 "귀한 마리아는 주의 모친"이라고 하며, 마리아가 잉태한 아기가 메시아임을 확인시켜 주는 역할을 하였다.

이와 같이 엘리사벳은 성령의 감동을 받아 메시아가 오셨음을 예언한 선지자로서 역할을 하였다. 게일이 엘리사벳을 선지라고 일컬은 이유는 그 때문이었다.[84] 본래 전통 유대인 사회에서 여성을 선지자라고 일컫는 것은 허락되지 않았다. 마찬가지로 유교 사회인 한반도에서 여성을 선지자로 소개하는 것이 생소했음은 물론이다. 그럼에도 불구하고 게일은 엘리사벳을 선지자로 명명함으로써 한국교회의 여권의식에 변화에 영향을 주었다.

게일을 비롯한 선교사들의 여성에 대한 이와 같은 인식이 한국교회에 영향을 주었을 것임을 충분히 짐작할 수 있다. 이들의 영향을 받은 한국인 목사들도 성경에 언급된 여성들을 신앙의 모범으로, 국가를 세우는 지도자로, 하나님의 일을 예언하는 선지자로 소개하였다.

감리교신학교 부교장 채핀(Anna B. Chaffin)도 베다니의 마리아 같은 성경의 인물을 소개함으로써 여성의 지적 능력과 영적 능력이 남자보다 못하지 않음을 강조하였다.

예수께서 여성의 지능과 영능을 인정하신 것을 연구하려면 "베다니" '마리아' 이야기가 포함되지 않으면 완전치 못할 것이다. … 그는 침묵적이어서 자기의 지력과 의지력을 써서 보이지 않은 최고의 인격과 말없이 사귈 줄을 안 것이다. "저가 예수의 발아래 앉았다"는 것은 무의식 중으로 앉아 있었다는 것이 아니다. '바울'이 자기를 가르쳐 말하기를 "가말리엘 선생에게서 우리 조상의 율법의 엄한 교훈을 받았다"(행 22-3, 이는 당시 선생한테 배우고 있을 때 어떻게 하고 있음을 말함이다)는 말과 같이 '마리아'는 바로 위대한 선생의 문하(門下)에서 배우고 있었고 당시 예수의 말씀을 듣는 사람이 많지 않았지만은 '마리아'는 그의 말씀을 들었으며 보통 사람이 말하지 못하는 것을 말하는 그의 말씀을 들으려면 신령적 이해력과 정신적 총명이 있어야 하는데 '마리아'는 그 말씀을 들었다.[85]

이 글에서 채핀은 여성에게 결코 남성 못지않은 지적 능력과 영적 능력이 있음을 주장했음은 물론, 심지어 마리아의 배움을 신약성경에 언급된 최고 지식인인 바울의 배움에 비유했을 만큼 여성 교육에 대해 매우 진보적 견해를 밝혔다. 이와 같은 언급이 앞서 언급한 한국교회 최초의 감리교인 가운데 하나였던 윤치호의 여성 교육에 대한 견해를 반박하는 것이었음은 물론이다.

아래의 글에는 마리아가 예수님의 발에 향유를 부은 사건을 언급함으로써 남성인 제자들의 위선을 비판하고 그의 자애로움을 칭찬했음이 발견된다. 심지어 마르다의 동생 마리아가 예수님의 어머니 마리아와 예수님의 제자인 요한과 야고보의 어머니 살로메에게조차 발견되지 않은 직관력을 가진 여인이라고 칭송하는 언급도 발견된다. 이러한 언급이 여권의식에 대한 진보적 견해였음은 물론, 마르다의 형제 마리아를 언급하였다는 사실에서 여성들 가운데서도 신분 낮은 여성들에 대한 인식도 새로워져야 함을 의미하는 놀라운 견해가 내포되었다.

> 그러나 이 아름다운 동정의 위안이 그만 '유다'와 그 외 여러 사람에게 더럽힘을 당하였고 이런 아름다운 행위가 저희에게는 다만 낭비로만 보였다. 그래서 그 물건을 돈의 가치로서 평가하였다. 예수께서 저희를 날카롭게 책망하셨다고 놀랄 것이 없다. 그 후에 유순한 언어로 조용히 "저가 내 몸에 기름을 부어 미리 내 장사를 예비함이라"고 말씀하셨다. "마리아는 예수의 고독을 얼마쯤 이해하였다." 예수께서 열렬히 그를 변호하고 또한 그의 드린 향기가 복음같이 온 세상에 진동하리라고 선언한 것이 그리 이상할 것 없다. … 자애심을 가진 여자는 많으나 '마리아'와 같이 직관력을 가진 여자는 별로 없었다. 지극히 사랑이 많은 어머니 '마리아'는 자기 아들을 너무 사랑함으로 그를 세계적 구주로 보지 못하였고 경건한 살로메는 자기 두 아들을 위하여 이기적 요구를 함으로 예수의 마음을 아프게 하였다. 그러나 침묵적인 '마리아'는 각별히 의지와 실행에 있어 그의 말씀을 들음으로 칭찬을 받았다.[86]

이와 같이 복음서에 언급된 여성들의 다양한 활동을 소개함으로써 여성에 대한 전통적인 견해를 배격하는 선교사들의 성경 해석이 한국교회 지도자들에게 영향을 끼쳤음은 물론이다.

(2) 한국교회 지도자들의 견해

여권 향상을 위한 노력은 선교사들뿐만 아니라, 한국교회 지도자들 가운데서도 활발하게 나타났다. 그러한 노력 가운데 하나는 선교사들처럼 성경에 언급된 여성 지도자들을 소개함으로써 여성들이 지도자로서의 역량을 키우도록 용기를 북돋는 것이었다. 그러한 노력은 먼저 성결교단에서 발견되는데, 1929년 목사 이 건은 모세의 누이인 미리암을 다음과 같이 소개하였다.

> 미리암은 실로 모범적 여자이다. 국가의 대사(大事)에 바쳐서 독신생활을 보내었다. 그 지개(志槪)가 범인(凡人)에서 뛰어났던 것을 보리로다. 이는 천국을 위하여 스스로 고자 된 사람이라 할 수 있는 것이다. 방년의 청춘이 능히 입지(立支)를 삼키지 못한 것이다. 경국제민(經國濟民)의 대사업을 위하여 그의 귀여운 청춘을 희생하였다. 이는 실로 초월한 인격자이다. … 지금 우리 조선에도 미리암과 같이 일생을 주께 온전히 헌신하는 여성 교역자가 많이 일어나야 한다. 부인계(婦人界) 전도는 미리암과 같이 불가불 교역자의 손을 기다리지 않을 수 없다. 종래 우리 조선은 내외의 별(別)이라 하는 것이 엄격하여 부인들은 안에서 거하여 남자를 받들고 자녀나 기르는 것으로 일을 삼고 국정(國政)이 어떻게 되는지 도무지 모른 것이다. 그런 고로 경성의 부인 중에는 남대문이 어느 쪽에 있는지 종로가 어디인지 매일 밥 해먹는 쌀은 어디서 나는지 모르고 일평생을 지난 사람이 많은 것이다. 이것이 소위 양반 대가들의 부녀라 하였다. 아! 이러한 퇴폐 도덕은 드디어 전민족의 쇠약을 이루고만 것이다. 아직도 규중(閨中)에 죄수와 같이 갇히어 있는 부녀들이 많이 있는 것이니

용감한 교역자들은 이러한 생지옥을 파벽하고 그 영혼들을 사로잡는 일을 하여야 하겠다. 이런 일들은 여교역자들이 그 첩경에 서 있는 바인즉 용감한 여교역자들은 조선에 일어나라. 생을 바치라. 이는 영광의 직분인줄 확각(確覺)할지어다.[87]

이 글에서 이 건이 여성에 대한 전통적인 사회적 관습을 비판하고 있음이 두드러진다. 그는 여성을 가정의 울타리에 가두어 두는 것이 관습이 아니라, 오히려 "퇴폐 도덕"이라고 하며 여성을 대하는 남성 중심 사회의 윤리성에 대한 새로운 시각을 가질 것을 촉구하였다. 여성을 가정의 울타리에 묶어 두는 것은 개인적으로 "퇴폐 도덕"일 뿐만 아니라 결국 민족 공동체를 쇠약하게 만드는 난치병으로 발전된다는 것이 이 건의 주장이었다.

앞서 언급한 것처럼 이미 사회 곳곳에 여성 지도자들이 배출되어 활동하고 있었다. 그로 인해 한국교회 현장에 여성 지도자 수급이 절실한 상황이었다. 1934년 김춘배가 장로교단에서 여성의 강도(講道)권과 치리(治理)권을 염두에 둔 여권 문제를 제기하기 이전부터 이미 한국교회 전반적으로 전문성을 갖춘 여성 지도자 수급이 절실하였다. 물론 전국적으로 여성 권서들이 여성들을 대상으로 하는 목회 활동을 하고 있었지만, 변화하는 시대에 맞도록 전문 교육을 받은 여성 사역자 양성과 교회 안의 여성들을 목회할 수 있도록 여성 사역자에게 강도권과 치리권을 부여하는 것이 절실한 상황이었다.

그럼에도 불구하고 많은 남성 목회자들의 유교적 봉건 의식으로 인해 여성 교역자의 활동은 남성 목회자를 돕는 역할로 이해되었기에 여성 교역자에게 강도권과 치리권을 부여하는 것은 요원한 실정이었다. 그러한 상황에서 이 건은 여성 사역자들에게 강도권과 치리권을 부여해야 함을 여러 차례 주장하였다. 1936년 그의 글 "여선지 드보라"에는 그와 같은 내용이 자세히 언급되어 있다.

> 드보라는 남의 아내 된 가정부인으로서 나라가 어려울 때 공헌한 사람이었다. 서양 여자 중에는 독신생활로나 가정부인으로서 국가에나 교회사업에 진력한 사람이 많지만은 우리 조선에는 그러한 여성인물들을 많이 배출하지 못함이 실로 보아서 유감이 아니라 할 수 없는 것이다. … 부녀 중 왕왕 남자의 답파(踏破)하지 못할 위험한 일을 관찰한 일이 많은 것이다. 주님께서 십자가를 지시고 갈보리로 나아가실 때에 그 아래까지 따라간 사람은 쾌활한 남자 베드로가 아니라 오직 갈릴리에서 온 수명 부녀들뿐인 것을 우리가 잘 아는 바이다. 이런 고로 하나님께서 당신의 사업을 이루기 위해서는 남녀의 차별을 두지 않고 오직 성신으로 충만하게 하사 쓰시는 것이다. 근세에 이르러 구세군의 어머니 뿌드 부인은 실로 여선지자의 모범이라 할 것이다. 지금으로부터 육십여 년 전에 영국은 아직 부인을 강단에 세우는 법이 없었다. 그러나 뿌드 부인은 복음선전을 위하여 감연(敢然)히 강단에 나섰다. 사방으로 반대와 조롱이 격렬하였으나 사실로 그의 설교로 말미암아 기십 기백의 사람이 회개하고 주께 돌아옴을 볼 때에 그 같이 보수적인 영국민들도 인정치 아니할 수 없었다. 그러므로 드보라를 쓰신 주님께서 오늘날 여자로 하여금 성신의 충만을 주시사 놀라운 역사를 하신다.[88]

앞서 언급한 것처럼 1920년-1930년대는 중등학교 이상을 졸업하고 전문직에 종사하는 신여성이 등장하여 사회의 주목을 받고 있었다. 그들은 당시 한반도 전체 여성 가운데 극소수에 불과한 특권층으로 인식되어 사회의 주목을 받았지만, 학업을 마친 후 자신의 능력을 펼칠 수 있도록 환경이 조성되어 있지는 않았다. 사회 전반의 경제 사정이 좋지 못한 까닭에 이들이 여학교를 졸업했다 해도 취업이 쉽지 않았다.[89]

일례로 필자가 앞서 언급한 것처럼 1924년 4월호「신여성」에는 경성여자고등보통학교를 졸업한 여성 72명들이 소개되었는데, 이들 졸업생 가운데 15명은 보통학교 교사로, 31명은 사범과로 진학하고, 3명은 외국(일본)으로 유학을 간다고 밝히고 있다. 그러나 나머지 23명은 가정으로 돌아간다고 언급되어 있다. 여성들이 취업을 한다 해도 대부분 교직에 국한되어 있던 사실에서 볼 수 있듯이 여성의 사회 진출에 한계가 있었다.

사실 중등학교 이상을 졸업한 후에는 물론 간혹 유학을 다녀온 후에도 그들이 활동할 수 있는 입지가 넓은 것도 아니었다. 그렇기 때문에 신여성들 가운데 어떤 이들은 재력을 갖춘 남성과 결혼함으로써 경제적으로 풍족한 삶을 살고자 했지만 그것도 쉽지 않았다. 왜냐하면 재력을 갖춘 남성들 가운데 대부분은 이미 가정을 이루고 있었기 때문이다. 간혹 신여성들 중에는 그런 남성들의 후처가 되거나 그들과 내연 관계를 맺기도 함으로써 신여성에 대한 부정적 인식을 끼치기도 하였다.

그러나 기혼 남성들과 불륜을 맺는 신여성 모두가 허영 때문에 그런 것은 아니었다. 왜냐하면 그들 가운데는 경제적으로 어려운 가족을 부양하기 위해 부유한 남성의 첩이 되는 경우도 있었기 때문이다. 당시 여학교를 졸업한 한 어느 인텔리 여성의 다음과 같은 고백은 그러한 사실을 반증한다.

> 저는 퍽 호사스러운 여자인 것 같이 보셨지요?
> 그러나 매인 몸이에요. 남의 첩이에요. 좋은 나이에 다만 집에 희생된 사람입니다. 저의 어머니와 동생들 때문이에요.[90]

이와 같은 상황에서 이 건은 당시 교육을 받지 못한 대부분의 여성들에 대한 안타까운 마음을 말했음은 물론이요, 중등 교육 이상을 마친 신여성들이 자신의 역량을 발휘하기보다는 허영심에 들떠 사치스러운 삶을 지향하는 모습을 보며 안타까움을 금할 수 없었다. 그렇기 때문에 그는 교회와 국가를 위해 자신의 역량을 펼치는 모델로서 드보라를 소개하였다.[91]

그뿐만 아니라 이 건은 영국인 뿌드 부인을 소개함으로써 여성 사역자의 강도권과 치리권을 인정하지 않는 한국교회를 비판하기도 하였다.[92] 그러나 이 건도 유교적 인식에 따른 편견으로부터는 자유롭지 못한 것으로 보인다. 그러한 사실은 그가 "투기심"을 여성의 특성으로만 언급한 사실에서 발견된다.

> 미리암의 단점을 계감(計減)치 아니하면 안 되겠다. 저가 모세의 아내 구스 여인의 연고로 모세를 비방하며 시기하는 언사를 발표한 것이다. 투기심은 여자공통의 결점이다. 저가 이와 같이 지도자 모세를 비방하다가 문둥병의 벌을 받았다. 1장 1단은 사람의 면치 못할 사정이다. 일반 여성들은 특히 투기심에 잡힐까 주의하여 이 악독의 뿌리를 빼어버리지 아니하면 도저히 교역을 봉행할 수 없는 것이다.[93]

이와 같이 투기심을 여성의 공통적인 특성으로 보는 시각을 성경에 근거한 것이라고 볼 수는 없다. 오히려 바울은 투기심이 남녀 모두의 문제로서 교회 공동체에 무익한 것임을 지적하였다(고전 13:4). 이 건뿐만 아니라 여권에 대하여 진보적인 견해를 갖고 있는 인물 가운데 이 같은 편견을 가진 이들이 적지 않았다.[94] 그로 인해 비록 여성의 해방과 여권의 상승을 주장함에도 불구하고 젠더의 구분에 대하여는 보수적 견해를 견지하는 경우가 적지 않았다. 이와 같은 편견 속에서 이 건은 여권에 대한 보수적 견해를 주장하기도 하였다.

> 근래에 시대의 타락은 그 현저한 점이 남녀도덕의 문란에 있는 것이다. 말하기를 여자해방(曰女子解放), 말하기를 여권 운동(曰女權運動), 말하기를 남녀평등(曰男女平等), 말하기를 자유연애(曰自由戀愛), 말하기를 여성예찬(曰女性禮讚), 말하기를 부인국유론(曰婦人國有論) 등 이 모든 사상과 행위는 실로 언어도단(言語道斷)인 점이 많다. 오늘날 기독교회도 이러한 사상의 과중에 휩쓸려 돌아간다. 남녀평등(男女平等)론은 구미인미(歐米人美)의 사상이요 성서의 사상은 아니며 자유연애란 사탄의 사상이니 멸망 받은 홍수 이전 문명의 사상이다(창 6:2-).
> 이렇게 다시 경조부박(輕佻浮薄)한 사상이 오늘날 소조(所調) 기독교 청년 중에 얼마나 감염되어 있는가?[95]

물론 그가 이 같이 주장한 이유가 당시 한국교회의 입장에서 볼 때 급진적인 서구 사상이 교회에 미칠 해악에 대한 염려 때문이었음은 물론이다. 예를 들어 프랑스 혁명 이후 발생한 "결혼은 두 사람의 남녀가 서로 사랑하는 동안에만 속박하는 법률상의 계약"이라는 주장에 대하여 이 건은 그와 같은 서구 사상이 "인생의 신성한 부부의 윤리"를 파괴하는 반기독교적 요소라고 보았다.[96]

그럼에도 불구하고 "남녀평등", "여성예찬" 등을 전통적인 질서를 위협하는 위험한 사상으로 보았다는 점에서 볼 때 그가 가부장적 사고로부터 벗어나지 못했음을 알 수 있다. 이 건을 비롯하여 여권의식에 대해 비교적 진보적인 견해를 가졌던 이들조차 가부장적 사고로부터 벗어나지 못한 이유는 그들이 유교적인 사회에서 나고 자랐기 때문이었을 것이다. 그들의 사고 속에는 유교적 세계관이 깊이 자리 잡고 있었다. 그럼에도 불구하고 당시의 시대적 상황에서 볼 때 이들의 여권의식은 분명 진일보한 것이었다.

드보라와 미리암이 구약에 언급된 지도자였다는 사실과는 달리 당시 한국교회 지도자들이 소개한 신약의 여인들은 주로 잘 알려지지 않은 사람들이었다. 그들 가운데 한 사람은 주야로 성전에서 기도하던 중 메시아로 오신 아기 예수님을 만난 '안나'였고, 다른 한 사람은 예수님을 만나 혈류병을 고침 받은 사람으로만 알려진 이방 여인이었다. 그 가운데 안나는 정절의 사람, 성별의 사람, 기도의 사람, 봉사의 사람 그리고 간증의 사람으로 소개되었고,[97] 혈류증을 치료 받은 이방인 여인은 고통을 신앙으로 극복한 담대무쌍한 여인으로 소개되었다.[98]

사실 안나는 누가복음 2:36-38에만 기록된 인물로서 그의 행적에 대하여는 자세한 언급이 없다. 다만 남편과 결혼한 지 7년 만에 과부가 되고 그 나이 84세에 이르기까지 성전에서 주야로 금식하며 메시야를 기다려 온 여인으로만 소개되어 있을 뿐이다. 누가복음 기자는 그를 일컬어 예루살렘의 속량을 기다리는 모든 사람에게 예수의 탄생을 증언해 준 '여 선지자'로 소개하였다. 그러나 사실 이방 여인과 함께 과부된 여인, 임신하지 못한 여인 등은 유대 사회에서 인정받지 못하는 사람들이었음을 볼 때, '안나'를 예수께서 메시아 되심을 가장 먼저 소개한 인물로 언급하는 것은 당시 유대 사회의 보편적 시각을 흔드는 혁명적인 일이 아닐 수 없다.[99]

이 건은 안나의 삶 가운데 84세에 이르기까지 수절을 하고 성전에서 주야로 금식하기에 힘쓴 모습을 강조하며 그를 "정절의 사람"이라고 칭송함으로써 세속화에 물들지 않은 교회의 모범, 성도의 모범으로 소개하였다. 결국 이 건은 드보라, 미리암 그리고 안나와 같은 여성 선지자를 소개함으로써 여성도 남성 못지않은 지도자가 될 수 있다고 주장한 것이다. 이러한 견해는 남성과 여성의 능력이 본질적으로 차이가 없음을 주장하는 것으로써 참으로 진보적인 견해이다.

지금까지 언급한 드보라, 미리암, 안나 등은 모두 여선지자로 일컬음 받는 지도자들이었다. 여권에 대해 진보적 견해를 가진 이들은 성경에 언급된 여성 지도자들을 소개함으로써 여성들이 교회와 나라를 위해 자신의 능력을 펼치기 원하였다.

그런데 송해용이 소개하는 여인은 칭송받는 지도자와는 거리가 먼 인물이었다. 그는 혈류증 환자였을 뿐만 아니라, 유대인으로부터 멸시 받는 이방인이었다.[100] 그럼에도 불구하고 송해용은 그 혈류증 환자를 일컬어 담대무쌍한 신앙인이라고 표현하며 여성들뿐만 아니라 남성들조차 본받아야 할 인물로 소개하였다.

세인(世人)은 여자가 약자라 하여 경시하는 폐습이 불무(不無)하다. 성경에 나타난 여인들은 거개(擧皆) 다 담대무쌍한 신앙가임을 찾아볼 수 있다. 그 실례는 무수하여 매거(枚擧)하기 어렵다. 이 본문에 기록된 12년 동안 혈루증으로 고생한 여인 역시 여인군성(女人群星) 중에 대신앙가이로다. …

묻노니 여러분은 몇 해 동안이나 여러 의원에게 괴로움을 받고 있는가? … 현대의 모든 사람들은 병들어 파산당한 고해(苦海)에서 헤매고 있다. 세계적 경제공황은 이를 여실히 증명한다. 사회제도가 잘못되어 경제고가 심한 것이 아니다. 오직 천부를 떠나 탕자의 생활을 하기 때문이다.[101]

송해용은 혈루증 여인을 일컬어 "일개 아녀자였음에도 불구하고 고통 중에서 능히 신앙의 올바른 길을 찾은 위대한 인물"[102]이라고 평가하였다. "세인(世人)은 여자가 약자라 하여 경시하는 폐습이 불무하다"는 그의 언급에서 그가 전통적인 유교적 인식하에서의 여권의식을 뛰어넘었음을 알 수 있다. 그런데 여권에 대해 이와 같이 진보적인 견해를 말한 그가 교회의 사회 참여에 대하여는 매우 보수적인 입장을 견지했음이 발견된다. 농촌사업 등을 비롯한 교회의 사회 참여를 교회의 세속화 현상 가운데 하나로 비판하였다. 그는 혈류증을 한국교회를 병들도록 만든 세속화로 비유함으로써 다음과 같이 주장하였다.

조선교회는 병든 지 오래다. 또 어떤 자는 이것을 치료하기 위해 말하기를 농촌진흥운동(日農村進興運動), 말하기를 금주운동(日禁酒運動), 말하기를 자선사업(日自善社業) 등등으로 다년간 노력해 왔으나 오늘에 증세를

무겁게 할 뿐이요, 차효(差效)는 조금도 나타나지 않는다.[103]

물론 당시 한국교회의 세속화에 대해서 비판한 이들은 적지 않았다. 길선주가 1934년 총회에서 행한 설교에서 다음과 같이 비판한 것은 대표적인 예이다.

교회는 날로 속화되어 가고 있습니다. 신앙은 박약하고 사랑은 아주 식어 열심과 능력을 잃어버린 형편입니다.[104]

소설가 이광수는 이미 1920년대에 다음과 같이 지적하였다.

한국교회에는 교육자로서, 문화계급으로서, 종교지도자로서, 사회적 지위와 명망을 있던 이들이 사람들 위에 군림하기 시작하였다.[105]

1930년대 한국교회의 자유주의 논쟁의 중심에 있던 김재준도 "교회도 사회도 숨이 막힐 정도로 폐색과 체증에 걸려있는 시대"[106]였다고 진단하였다. 그러나 그들이 말하는 교회의 세속화가 송해용이 비유한 것처럼 교회의 현실 참여를 의미했다고는 볼 수 없다.

송해용의 주장에서 볼 수 있는 것처럼 당시 교계에는 교회의 세속화와 교회의 사회 참여를 같은 맥락에서 이해하는 경우가 많았다.[107] 그와 같은 측면에서 볼 때, 혈류증을 한국교회를 병들도록 하는 세속화에 비유하고 이 본문을 교회의 사회 참여에 대해 비판하는 근거로 제시하는 등 그의 성경 해석이 어색한 것은 사실이다. 그러나 이방인임과 동시에 부정한 질병을 앓는 여인을 대담무쌍한 신앙가일 뿐만 아니라, 세속화에 빠진 한국교회가 따라야 할 모범으로 제시했다는 사실에서 참으로 긍정적인 여권의식을 볼 수 있다.

이 건과 송해용 등이 성경에서 신앙의 모범으로 여성을 언급한 것은 지금껏 이른바 현모양처를 모범적 여인으로 보았던 전통적인 시각과 매우 다른 것이었다. 그들은 오히려 드보라와 미리암을 소개하여 여성들이 가정의 울타리를 넘어 자신의 능력을 발휘함으로써 교회와 국가에서 지도자의 역할을 하도록 당부한 것이다. 더욱이 이방인이며 혈류증을 앓기까지 했기에 유대인의 시각에서 부정한 존재일 수밖에 없었던 여인을 소개함으로써 "여성은 약자"라는 편견을 없애고, 오히려 세속화에 빠진 한국교회가 본받아야 할 모본으로 제시했다는 사실에서 매우 진보적인 여성관을 발견할 수 있다.[108]

이를 통해 유교적 세계관을 뛰어넘은 여권의식을 볼 수 있다. 그러나 이들의 여권의식에는 여전히 유교적 세계관으로부터 벗어나지 못한 부분들이 있었는데, 앞서 언급한 것처럼 미리암으로부터 보이는 '투기'를 여성 고유의 특성으로 규정하는 것 등이 그렇다. 여성에 대한 그와 같은 시각은 고린도전서에 언급된 여성에 대한 바울의 교훈 해석에서도 나타난다.

(3) 고린도전서에 언급된 여권 이해

교회 안에서 여성의 강도권과 치리권을 요구하는 김춘배 목사의 주장을 이단시한 1935년 장로교단의 반응에서 볼 수 있는 것처럼 장로교단 안에 여권에 대해 보수적인 견해만 있는 것은 아니었다. 남궁혁이 1928년 「신학지남」에 기고한 글에서도 여성의 강도권과 치리권 허용을 요구하는 주장이 발견된다. 그것은 고린도전서 14:34에 언급된 여권에 대한 바울의 교훈에 대한 해석이었다.

> 이와 같이 예수는 여자의 지위를 향상시키고 또는 여자해방을 힘써 가르치셨다. 바울이 고린도교회에 대하여 여자의 행동을 제재(制裁)한 것 같이 말한 것이다. 부녀는 교회에서 발언권이 없고 남자에게 복종할 것을 가르쳤다(고전 14:34-35). 이것은 이방교회인 고린도 또는 이 위에 희랍여자에 대한 일반법전과 풍속을 말한 것과 같이 여자가 너무나 급속히 탈선하여 그 종전 사회제도를 무시하고 과격한 행동을 감작(敢作)함을 인하여 바울이 경계한 것뿐이다. "여자가 집회 중에서 잠잠하라" 한 말은 집회 시에 상당히 지도할 만한 남자가 있는 이상에 여자가 설교 또는 의식 집행을 하지 말라고 보는 것이 가하다. 현대사회에서 여자의 영적활동이 큰 것은 부인할 수 없는 사실이다. 바울의 이 교훈을 문법적으로 해석하여 여자의 종교적 활동을 허락하지 아니한다 할 것이면 이것은 그리스도의 정신이 아닌 동시에 또는 기독교 사업에 큰 결함이 생길 것이 아니냐.[109]

이와 같은 남궁혁의 주장이 고린도전서의 여권에 대한 바울의 주장을 "만고불변의 진리"라고 주장한 박형룡 등과 다른 것이었음을 알 수 있다. 물론 지도력을 갖춘 남자가 있을 경우 설교와 의식 집행을 양보해야 한다는 전제가 있지만, 여권에 대한 바울의 교훈을 재해석함으로써 여성의 강도권과 의식 집행을 금지하 말 것을 주장했다는 사실에서 진보적인 여권의식이 발견된다. 물론 교회 안의 남성과 여성의 관계에서 남성을 선(先)으로, 여성을 후(後)로 규정함으로써 남성의 우선권을 인정하고 있다는 한계가 있지만 말이다.

 이숙진은 이와 같이 여권에 대해 진보적인 견해조차도 남성에게 우선권을 허용했다는 이유로 "젠더의 위계화가 강력하게 자리 잡고 있다"며 비판하고 있다. 그러나 유교적 봉건 사회가 제도적으로 철폐된 지 불과 수십 년 밖에 지나지 않은 상황에서 이와 같은 견해는 오히려 시대를 앞선 것으로 보아야 한다. 유교적 토양에서 나고 자란 교회 지도자들이 짧은 시간에 유교적 세계관으로부터 온전히 벗어나는 것은 어렵다. 앞서 살펴본 것처럼 여권에 대하여 매우 진보적 견해를 가졌던 이들에게조차 여성에 대한 이와 같은 인식이 발견되는 일은 드물지 않았다.

 이와 같이 교회 안의 여성 지위에 대하여 진보적인 견해를 보인 남궁혁이었지만, 그럼에도 불구하고 일정 부분 가부장적 사고로부터 벗어나지 못하였음이 발견된다. 이어진 언급에서 남궁혁은 다음과 같이 주장하였다.

> 여인의 머리에 무엇을 쓰라 한 것은 남자에게 복종하라는 뜻을 보임은 틀림없다. 이 말은 근자 여자해방운동 하는 자의 안목(眼目)으로 볼 때에 가히 비평할 만한 말인 것 같다. 그러나 우리는 감히 비평을 내릴 것이 아니요. 냉정한 머리를 가지고 생각하여 볼 필요가 있다. 사람이 몸이 있는 이상에는 머리가 있어야 하고 무슨 조직이 있는 이상에는 지도자가 없어서는 아니 된다. 지도자를 정하는 경우에는 그 사무가 적합한 자로 아니하면 아니 된다. 한 가정에서 남자를 가장으로 정하는 것은 남녀의 우열을 의미한 것이 아니요. 오직 사무의 적재여하에 의하여 정할 것으로 안다. 가사를 돌아보며 자녀를 교양하는 것은 여자의 본성에 적합하고 한 가족의 생활비를 자급하는 것은 외무(外務)를 장리(掌理)함은 성격상으로 보아 남자

에게 적합하다. 그러므로 남녀 두 사람 중에 한 집의 가장을 추천하는 경우에는 자연히 그 지위는 남자에게 돌아가게 될 것이다.[110]

여성을 남성에게 예속된 존재로 봄으로써 발생하는 불평등한 남녀 관계는 반대하지만, 남성과 여성을 구별하고 위계적 질서에서 남성이 상위에 있음을 인정하는 것이 당시 여권에 대하여 진보적 견해를 가졌던 이들로부터 발견되는 한계였다. 남궁혁도 고린도전서에 언급된 여성에 대한 바울의 교훈을 그와 같은 시각에서 이해하였음이 발견된다.[111] 그렇지만 그는 당시 교회 지도자들 가운데 여성에 대해 참으로 진보적인 생각을 가졌던 인물 가운데 한 사람이었다. 그가 결혼의 유무에 대해서조차 여성의 선택을 존중하는 입장을 말했다는 것은 그러한 사실을 반증한다.

그러나 여자는 언제나 가사만 보라는 말은 아니며 필연코 출가하여 한 가정을 구성하라는 말도 아니다. 자기의 성격, 의지, 교육 정도 여하에 의하여 독립생활을 할 수가 있다. 바울도 이렇게 말하였다. 동정녀는 주의 사업을 부지런하게 하기 위하여 독신생활을 하여도 좋되 불연(不然)한 경우에는 출가하여도 가하다 하였다.

그럼에도 불구하고 앞서 언급한 것처럼 남궁혁이 남성을 여성보다 앞서는 존재로 규정한 사실은 부인할 수 없다. 앞서 여권에 대하여 진보적인 견해를 밝힌 인물로 소개한 이 건도 고린도전서 11장에서 남성과 여성을 선후 관계, 질서의 관계로 규정하고 있음이 발견된다.

성서의 계급관 '하나님, 그리스도, 남자, 여자' 이같이 하나님이 주재하시는 대우주의 질서와 계급이 정연하다. 성서에서 말한 이러한 계급으로 하여 이 사회는 질서 있게 생활할 수 있다. 근자에 계급타파, 남녀평등주의 운운은 실로 위험한 사상이다. 유래로 남녀평등 권설(權設)은 구미인의 사상이기(思想而己)이요. 성서의 교훈은 아니니라. … 여자를 무시하지 못함(11, 12절). 성서는 남존여비의 노예적 취급은 도저히 용인하지 못한다. 단 주종의 관계를 밝힌 것인즉 여자라고 도저히 멸시하지 못한다(마 19:1; 골 3:19). … 창조의 순서를 보면 최초의 하등동물로부터 시작하여 고등에 이른 순서를 볼진대 여자의 존귀함을 가히 알 것이다(창 20:2, 3). 그 일절(一切)의 미(美)는 남자의 영광을 반사한 것이 마치 남자가 신(神)의 영광을 반사임과 같으리라. 근래 소위 여자해방운동이라 함은 여자에게 참월(僭越)한 행동을 일으키는 패(悖)가 많으니 남녀가 각각 그 인권을 존중히 하여 호상(互相) 그 천직(天職)에 안분(安分)하는 것이 이상적 사회이다.[112]

이 글을 여권 문제에 단호한 입장을 견지한 1935년 장로교단의 성경 해석과 비교해 볼 때 창세기와 복음서 등 다양한 성경을 인용하여 유기적으로 해석하려던 시도가 보인다.

그뿐만 아니라 이 건은 당시 여권에 대해 보수적 입장으로 일관한 성결교단의 저명한 지도자 이명직[113]과는 다른 입장을 견지하였다. 앞서 선교사 사우업의 경우에서 볼 수 있는 것처럼 이 건도 성경의 다양한 본문을 언급함으로써 여권의식에 대한 자신의 견해를 말하였다. 그럼에도 불구하고 이 건도 여권 문제에 관련된 성경 해석에 대해 유교적 세계관으로부터 벗어나지는 못하였다. 그 이유는 무엇보다 그가 여권에 대한 바울의 교훈을 문자적으로 해석했다는 점에 있지만, 앞서 언급한 것처럼 자신이 나고 자란 유교적 토양으로부터 벗어날 수 없었다는 것이 더욱 근본적인 이유일 것이다.

남녀의 역할을 구분하고 남녀노소를 선후 관계로 체계화하는 유교적 세계관이 고린도전서 11장 해석에 영향을 준 것이다. 물론 그의 여권의식은 전통적인 시각과 비교해 볼 때 진일보된 것이었지만, 이른바 남녀평등과 같은 시대적인 흐름에는 전통적인 입장을 견지했음을 알 수 있다. 그 이유는 앞서 언급한 것처럼 서구에서 비롯된 급진적 인권 운동들을 교회와 가정을 허무는 사탄의 도구로 이해하였기 때문이다.

여기서 한 가지 문제가 제기된다.

과연 1920년-1930년대 한국교회의 여권 문제를 제기한 여성 교역자들이 그와 같은 급진적 서구 사상의 영향을 받았을까?

필자는 그렇지 않다고 본다. 왜냐하면 그들 대부분은 다양한 서구의 사상을 접할 수 있는 최상위 지식인이 아니었기 때문이다. 다시 말해 목회 현장의 여성 교역자들은 대학을 졸업했거나 유학을 다녀온 지식인들이 아니었다는 것이다. 모순적이게도 최상위 지식인에 속하는 기독교 여성 지도자들 가운데 오히려 가부장적 성 역할 구분을 장려하는 이들이 적지 않았다.

사실 기독교 여성 지도자들 가운데 어떤 이들은 다양한 형태의 가부장적 질서를 옹호했는데, 그들은 가사 노동과 자녀 양육은 하나님께서 주신 여성의 천직이며 공적 영역에서 활동하는 것은 남성의 일로서 여성이 그와 같은 활동에 참여하는 것은 사회 질서를 교란하는 것이라고 주장하였다.[114] 여권에 대한 서구의 급진적인 사상을 접하기 쉬웠을 그들이 오히려 여권에 대해 보수적인 견해를 가졌다는 것은 참으로 모순이 아닐 수 없다.

당시 교회 안의 여권 문제를 제기한 이들은 이와 같은 여성 지도자들이 아닌 목회 현장의 여성 교역자들이었다. 그들이 여권 문제를 제기한 이유는 현장에서 여성 교역자 인식으로 인한 어려움을 절감했을 뿐만 아니라, 실질적으로 교회 구성원 가운데 다수를 여성이 차지하고 있었기 때문이었다. 여성 교역자에게 강도권과 치리권이 요청되었던 이유가 여기에 있었다. 이와 같은 상황에서 김춘배가 고린도전서와 디모데전서에 언급된 바울의 교훈을 재해석함으로써 여성 교역자들에게 강도권과 치리권을 허용할 것을 건의하였다.

그럼에도 불구하고 김춘배의 제안은 호의적으로 받아들여지지 않았다. 그의 제안이 받아들여지지 않은 이유를 표면적으로 보면, 사도 바울의 교훈을 해석하는 데 신학적 대립이 있었기 때문으로 보인다. 지금까지 많은 신학자들이 그와 같이 주장했을 뿐만 아니라, 특히 이숙진을 비롯한 여성 신학자들도 그렇게 주장하고 있다.

그러나 그것은 표면적 이유일 뿐이다. 심층적으로는 무엇보다도 여전히 극복되지 않은 유교적 세계관 때문이었다. 여권에 대한 진보적 견해를 가지고 있는 이들조차 고린도전서에 언급된 여권에 대한 바울의 교훈을 해석할 때 남성을 여성보다 앞서는 존재로 이해함으로써 결국 여성 교역자들에게 강도권과 치리권을 부여하는 데 부정적인 영향을 끼쳤다.

앞서 살펴본 것처럼 1928년 「신학지남」에는 여성 교역자에게 강도권과 치리권을 허용할 것을 촉구하는 남궁혁의 언급이 있었다. 이는 여권에 대해 가장 보수적인 입장을 견지하고 있는 장로교단에서 발생한 일이었다. 그런데 장로교단에서는 물론, 상대적으로 여권에 대하여 진보적인 견해가 많이 발견된 성결교단조차 남성을 여성보다 앞서는 존재로 생각함으로써 이른바 "여성 해방", "여권 운동" 등에 부정적인 견해가 등장하였다. 이를 통해 여권에 대한 진보적 견해를 견지한 이들조차 고린도전서의 여권에 대한 바울의 교훈에 대하여는 일부분 정통적인 견해를 주장하였음을 확인할 수 있다. 신학적인 논쟁이 아닌 한국교회가 극복하지 못한 유교적 세계관이 그 이유였다.

2) 전통적 견해

앞서 살펴본 것처럼 여성에 대해 진보적인 견해를 가지고 있는 이들조차 유교적인 세계관으로부터 온전히 벗어나지는 못하였다. 그로 인해 비록 남성에게 종속된 불평등한 존재로서의 여성관으로부터는 벗어날 수 있었지만, 남성과 여성을 젠더로 구분함으로써 그 역할을 나누고 남성을 여성보다 우선된 존재로 생각하는 등 여권에 대한 그들의 시각에는 한계가 있었다. 결국 그와 같은 인식이 한국교회의 여성 교역자들에게 치리권과 강도권을 허용하는 문제에 긍정적이지 못한 영향으로 작용되었음을 부인할 수 없다.

필자가 이미 언급한 것처럼 교회 안의 여권의식에 대하여 진보적인 견해를 견지한 이들도 적지 않았지만, 전통적인 견해를 고수한 이들도 적지 않았다. 그들은 여성이 남성보다 약하고 어리석은 존재라는 생각을 가졌을 뿐만 아니라, 심지어 교회와 사회에 해악을 끼치는 상징으로 표현하기까지 하였다. 무엇보다도 그들은 여성의 역할이 가정에서 가족을 돌보는 것으로 한정된다고 보았다. 여기서 필자는 여성에 대하여 전통적인 견해를 고수한 이들에 대하여 언급하고 그들의 견해가 한국교회의 여권의식에 끼친 영향에 대해 살펴보는 가운데 이를 비판하려고 한다.

(1) 남녀 관계에 대한 유교적 인식

당시 한국교회 지도자들의 유교적 인식을 잘 보여 주는 대표적인 예가 남녀 교제에 대한 시각이었다. 이명직은 이에 대한 대표적인 인물이었는데, 그는 다음과 같이 주장하였다.

> 성경말씀은 무엇이든지 숨기는 것이 없나니 성결에 대하여 무엇이라고 하였느뇨. 대게 너희들이 하여 음란을 버리라는 것이 하나님의 뜻이라. 너희들이 각각 거룩하고 존귀함으로 자기의 아내 취할 줄을 알고 하나님을 알지 못하는 이방인과 같이 색욕을 쫓지 말라(살전 4:3-5). … 또는 교회에 새파랗게 젊은 청년남녀가 회집하여 유희도 하며 창가도 부르는 것을 보면 구역질이 나게 된다. 친목회의 여흥과 크리스마스 연극 등은 다 청년남녀로 하여금 타락의 기회를 주는 일이 많다. 이와 같은 미끼로 남녀를 교회로 인도하려고 하는 교역자는 청년남녀를 유인한 죄로 책망할 가치가 있거든, 하물며 성욕문제를 제출(提出)하여 호기심을 만족케 하며 동물적 욕심을 발하게 하는 전도자가 하나님 앞에 받을 형벌이 어찌 가장 크지 않으리오. … 대체 남녀 간의 신성을 보존하려면 좌의 말씀을 지킴이 좋으니 "남자가 여인을 가까이 하지 아니함이 좋으니라"(고전 7:1). 그러하나 되지 못한 서양풍속이 유행함으로부터 이와 같은 신성이 없어지게 되었다. 어느 여자 청년회에서는 요사이 춤을 가르친다는 말을 들었다. 화 있을 진저! 저 부인 선교사여, 저희가 와서 복음을 전하지 아니

하고 남녀가 서로 얼싸안고 뛰는 것을 가르친다. 불원(不遠)에 타락한 교회는 춤추는 방을 마련하여 놓고 부랑한 남녀를 모집하는 일도 있을 줄로 생각한다. 어떠한 방면으로는 뛰는 것도 좋은 것이다. 다윗도 뛰었고, 주께서도 "기뻐하고 뛰라"(눅 6:23)고 말씀하셨다. 그러나 이는 오락이 아니라 하나님을 찬송하기 위함이다.[115]

이명직의 언급에서 미국 북장로교 선교부 총무였던 브라운(Arthur J. Brown)이 말한 엄격한 청교도 신앙이 떠오른다. 덧붙여 유교의 가르침 가운데 하나인 이른바 "남녀칠세부동석" 사상이 결합된 듯한 느낌을 받는다. 복음이 전파됨으로 교회는 유교의 경직되고 폐쇄적인 남녀 관계로부터 개방적이고 자유로운 남녀 관계로의 변화를 선도하였다. 당시 고등 교육을 받은 그리스도인 청년들이 자신들의 의지에 따라 배우자를 선택하여 결혼하였다는 것은 그에 대한 좋은 예이다.[116] 그럼에도 불구하고 이명직의 언급에서는 유교의 남녀 관계가 떠난 자리에 유교적 기독교의 남녀 관계가 자리를 대신한 느낌이 든다.

물론 이명직의 입장을 비판만 할 수는 없다.[117] 왜냐하면 당시 시대적 풍조 속에서의 급진적인 남녀 관계를 목격하며 한국교회 지도자들은 당황하지 않을 수 없었기 때문이다.

필자가 앞서 언급한 것처럼 초기 기독교인들은 유교의 공맹(孔孟)사상을 치워버리고 그 자리에 그리스도의 복음을 놓으려고 하였다. 그러나 개화기 서양 문들의 교육을 받은 신여성과 모던 보이들은 공맹을 치워버린 자리에 낭만적 사랑과 연애를 받아들였다.

그뿐만 아니라 "'삼종지도'와 '부부유별'이 강조되던 조선 사회에서 긴 세월 근대적 개념의 연애와 사랑이 없었던"[118] 상황에 갑자기 불어 닥친 개방의 물결 속에서 젊은이들은 급진적 남녀 관계를 무비판적으로 받아들였다. 이에 대한 대처 방안을 찾지 못한 이명직 등의 보수적인 한국교회 지도자들은 교회의 성결을 지키기 위해 율법주의적 남녀 관계를 주장한 것이다. 남녀 관계에 대한 폐쇄성을 받아들일 수 없었던 몇몇 선교사들의 견해에 대해 이명직이 비난을 아끼지 않은 것은 이와 같은 측면에서 이해할 수 있다. 그렇지만 그의 견해가 경직된 유교적 입장에 근거된 것이었음은 부인할 수 없다.

유학자의 가정에서 태어나 어린 나이에 『사서삼경』은 물론이요 심지어 『대학』까지 막힘없이 암기했을 만큼 유교 문화에 익숙한 김재준은 자신의 회심을 "유교의 빡빡한 교훈과 계율을 초월한 자유하는 영의 사람으로서의 낭만적 체험"[119]이라고 고백하였다. 그는 자신의 체험을 근거로 다음과 같이 말하며 유교 문화의 엄격성과 경직성을 비판하였다.

> 유교 문화는 누구 말마따나 '노인 문화'였다. 사람은 점잖아야 한다. '젊지 않아야' 사람이란 말이다. 한국 문화는 유교에서 젊음을 잃었고 민족은 그 생명이 늙었다.[120]

남녀 관계에서만큼 이명직은 그와 같은 유교의 엄격성과 계율주의를 기독교 신앙과 일치하여 이해한 것처럼 보인다. 계속해서 이명직은 다음과 같이 주장하였다.

남녀 교제의 청결을 보존하려면 여러 가지로 개량할 것이 많은 줄 생각한다만은 요컨데 심정문제(心情問題)이다. 남자는 '어찌하면 여자를 친근히 할까? 여자는 어찌하면 남자를 친근히 할까?' 하며 남자는 '어찌하면 여자를 기쁘게 할까?' 여자는 '어찌하면 남자를 기쁘게 할까?' 하는 곳에 마귀가 역사를 하는 것이다. 만일 남녀가 교제하고 싶거든 비밀히 하지 말고 광명정직(光名正直)하게 하면 어른 앞에 허물이 없을 진저.[121]

이명직은 바울의 교훈을 언급함으로써 남녀 교제의 청결을 강조하였다. 그러나 언급된 본문에 대한 그의 적용은 매우 어색하다. 왜냐하면 그것은 사도 바울이 임박한 종말을 맞이하여 자신과 같이 독신으로 살아가는 사람들의 삶의 처세를 말한 것이기 때문이다. 더욱이 그는 "처녀에 대하여는 내가 주께 받은 계명이 없으되 주의 자비하심을 받아서 충성스러운 자게 된 내가 의견을 말하노니"(고전 7:26-26)라고 하며 하나님께 받은 말씀이 아닌 자신의 의견임을 밝혔다. 이와 같은 이명직의 성경 적용은 유교적 세계관에 따른 성경 해석의 좋은 예라고 본다.

특히 교회 안의 남녀 관계에 대한 이명직의 보수성은 그의 글, "남녀 교제의 근신"에서 잘 나타나 있다. 그는 이 글에서 "전도사와의 교제", "남남인 남녀가 의남매를 맺는 일", "선물을 주고받는 일", "편지를 주고받는 일" 그리고 "남녀 주일학교 교사 간의 남녀 관계" 등에 대하여 조목, 조목 자신의 견해를 언급하였다. 남녀 교제에 대한 보수성은 그의 글 가운데 특히 "편지를 주고받는 일"과 "선물을 주고받는 일"에서 잘 나타나 있다.

남자가 여자에게 물품을 보내고 여자가 남자에게 선물을 보내는 것은 역시 불미한 일 중 하나다. 물건을 주고받는 데서 자연히 마음이 어두워질 수 있다. 어떠한 교역자는 특별히 여자와 교제하기 위해 많은 금전을 허비함으로 필경을 타락했다고 들었다. 다른 남자, 다른 여자에게 줄 것이 있거든, 너의 부모를 봉양하던지, 빈한한 자를 구제하던지 할지어다. 요사이에는 교제가 넓어져서 남녀 간에 편지 왕복하는 일이 매우 성행하는 모양이다. 물론 절대적으로 못할 일은 아니로되 깊이 주의할 일이다. 요사이 남녀 간에 유행하는 편지는 매우 문학적으로 유창하기도 하며 또한 실사(實寫)적으로 충정의 연애를 피로(披露)하는 일이다. 그런데 그 편지의 사연은 전일에 부랑자가 기생에게 또는 남의 첩이 그 남자에게 하는 것보다 이상 되는 연애적으로 정서(情緒)를 교환하는 일도 있다. 만일 남녀 간에 성결한 자이면 공연히 시간을 허비하여 편지를 할 필요도 없거니와, 그러한 편지는 회답할 필요도 없는 것이다. 남녀 간에 편지왕복에 대하여 주의하라. 이는 사탄의 무선전신이다. 요사이는 자유와 해방이 너무 되어서 그런지 남녀 간에 두 번 만난 사람이면 교제가 아주 친밀하여져서 시간과 금전을 허비하여 가며 편지왕복이 눈발 날리듯 하니, 참 기괴하고 가증한 일이다.

모든 남녀들이여! 만일 객(客)적은 편지를 쓸 시간이 있거든 기도하고 성경을 읽는 것이 좋지 아니한가?[122]

이 글에는 이명직이 남녀 간의 편지 교환을 "사탄의 무선전신"이라고 표현함으로써 그가 남녀 관계에 대한 극단적으로 엄격한 시각을 가지고 있음이 보인다. 더욱이 이명직은 이와 같은 남녀 관계의 책임을 여성에게 돌리고 있는데, 그것은 여성에 대한 그의 부정적 인식 때문으로 보인다.

(2) 성경에 언급된 여성 이해

　필자가 앞서 소개한 이 건과는 달리 이명직은 여성에 대해 긍정적이지 못한 견해를 견지한 것으로 보인다. 이 건이 드보라, 미리암 등 성경에 언급된 여성 지도자들을 소개한 것과는 달리 이명직은 북이스라엘 왕 아합의 아내인 이세벨을 소개함으로써 여성에 대한 부정적 견해를 드러내고 있다.

　　악한 여인은 누구인가?
　　이스라엘 왕 아내 이세벨이다. 저는 남편을 유혹하여 하나님을 떠나게 하고 우상을 섬기게 하며 하나님의 선지자들을 죽이고 무죄한 사람의 피를 흘리고 얼굴에 분을 바르고 머리를 꾸미고 안일과 사치로 일을 삼던 여자이다. 금일(今日)에도 이와 같은 여자가 많이 있다. 세상에 많이 있다. 아니다. 교회 안에도 확실히 있다. 머리에 향유나 바르고 얼굴을 들고 눈을 휘드르며 다니는 그 사람의 속에 정결한 것이 조금도 없다.
　　기생, 갈보는 청춘소년 남자를 유혹하노라고 향유를 바르고 분으로 면판에 바르고 비단옷을 입지만 만일에 신성한 숙녀면 누구를 위하여 꾸미는가?
　　… 얼굴에 분칠을 하고 거들먹대고 다니는 여자는 아무리 보아도 그리스도의 신부스럽지는 않다. 이것이 이세벨의 딸이다. 그리스도는 분바르고 향내 나는 얼굴을 부끄럽게 여기시고 마음이 거룩한 자를 찾으신다. 얼굴의 분은 영혼이 썩어진 증거요 향기는 영혼이 썩어지는 냄새이다.

이것은 곧 회칠한 무덤이다.[123]

이와 같은 비유는 "세속화된 교회"를 상징하기도 한다.[124] 그러나 이 명직이 남성을 그와 같이 비유한 것은 발견되지 않는다. 회칠한 무덤 비유는 본래 율법주의에 함몰되어 율법의 본질을 망각한 유대인 지도자들에 대한 예수님의 책망이었다(마 23:25-27). 사실 예수님은 당시 여인들에게 그와 같은 비유를 하지 않았을 뿐만 아니라, 책망의 대상으로 삼지도 않았다. "간음하다 잡힌 여인", "사마리아 우물가의 여인" 등 여러 가지 사례에서 알 수 있듯이 예수님은 여인들을 오히려 용서의 대상으로 선포하셨다.

앞서 언급한 것처럼 이숙진, 이영미 등은 근본주의적 성경 해석이 교회 안의 여권 억압에 중요한 영향을 끼쳤다고 말한다. 그러나 이명직의 성경 해석도 근본주의적 성경 해석이라고 볼 수 없다. 이와 같은 해석은 오히려 앞서 살펴본 것처럼 교리주의적 성경 해석에 가깝다. 성경을 문자적으로 해석하는 근본주의적 성경 해석은 오히려 여권을 옹호하는 근거로 제시되어 왔다. 구한말 한국 기독교인들이 성경을 통해 여권에 대한 옹호적 시각을 가지게 된 것은 그러한 사실을 반증한다.

이 건이 신여성들이 자신의 능력을 펼침으로써 지도자가 될 수 있음을 주장한 사실과는 달리 이명직은 신여성에 대하여 부정적인 견해를 드러냈다. 그는 신여성을 "돈을 사랑하여 침륜(沈淪)에 빠지는 어리석은 사람의 상징"으로 보았다.

시골 어느 여학생이 경성에 와서 유학하다가 어느 부호의 첩이 되고 만 사실이 있다. 그 자세한 내용은 이러하다. 그 여학생에게 매월 십 원씩

무조건 자선적 태도로써 보내주는 남자가 있었다. 그 학생은 본가에서 오는 학비에 부족함을 느끼던 차에 비예(非禮) 물건인 것을 알면서도 금전을 사랑하는 마음이 불같이 일어나 그대로 받아서 남용해 버렸다. 그리하여 결국은 막대한 물질에의 부채 까닭에 그 남자의 금수 같은 야비한 요구를 거절하지 못하고 원치 않는 남의 첩이 되고 만 것이다. 대개 돈을 탐하는 자의 말로(末路)는 이와 같다. 그러나 자족하는 마음이 있으면 큰 리(利)가 된다. 우리가 세상에 올 때에 가지고 온 것이 없으매 세상을 떠날 때에도 또한 아무 것도 가지고 가지 못하리니 우리가 먹을 것과 입을 것이 있은 즉 족한 줄로 알 것이다. 부하려 하는 사람은 시험과 유혹과 여러 가지 어리석고 해로운 정욕에 떨어지나니 곳 사람으로 침륜에 빠지게 하는 것이다(딤전 6:6-7).[125]

이와 같은 이명직의 시각은 당시 신여성을 둘러싼 사회적 환경을 단편적으로만 이해하는 남성 중심의 시각이라고 비판하지 않을 수 없다. 왜냐하면 당시 재력 있는 남성과 결혼하여 부유한 생활을 하고 싶어서 부유한 남성의 후처가 되는 신여성도 없지 않았지만, 오히려 재력을 갖춘 기혼 남성이 미혼인 신여성을 불륜의 대상으로 삼는 경우도 적지 않았기 때문이다.[126] 당시 여성잡지인 「신여성」에서 여학교를 졸업했음에도 불구하고 취업을 못한 채, 불우한 가정으로 인해 정상적인 결혼조차 못하고 남의 첩이 될 수밖에 없었던 신여성들을 언급하며 "부모를 위해 죽어 가는 셈 잡고 하는 것"이라고 언급하였다는 것은 그러한 사실을 반증한다.[127]

이명직이 신여성과 같은 범주에 놓고 비판하는 대상은 기생이었다. 그는 기생의 특징을 '아첨함', '외식함', '사치', '정조가 없음', '교만함'이라고 하며 세상과 타협하는 신실하지 못한 기독교인들의 상징으로 보고 있다. 이명직은 기생과 신여성을 구분하지 않음으로써[128] 신여성에 대한 부정적인 견해를 드러냈다.

물론 이명직이 신여성을 부정적으로 생각한 이유는 있었다. 신여성들 중에는 머리 모양과 의복 등 새로운 유행을 선도하며 사치하는 이들도 있었는데, 그들의 행동은 일반 여성들에게까지 영향을 끼침으로써 남성들을 당황하도록 만들었다. 심지어 기생들조차 신여성들의 머리 모양과 옷차림을 모방하기까지 하였다. 모든 여성들 가운데 극소수였음에도 불구하고 신여성들은 여성들의 소비를 촉진하는 역할로 여겨지기까지 하였다. 이명직이 "이중(二重)의 여성"에서 여성들을 그와 같은 시각으로 언급한 이유를 이와 같은 맥락에서 이해할 수 있다.

그러나 동일한 시기에 활동한 이른바 "모던보이"[129]들에 대하여는 어떤 언급도 없기 때문에 신여성에 대한 이명직의 시각은 비판의 여지가 있다. 그뿐만 아니라 이명직의 이와 같은 신여성에 대한 인식이 편견에 속한 것도 사실이다. 당시 여학교는 신진 서구 학문을 통해 학생들에게 근대적·서구적 가치관을 형성하도록 함으로써 그들로 선망의 대상이 되도록 했지만, 그들은 신여성에 대한 편견에 사로잡힌 고루(固陋)한 논평가들로부터 경거망동하는 비주체적인 존재라는 비난을 받는 일도 감수해야 했다.[130] 그러한 편견에 의해 당시 언론들은 "아무런 의식 없이 근대 상품에 탐닉하는" 신여성들의 모습을 심심치 않게 형상화하였다.[131]

송해용이 이방 여인이었던 혈류증 여인을 소개함으로써 그를 담대무쌍한 신앙인, 세속화된 한국교회가 배워야 할 모범으로 소개한 것과는 달리 이명직은 이방 여인 라합을 세속화된 현대인을 상징하는 인물로 소개하였다.

아! 라합은 진실로 지금 말한 바와 같이 현대특징의 소유자였던 것이다. 저는 안일을 좋아하고 사치하여 정조가 없고 또한 교만하기 짝이 없었다. 그러나 저가 구원을 얻었다. 말할 수 없는 더러운 죄악에서 건짐을 받았다. 흉악한 마귀의 딸이었던 저는 이제 영광있는 하나님의 딸이 되었다. 돌로 아브라함의 자손이 되게 하시는(마 3장) 우리 하나님의 전능의 선물이로다.¹³²

사사기에는 라합의 이전 삶에 대한 자세한 언급이 없다. 그럼에도 불구하고 이명직은 라합을 일컬어 '안일', '사치', '정조 없음', '교만하기 짝이 없음'이라고 표현한 것이다. 라합에 대한 이명직의 이해가 당시 일반적인 기생에 대한 자신의 이해였음은 물론이다. 이명직의 관점에서 라합은 "절정에 다다른 현대 문명" 속에 살아가는 현대인을 의미하였다. 그리고 라합이 자신과 가족을 구하기 위해 "창문에 붉은 노끈을 달아 놓은 행위"를 "예수의 붉은 피"를 상징하는 모형이라고 보았다.

즉 이명직은 문명의 발달이 절정에 다다른 세상을 살아가는 현대인들이 눈부신 현대 문명에 침륜될 것이 아니라, 예수님의 십자가를 의지하는 신앙으로 살아야 함을 강조한 것이다.¹³³

이명직에 의해 라합은 부정적 의미의 현대인을 의미함과 동시에 믿음으로 구원을 얻는 축복의 사람으로 소개되었다. 그러나 결국 다음과 같은 언급을 통해 그가 신앙의 부정적 모형으로서 여성 인식으로부터 벗어나지 못했음이 발견된다. 왜냐하면 그의 언급들에서 남성을 그와 같은 부정적 의미로 비유한 것은 발견되지 않기 때문이다.

여러분은 저 기생과 같이 안일을 탐하려는가?

금전을 사랑하는가?

아첨하며 외식하고 사치하며 믿음의 정조를 버리고 교만한가?

숨김없이 고요히 반성하여 보라. 라합은 이 같은 특징을 가진 비천한 자였으나 저는 믿고 행함으로 완전히 구원을 얻었다.[134]

이명직은 라합을 예로 들면서 신여성과 기생을 비판하였다. 그러나 여기서 발견할 수 있는 것은 그의 단순한 이항 대립적 이해이다. 다시 말해 선과 악으로 나눔으로써 기생을 악의 범주로 일반화하는 것이다. 앞서 언급한 것처럼 '안일', '사치', '정조 없음', '교만하기 짝이 없음'이 기생의 특징이라고 주장함으로써 말이다. 그러나 성경에서 라합이 부정적 의미로만 언급되지 않았듯이,[135] 당시 기생들 역시 부정적 역할만 한 것은 아니었다. 그들 가운데는 여성으로서 자각이 높을 뿐만 아니라 개인의 사회적 역할에 대해 남다른 생각을 가진 이들도 적지 않았다.

예를 들어 유명한 기생 가운데 한 사람이었던 정금죽은 자신의 이름을 정칠성으로 바꾼 후 여성 운동, 민족 운동에 뛰어들어 사회주의자로서 근우회와 신간회에 참가하였다.[136] 그뿐만 아니라 기생들 가운데는 자신들이 가지고 있는 재주와 기예를 팔아 재능 기부 등을 통해 사회 활동의 일환(一環)으로 고아원, 유치원 유치 및 학교 설립기금 보조 등의 비용을 조성하기 위해 연주 활동을 하는 이들이 적지 않았다. 심지어 평양의 기생 롱회는 해박한 지식으로 정부의 매관매직, 유교 정치의 폐단 등을 지적하며 직접 상소를 올리기까지 하였다. 그리고 부산의 기생 비봉과 유선, 소춘 등은 여성 교육의 필요성을 절감하고 경비를 부담하여 학교를 신축하고, 교사를

초빙하여 운영하였다.[137]

3·1 운동이 일어났을 때 기생들은 전국에 걸쳐 만세 운동에 적극적으로 참여하였고, 이 가운데 시위를 주도하다가 수감된 한 이들도 적지 않았다.[138] 심지어 해주 지역 기생들은 직접 독립선언서를 구할 수 없게 되자 자신들이 글을 지은 후 5천여 장을 인쇄하고 배포하였다.[139] 일제조차도 이들을 "기생단" 혹은 "기생독립단"이라고 일컬었을 만큼 3·1 운동에서 기생들의 활동은 적극적이었다.[140] 심지어 일제 강점 후반기 광복군의 일원으로 활동한 여성들 가운데 기생이 있었다는 사실[141]은 부정적이기만 한 기생 이해에 대한 재고(再考)를 촉구한다.

이와 같은 측면에서 볼 때, 이명직이 악한 여인, 혹은 어리석은 여인의 예로서 기생을 든 것은 단순한 이항 대립적 이해였음을 알 수 있다.[142] 이명직의 이항 대립적 이해는 비단 기생에게만 국한된 것이 아니었다. 여성에 대한 이와 같은 이해 속에서 그는 성경의 여권 문제를 보았다.

물론 감리교단에서도 성경에 등장하는 여성에 대한 비판적 언급이 없지는 않았다. 앞서 여성에 대한 긍정적인 인식을 언급한 인물로 소개한 선교사 채부인조차 그와 같은 언급을 남겼는데, 그의 글 "여성에 대한 예수의 책망"에서 그는 요한과 야고보의 어머니 살로메, 나사로의 누이동생 마르다, 심지어 예수님의 어머니인 마리아까지 예수님에게 책망 받은 대상으로 언급하였다. 다소 길지만 요약해서 언급해 보고자 한다.

자기 자식이 잘되기를 위하는 욕망이 남의 자식의 권리를 유린(蹂躪)하려는 생각에까지 이르면 이는 미덕이 변하여 취하게 되는 것인데 "나의 두 아들을 그렇게 되게 하여 주십시요"하고 "'세베대'의 아들의 어머니"가 말하였으니 이것이 말 할 수 없는 이기심이다. 남의 아들 (예수)이 십자가의 고난을 앞두고 견딜 수 없는 고통을 받는 것을 "베다니" '마리아'가 알게 된 것과 같이 '살롬'도 그것을 알만한 기회가 있었지만은 자기 아들을 세상에서 잘 되게 하려는 그 뜨거운 욕망이 있어 예수와 같이 다니면서도 '마리아'의 아들 (예수)의 고통은 그만 잊고 말았다. 그러나 '살롬'은 십자가를 바라본 여자 중 하나였다. 성모 '마리아'와 같이 그도 "예루살렘"에서 기다린 백이십 명 중에 있었다는 것과 그의 두 아들과 함께 그도 저들의 마음에 있는 명예심을 씻어버리는 참된 세례를 받았다는 것을 믿을만한 여러 증거가 있다. ⋯ 의식적으로나 무의식적으로나 그리스도의 정신과 교훈에 깊이 감하를 받은 여자들 외에는 대제(大抵) 저희가 남자를 육체적으로 생각하였다고 해도 과언이 아닐 것이다. 남자가 정신적 생활에 있어서 자기들 보다 나은 다른 남자와 교제하려는 것같이 여자는 남자를 기쁘게 해야 가기의 생(生)이 안전하게 될 줄 알고 또한 저희가 남자를 육체적으로 자기들 보다 나은 줄로 생각한 고로 저희의 많은 노력을 남자를 위하여 허비하였을 것은 가장 필연의 사실이었다. 아직도 여자들 중에 남자의 마음을 사려면 그의 배를 부르게 하여야 한다고 하는 속설을 사회적으로 고찰할 필요가 있으니 이럼으로 예수를 잘 믿는 여자들이 성경에 대하여 예수가 남자인 고로 여자의 경우를 무능하게 판단하였다는 생각을 가지고 '마르다'를 매우 동정한다. ⋯ 예수께서 '마르다'의 환대를 가치가 적게 본 것이 아니라 여성을 위하여 한 가지 근원적 원칙을 세우기 위하여 책망한 것이다 ⋯.[143]

'마리아'에게 대한 예수의 그 태도가 매우 중요하다. 성경이 증거 하는 데까지는 '마리아'는 혈족관계로 예수와 관계된 기독교창설자의 어머니요 그가 교제한 여자 중의 하나이다. 그러나 어머니로서의 관계(자기 아들이라고 사랑하는 것)가 '마리아'의 생활에 제일 되는 것이라고 예수는 만족하였는가. 대저 모든 사람이 그것으로 만족하겠지 만은 예수는 그렇지 않았다. 성경에 의하면 예수께서는 어머니로서의 사랑으로써 자기를 저지(沮止)할 때에 괴롭게 생각하시고 동정하여 주기를 원하셨다. 현대의 우리지 만은 여자는 반듯이 가사를 돌보고 아들을 학교에 보내며 남편으로 공부할 수 있게 할 것이라고 고집 하던 '유대'인 정신을 아주 버리지 못하였다. 이런 관념으로 본다면 위인의 어머니가 되려면 의복과 음식을 만드는 데나 종사하고 가지 마음과 정신은 다른 사람에게 맡기어야 할 것이다. 예수께서는 "너희가 이런 것도 해야 하고 다른 일도 안하지 말 것이라"고 말씀하실 것이다.[144]

물론 언급된 본문에 나타난 여성에 대한 예수님의 책망은 그 자체로 끝나지 않았다. 그것은 남성에게 종속된 존재로서의 여성이 아니라 남성과 동등하고 주체의식을 가진 여성으로의 회복에 목적을 둔 것이었다. 이를 통해 예수님의 여성관을 더욱 자세히 알 수 있다.[145] 그러나 앞서 이명직의 언급에서 발견되는 여성에 대한 성경 해석은 1920년-1930년대 한국교회의 교단을 망라하여 보편화된 것이었다. 1922년 감리교 목사인 김인영은 다음과 같이 주장하였다.

오늘날 부녀사회는 윤리와 덕교(德敎)가 점박(漸薄)하여 기능과 인격에 부의(不依)하고 다수는 외조주의(外助主義)를 구가(謳歌)하는 도다. 이상의 주의가 극열(極熱)한즉 자기의 향락주의로 돌아가며 … 결혼을 피하며 또 임신을 피하며 자기의 장발(長髮) 단(斷)하고 결국은 남성화를 하려 하도다, 이는 천도(天道)의 역리요, 인류 사회의 질서를 교란케 하는 것이라. 자연 가정은 부인의 영토라.¹⁴⁶

이 글에서 김인영은 고린도전서 11장에 언급된 사도 바울의 여성의 머리에 대한 교훈을 근거로 여성의 단발에 대한 우려를 말한 것으로 보인다. 그뿐만 아니라 창세기 1:28에 언급된 "생육하고 번성"하라는 하나님의 명령을 여성들이 "임신을 피한다"는 것에 대한 비판의 근거로 언급한 것으로 보인다. 그러나 독신 여성에 대한 비판적 근거를 성경에서 찾는 것은 쉽지 않다. 왜냐하면 고린도전서 7장에서 사도 바울은 상황에 따라 결혼을 권하기도 하지만 그 반대의 견해도 말하기 때문이다.¹⁴⁷ 물론 바울의 경우 "임박한 종말"이라는 특수한 배경하에 그런 견해를 밝혔음을 염두에 둔다 해도 말이다.

김인영이 "여성이 머리를 짧게 하고 남성화된다"고 언급한 것은 여성의 사회 진출을 의미한 것으로 보인다. 이와 같은 측면에서 볼 때, 여성이 결혼을 하여 아이를 낳고 가사를 돌보는 것이야말로 천도를 따르는 것이요, 인류 사회의 질서를 세우는 것이고, 여성이 결혼하여 아이를 낳고 가사를 돌보기보다는 적극적으로 사회 진출을 함으로써 자신의 능력을 펼치는 것은 천도를 어기는 것이요, 인류 사회의 질서를 교란하는 것이라는 그의 견해는 성경에서 근거를 찾을 수 없다.

물론 그가 당시 이른바 자유연애 등 성 개방 풍조에 대한 반응으로서도 그와 같은 견해를 말했을 것임은 짐작할 수 있다. 그러한 측면에서 본다 해도 이와 같은 그의 견해는 설득력이 약하다. 자유롭고 향락적인 삶을 추구함으로써 결혼과 임신을 피하는 것은 천도의 역리요, 인류 사회의 질서를 교란케 하는 것이라는 주장을 남녀 모두에게 적용해야 함에도 불구하고 여성에게만 적용하였다는 사실에서 김인영의 주장은 설득력이 떨어진다.

(3) 고린도전서에 언급된 여권 이해

고린도전서의 여권에 대한 가부장적인 이해는 교단을 초월하여 보편화되었다. 심지어 오늘날 이른바 무교회주의자로 잘 알려진 김교신이 주필로 활동하던 잡지 「성서조선」에서조차 이찬갑에 의해 다음과 같은 주장이 제기되었다.

> 언제든지 진리는, 평화는 나에게 거슬리는 데에서 내가 죽은 데에서 진면목으로 그 본길을 잘 나타낸다. … "각 사나이의 머리는 그리스도요 여인의 머리는 사나이요 그리스도의 머리는 하느님이시라"(고린도전서 2:3)고 원칙적으로 질서를 정함이 있고 "아내 된 자들아 너의 남편에게 복종하라. 이는 주 안에서 마땅하니라"(골로세서 3:18)하고 "부녀가 조용하고 온전히 순종하므로 도를 배울 것이요 부녀가 가르치고 사나이를 주관하는 것을 허락지 아니하노니 오직 조용할지니라"(디모데전서 2:11-12)하였다는 말이다. 이 밖에도 이에 대한 말씀이 한두 곳만이 아니다. (디도서 2:9, 에베소서 6:5-8, 디모데전서 5:14, 디도서 2:5와 이외에도) 그리하여 구약시대에도 그럴 뿐만 아니라 신약시대 곧 복음이 전파된 뒤에도 이와 같음

을 말하는 것이었다.

얼마나 또한 놀랍고 딱한 일이냐?

이것을 옛적 봉건시대의 쾨쾨묵은 사상, 신시대에 낙오된 사상이라 하며 현명한 이로 이렇게 저렇게 설명하려 함에 불구하고 이는 그대로가 기독교적인 태도이요. 기독교에서 수긍해지는 사상이다.[148]

이러한 견해는 앞서 언급한 미국인 선교사 사우업과 상반된 견해임을 알 수 있다. 사우업은 여자가 남자의 종과 같은 대우를 받는 것은 세상에 죄가 들어온 까닭이라고 주장하였지만, 이찬갑은 오히려 여성과 남성의 수직적 질서에 대하여 구약과 신약이 연결되었다고 주장하는 것으로 보인다. 이와 같은 견해는 1920년-1930년대 여권에 대한 이해 중에서도 가장 보수적인 예라고 볼 수 있다. 심지어 그는 여성 교육에 대하여조차 부정적인 의견을 말했는데, 그 이유는 여성이 교육을 받음으로써 사회 진출을 하는 것은 자신이 져야 할 십자가를 버리고 다른 길을 선택하는 것, 진리로부터 반역하며 죄악의 길, 멸망의 길로 가는 것이라고 생각하였기 때문이다.

현재 조선의 격에 맞지 않는 교육을 받는 소위 신여성들이 쓸어 나오는 것을 보며 이를 생각하면 이것조차 의심치 않을 수 없는 것이다. 아마도 그렇게 신앙에 있어서 여자의 집, 곧 십자가의 짐은 오직 부녀로서의 걸음 … 그로부터 주께서 인생에게 뜻하신 바가 또한 잘 나타내게도 되는 것이다. 웨 그러나 천직을 곧 아니 져야 할 십자가의 짐을 버리고 딴 길로, 싫다고 딴 길을 취하러 가로 다라나려 하는가 … 자기가 져야 할 짐, 허락하시는 십자가를 지지 아니함은 다른 곳에 가서 것으로 그 이상 큰 짐, 고난을 지고 갈지라도, 그는 잘못이요, 또 질서를 교란케 하는 자이다. 진리의 반역자이요 죄악이다. 멸망의 길이다.[149]

이 글에서 이찬갑이 말하는 "십자가의 짐은 오직 부녀로서의 걸음"이 가부장적 질서에 순종함으로써 가사와 자녀 양육에 전념하는 것을 의미하는 것임은 물론이다. 이 글에서 그는 성경을 근거로 여성의 사회 활동을 반대하려고 했지만 성공하지는 못했다고 본다. 왜냐하면 그가 제시한 성경 본문에서 그의 견해를 지지해 줄 내용을 찾을 수 없기 때문이다. 도리어 그의 주장은 "남편을 신처럼 섬기고, 자식 양육을 소명으로 여기며, 민족의 재생산을 책임지는 여성의 본분을 재확인하는 당시 민족주의자들의 논조를 재확인하는 것"에 불과하였다.[150]

이찬갑의 주장은 심지어 1897년 정동감리교회에서 있었던 토론회에서 "여성을 교육함이 불가하다"는 입장을 말한 윤치호와 같은 맥락인 것으로 보인다. 앞서 언급했듯이 이러한 의견은 성경이 아닌 유교 경전에 근거한 것이기 때문이다. 앞서 필자는 "현모양처가 여성의 고유한 일"이라고 강조한 한국교회 여성 지도자들이 있었음을 언급하였다. 그러나 그들도 자신의 일을 가사에 국한하지 않고 그 역량을 사회에서 펼쳤음이 사실이다.

물론 이찬갑이 이와 같이 주장한 이유가 없지는 않았을 것이다. 그 이유는 1920년-1930년대 변화된 아내의 위상, 즉 역전된 듯 보이는 여성과 남성의 관계 때문이었을 것이다. 앞서 언급한 것처럼 예전의 아내들은 남편으로부터 "아무리 시비를 들어도 반대 한마디 없는 태도"를 보였지만, 이제는 아내가 남편에게 군림하는 현상이 나타나기 시작한 것이 당시의 상황이었다. 당시 언론에서는 그와 같은 현상을 신여성과 결부시키며 풍자하곤 하였는데, 사실 신여성들은 "조반석죽(朝飯夕粥)이나 하면 더 없는 행복으로 알고, 남편이 술이나 투전을 하지 않으면 더 없는 행복으로 알던 전근대여성"이 아니라, "남편의 잘못을 일일이 따지는 신(新)여성"이었다. 당시 언론은 이들 신여성 아내들에 대해 다음과 같이 풍자하였다.

> 시집만 가면 먼저 남편부터 들볶는 '모던-걸'이 많다. 악을 고래고래 질러 동내 방내 떠들썩하여 밤에 잠을 못 이루게 하나니 만약 '여성 프로파간다-시대가 오면' 유리 집을 짓고 남편을 들볶는 광경을 오는 사람 가는 사람에게 보이는 때가 올지도 모른다.[151]

이외에도 당시 언론에서는 다양한 비유로써 남편과 아내를 불평등한 관계로 묘사했는데 여기서 불이익을 당하는 대상은 언제나 남편이었다. 이와 같이 신여성 출신 아내들의 주장이 강해진 것은 맞다. 그러나 그와 같은 시각도 남성들의 입장에서 본 근대적 부부 관계 양상이었다. 필자가 앞서 언급한 것처럼 근대로 들어서는 가운데 아내의 주장이 강해진 것은 맞지만 당시는 여전히 경제력을 독점한 남성들이 주도하는 가부장적 시대였다.

그럼에도 불구하고 남성들은 여성들의 위상 변화에 대해 당황하지 않을 수 없었다. 이와 같은 시대적 상황이 한국교회의 여권의식에 영향을 주었을 것임은 짐작하기 어렵지 않다. 앞서 언급한 것처럼 비교적 진보적인 여권의식을 견지했던 한국교회 지도자들조차 "남녀평등론은 구미인의 사상이요 성서의 사상은 아니며, 경조부박(輕佻浮薄)한 사상"이라고 이해하였다는 것은 그러한 사실을 반증한 것이라고 본다.

그뿐만 아니라 1920년-1930년대 일부 신여성들의 행태도 남성들을 당황하도록 했을 것이다. 예를 들어 1920년대 여성 화가 나혜석의 경우이다. 나혜석은 결혼 전부터 남편에게 파격적인 요구[152]를 하였을 뿐만 아니라, 자유연애와 가부장적 질서 타파를 주장하는 페미니스트였기에 당시 사회에서는 매우 파격적인 인물로 여겨졌다. 이후 그는 파리에서 천도교 지도자 최린과의 불륜 관계가 원인이 되어 남편과 이혼한 후 『이혼 고백서』를 출판하여 사회의 지탄을 받기도 하였다. 당시에는 나혜석 외에도 몇몇 여인들의 행태가 사회적으로 널리 알려지곤 하였다.

이찬갑이 여권 운동에 부정적인 입장을 말한 이유가 이와 같은 모습을 보였던 일부 신여성들을 통해 여권 운동을 이해했기 때문이었음도 짐작해 볼 수 있다.[153]

이찬갑에 따르면 여성은 한 남성의 아내가 됨으로써 십자가를 지신 예수를 따르는 삶을 살게 된다. 결국 그것은 고린도전서 14:34, 35에서 바울의 여성에 대한 교훈이 오늘날도 진리라는 것으로 귀결된다. 바울의 교훈은 가부장적 질서를 옹호하는 근거로, 한국교회의 남성 중심 이데올로기를 합리화하는 권위로 사용되었다.

> 예수 그리스도께서 하나님의 뜻을 따라 세상 죄를 지시고 순종하신 바와 같이 또 신자인 사환이 그것이 뭇 신자가 각각 제 처지대로 십자가를 지고 감처럼 지고 그 따를 것과 같이 신자인 부녀로 남의 아내가 되어 그 짐을 지고 감이 또한 곧 신자로 각각 십자가를 지고 감으로 알고 나아가라는 말이다. … 그리하여 그 종과 부녀들의 지는 짐 그 길은 신자로의 지는 짐 그 길의 가장 표적으로 되어 있다. 과연 그러한 것이다. …
> 그런 사회운동, 여권 운동자들의 뒤를 앙금앙금 따라 멸망의 굴형에만

들어가려 할 뿐인가?

물론 남자도 그렇지만은 여자로는 더구나 여자로의 할 일이 얼마나 많은가?

설혹 여자로서 마땅히 그런 것을 한다 하더라도 그보다 먼저 해야 할 일이 태산 같다. 의무를 못함에 권리는 있을 수도 없다. 그런 것부터 할 것이 아니다. 은혜 받은 바울이 참말로 "부녀는 교회 가운데서 잠잠하라" 하며 여자의 위치, 태도를 가장 철저하게 분명하게 한 말은 오늘날에도 진리이다.[154]

이 글에서 결국 한국교회에서 여권에 대한 바울의 교훈이 여성이 가부장적 질서에 순응하는 것으로 귀결되었음이 발견된다. 더욱이 여성이 가부장적 질서에 순응하는 것은 결국 하나님의 뜻을 따라 십자가를 지신 예수를 본받는 것으로 이해됨으로써 절대적인 의미를 지니게 되었다.

그러나 앞서 언급한 것처럼 바울은 여성에게 가부장적인 질서를 강조하지 않았다. 결혼조차 여성의 선택을 존중했을 만큼 말이다. 이를 통해 볼 때 바울도 당시 유대 사회에서 매우 진보적인 인물이었음을 알 수 있다. 남궁혁 같은 인사도 그와 같은 바울의 견해를 따랐음은 이미 언급하였다. 이찬갑 등의 성경 해석을 통해 발견되는 것은 유교적 세계관에 근거한 성경 해석이 결국 여권 통제를 위한 근거로 오용될 수 있다는 것, 그리고 그와 같은 성경 해석이 한국교회에 보편화되었다는 것이다.[155]

결국 1934년 김춘배 목사의 여권 문제 제기에 대한 조선예수교장로회총회의 다음과 같은 결정은 비단 장로교단 하나의 결정이 아닌, 한국교회의 보편적인 정서로 자리 잡았음을 부인할 수 없다. 여성에게 강도권과 치리권을 허락할 수 없음은 물론, 여성은 교회와 가정에서 가부장적 질서에 순응하는 것이 곧 바울의 교훈을 따르는 것으로 이해됐다.

> 성경은 여자의 교권을 불허한 것이 분명함에도 불구하고 여권 운동이 대두하는 현시대 사조에 영합하기 위하여 성경을 자유롭게 해석하는 것은 그 정신 태도가 파괴적 성경비평의 정신 태도와 다름이 없나이다. 성경 상하 문맥에 가르친 말씀은 불구하고 세상 사람의 욕심에 맞도록 난데없는 딴 해석을 붙이는 것은 성경의 신성과 권위에 대한 막대한 능욕이웨다. 이렇게 성경을 경멸히 여기는 인물들은 성경을 하나님의 말씀이요 신앙과 본분의 정확무오한 유일의 법칙으로 믿는 우리 장로교회의 교역자로 용납할 수 없나이다. … 그런 교훈을 하거든 노회가 그 교역자를 권징조례 제6장 제42조와 43조에 의해 처리케 할 것입니다.[156]

4. 김춘배의 여권 문제 제기와 보수적 여권의식의 명문화

지금까지 언급한 한국교회 여권의식 보수화의 중심에는 본서의 서두에 밝힌 것처럼, 1934년 김춘배 목사의 여권 문제 제기와 그에 대한 한국교회의 반응이 있었다. 이 단락에서 필자는 김춘배 목사의 여권 문제 제기 당시 그가 속한 장로교단의 반응을 당시 한국교회가 놓였던 시대적 배경과 관련하여 살펴봄으로써 결국 1934년 이 사건이 한국교회 여권의식의 명문화로 귀결된 이유를 언급하려고 한다.

1) 김춘배의 여권 문제 제기

1934년 목사 김춘배가 1934년 8월「기독신보」에 여권 문제에 대해 언급한 글 "장로회총회에 올리는 말슴"은 한국교회에 커다란 논쟁을 불러왔다. 김춘배가 "여자는 조용하여라. 여자는 가르치지 말라고 한 것은 2천 년 전의 한 지방교회의 교훈과 풍습을 만고불변의 진리가 아니라"[157]는 요지의 논문을 게재하였을 때, 그가 속한 장로교단은 그것을 교회 안의 인권 논의가 아닌 "성경의 권위에 대한 도전"으로 받아들였다. 그로 인해 결국 김춘배는 "목사로서 모든 교회의 직무로부터 해임한다"는 처결을 받았다. 박형룡을 중심으로 한 총회 연구위원회의 주장은 다음과 같다.

> 성진중앙교회 목사 김춘배 씨가 기독신보 제 977호에 "장로회총회에 올리는 말슴"이라는 문제로 기재한 논문 중 "여권 문제"라는 대지하에 사도 바울이 "여자는 조용하라 여자는 가르치지 말라"고 한 것은 "2천 년 전의 한 지방교회의 교훈과 풍습"이오. "만고불변의 진리"가 아니라는 의미의 성경 해석을 술 한 것은 큰 오류라고 인정하나이다. 사도 바울이 고린도전서와 디모데전서에 여자의 교회의 교권을 불허한 말씀은 2천 년 전의 한 지방교회의 교훈과 풍속을 의미하는 것이 아니라 만고불변의 진리이외다.[158]

총회 연구위원회는 다음과 같이 김춘배의 성경 해석에 반대함을 천명하였다.

이런 해석은 여권 운동이 대두하는 현대사조에 환영을 받는 해석은 되지만 성경본문의 상하문맥을 살펴볼 때에 도무지 용납할 수 없는 해석이외다.159

총회 연구위원회는 바울이 "신적 권위"를 가지고 여성이 강도권과 치리권을 허락지 않았다고 주장하였는데 그 내용은 대략 다음과 같다.

바울은 다시 37절에 "내가 너희에게 편지한 것이 주의 명령인 줄 알라"라고 말하여 여자의 교권문제를 논한 이 교훈은 그 장 상부에 술 한 바 신령한 은사에 관한 교훈과 함께 하나님의 뜻에 근권(根權)을 가졌다는 것을, 즉 그 신적인 권위 신적 권위를 언명하였나이다. 그러면 여자의 교권불허는 사도시대 "모든 성도의 교회에서" 통행하는 규율이었으며 성경율법에 근거한 규율이었으며 "주의 명령"에 의하여 신적 권위를 가진 규율이었으니 그것이 어찌 한 시대 한 지방에 국한된 교훈이리요. 그것은 분명히 만고불변의 진리외다.160

총회 연구위원회는 바울이 교회에서 "여성으로 하여금 교회의 공식상 언권(言權)을 허락하지 않음으로써 치리권과 강도권을 허락하지 않았다"고 결론지었다. 이를 위해 제시한 논거는 창세기에서 하와가 범죄함으로써 인류가 죄를 짓게 되었다는 것과 하나님의 창조 질서에서 남성은 여성보다 앞선 존재라는 것이었다. 이는 바울의 주장에 대한 구한말 윤치호와 조한규의 주장과 동일한 언급을 통해 여성에게 목사직과 장로직을 허락할 수 없음을 천명한 것이었다.161

결국 목사직에서 제명될 위기에 직면한 김춘배는 다음과 같이 해명함으로써 자신의 주장을 철회할 수밖에 없었다.

> 그 게재문의 근본의도가 성경을 해석하려 함이 아닙니다. 우리 조선예수교장로회에서 벌써부터 여자가 교회에서 가르치고 있는 사실에 대하여 그 같이 말한 것이올시다. 그러나 그 문구가 만약 성경의 권위와 신성을 손(損)하고 교회에 폐해가 급(及)할 염려가 잇다면 책임의 중대함을 감(感)하고 취소하기를 주저치 아니하나이다.[162]

그러나 김춘배가 굴복한 부분은 '성경 해석 부분에 대한 것'이었을 뿐 자신이 제기한 '교회 안의 여성 차별에 대한 문제'를 취소한 것은 아니었다.[163] 필자가 앞서 언급한 것처럼 구한말 초기 한국교회의 성경 해석 가운데 여권 옹호에 반하는 해석이 없지는 않았다. 앞서 언급한 1905년 「그리스도인회보」에 언급된 하와의 범죄 이야기가 대표적이다. 그러나 이처럼 성경을 근거로 한 가부장적 질서 옹호는 주류에 속하지 않았다. 왜냐하면 앞서 언급한 것처럼 초기 한국 기독교인들은 유교적 습성들을 이교적인 악습으로 여겨 혁파하려던 선교사들로부터 배웠기 때문이다.

전통적으로 한국교회는 성경을 "하나님의 말씀이요 믿고 행할 확실한 법례"로 고백해 왔음에도 불구하고, 그 성경을 구한말에는 여권을 옹호하는 근거로, 1920년-1930년대에는 여권 옹호에 부합되지 않는 근거로 적용하였다. 이를 통해 구한말 여권에 대해 가부장적 시각을 견지한 일각의 견해가 1920년대 이후 주류의 견해로 치환되었음을 알 수 있다.

김춘배가 여권 문제를 제기한 배경에는 당시 여성 교역자들의 절박한 현실이 있었다. 그것은 열악한 경제적 처우 및 인격적 처우였다. 자신들의 처우 개선을 위한 여성 교역자들의 움직임은 먼저 감리교단으로부터 시작되었다.

그 발단은 다름 아닌 임금차별에 대한 항의였다. 1922년 남감리회 소속 전도부인 300여 명이 당시 남자 목사의 급료의 20-30%에 불과한 열악한 처우를 개선해 달라고 남감리회 신임감독인 뽀와드에게 요구하였다.[164] 그들의 항의는 당시「매일신보」에 게재되기까지 하였다.

> … 이왕에 남감리교회 감독이던 "릿번트" 씨가 작년에 사망한 이번에 이왕에 셔백리아의 감독이던 "뽀-와도" 씨가 와서…새로히 감독이 왓으니 이 교회는 더욱 발뎐이 되겠더라. 그런데 요지음 년회에 문뎨를 일으키려고 여자전도사 삼백명이 증급 운동을 개시하야 태업중이라고 하야 … 모교인은 말하되 "녀젼도사라고 하면 … 매일 교회에 출근하는 것도 안이오 쥬일이면 한번씩 왔다 가는바 여자뎐도사가 삼백명이라 함은 명확지 못하나 그만한 수효가 되기도 할터로 원래 남자 목사라야 한달급료가 칠팔십원으로 백원까지 이고 뎐도사로 말하면 남녀균등을 찾는 이때에 급료가 만흔 사람이 약이십원식 주는 곳도 잇스며 디방으로 십오원시쥬는 곳도 잇으며 이것이 결코 작금에 비로쇼 생기인 거이 아니오 몇해년부터 급료가 부족하다는 부르지즘이 잇섰더니 …."[165]

"연회에 문제를 일으키려고 여전도사들이 증급 운동을 개시하여 태업 중"이라는 표현에서 당시 사회와 교회의 여권에 대한 보수적 견해를 알 수 있다. 단지 금전적인 문제뿐만이 아니었다. 더욱 근원적인 것은 여성 사역자들에 대한 교회의 인식이었다. 당시 여전도사의 별명이 '걸레'로 불리기까지 했다는 사실에서 그들에 대한 당시 여성 사역자들에 대한 교회의 인식을 알 수 있다. 평생 동안 전도부인으로 살아온 한 여인은 다음과 같이 한탄하였다.

> 시대가 시대니 만큼 불평도 많겠습지요. 그러나 저는 40성상(星霜)을 불평(不平)한 제도하에서 불평한 보금자리 생활을 한 고로 비유 하건데 버리지가 고초 속에서 사는 것 같이 하여서 여간한 불평은 신경이 마비되어 그대로 지냅니다. 지면은 부족한데 말할 여지도 없습니다 만은 그 중에도 희망으로 살아왔습니다. 여렸을 때부터 신앙의 생활을 하게 되어 이십년 동안 여전도인의 핵임을 하였습니다. 여전도인의 별명이 하나 있습니다. '걸레'라구요 … 앓는 집에서 기도하고 초상나면 염장이 노릇하고 순산하는 분에게는 조산부 산파되고 경성을 포위하여 삼사십리 씩 나가서 촌교회에 가서 가정학이란 과정, 아이 기르는 것, 성경, 국문 등을 가르치고 혼인집, 장사집, 낙심한 집 돌아다니는 책임이 걸레와 같습니다. 그러니 걸레 업는 집안은 깨끗지 못합니다.[166]

여전도사의 별명이 '걸레'로 불린 까닭은 교회일이 집안일과 다를 바 없어서 안 하면 금방 표시가 나고 해도 끝이 없는 걸레와 같은 일이었기 때문이다.[167] 심지어 '여전도인'하면 의지할 곳 없는 단독(單獨) 여자로서 책주머니를 들고 이집 저집 다니며 서너 마디 군소리나 하고 월급이나 받아서 호구지책을 삼는 사람으로 대우하는 경우도 있었다.[168] 초기 한국교회의 성장에 부인 권서들과 전도부인들이 막대한 역할을 하였다는 것을 생각해 볼 때 당시 한국교회의 여권의식 문제를 지적하지 않을 수 없다.

그로부터 9년이 지난 1931년 미국 연합감리교 소속 미국인 여성 선교사들에게 목사 안수를 준 것을 시작으로, 그해 한국 감리교도 여성 목서 제도 및 여성 장로 제도를 받아들였다. 물론 한국 감리교단에서 맨 처음 여성 목사가 탄생한 때는 그로부터 24년이 지난 1955년이었지만,[169] 그 무렵 한국 감리교단은 여성들에게 총대권을 허락함으로써 교회 안에서의 여성 리더십을 인정하였다. 당시 미국 남감리교단의 하웰 목사는 그와 같은 사실에 대해 다음과 같이 극찬하였다.

> 실로 여러분으로 말하면 우리 본국여자들은 아직까지 받지 못한 특권을 이제 받게 된 것이다. 미국감리교회에서는 여자에게 허락까지 하면서도 평신도로 총회에 참석하는 총대가 되는 특권은 아직 얻지 못하였다. 얼마 전에 미국남감리교회에서 여자들이 간행(艱幸) 평신도총대권을 얻기는 하였으나 목사들의 반대로 실패에 돌아갔다. 그런고로 조선감리교회의 부녀들은 세계감리교회부녀 중에서 가장 먼저 이 두 가지의 특권을 얻게 되었다 할 것이다. 그리스도나 신약전서가 남녀권리의 차별을 인정하지 아니하셨다. 우리들은 어서 속히 미국으로 돌아가서 조선감리교회에서 된 사실을 본국교회에 알려주고 싶다.[170]

물론 한국인으로서 여성 목사 안수가 이루어진 것은 1955년이라는 사실과 보수적인 한국교회라는 상황에서 볼 때, 여성 리더십이 얼마나 인정되었는지는 차치한다 해도 한국 감리교회의 여성 총대권 인정이 미국에서조차 받아들여지지 않던 파격적인 조치였음은 알 수 있다. 미국인 선교사조차 이와 같은 한국교회의 여성 리더십을 긍정적으로 이해하였음도 알 수 있다. 필자가 앞서 「신학지남」에 나타난 미국인 선교사들의 여권의식에 대한 언급처럼 여권의식에 대한 진보적 견해도 교단을 아우른 선교사들의 생각이었음을 알 수 있다.

한국 장로교회 여성들이 이에 자극되었음은 물론이다. 1934년 조선예수교장로회 함남노회 산하 22개 교회 여성 교역자들이 '여성 장로직'을 허용을 요구함으로써 여성의 리더십을 인정할 것을 요구한 것이다. 김춘배는 이들의 요구가 성경에 비추어 부당하지 않다는 판단을 함으로써 그들을 지원한 것으로 보인다. 그는 여성 교역자들의 요구가 정당한 것임을 주장하기 위해 서북 교권 중심의 보수 측에서 늘 근거로 언급하는 성경 구절을 재해석하는 방식을 취하였다.[171] 그뿐만 아니라 김춘배는 다음과 같이 주장하였다.

> 헌법 정치 제5장 3조[172]를 차별적 헌법이라고 규정하며, 만약 이 조항을 고수할 경우 우리 스스로를 하루 더 모욕하는 일이며, 교회의 발전을 그만큼 지연시키는 일이 될 수밖에 없다.[173]

그러나 김춘배는 그로 인해 "장로교회 신조 제1조를 위반하는 자임으로, 교역자 됨을 거부할 수밖에 없다"[174]는 처결을 받음으로써 목사직이 파면될 위기에 처하였다. 하나님의 말씀이요, 신앙과 삶의 최고 권위인 성경이 구한말에는 여권 옹호를 위한 근거로 사용되었지만, 이 시기에는 오히려 성경을 여권 옹호의 근거로 말한 김춘배가 목사직으로부터 제명될 위기에 직면하였다.

성경을 하나님의 말씀으로 믿는 신념은 변하지 않았다. 한국교회는 처음부터 성경을 "하나님의 말씀이요 믿고 행할 확실한 법례"로 고백해 왔다. 그것이 장로교 신조 제1조이다. 그러나 성경을 해석하는 시각이 달라졌다. 앞서 언급한 것처럼 개혁적인 초기 한국 기독교인들은 여권을 옹호하는 시각으로 성경을 해석하였고 다른 견해를 가진 이들은 소수에 불과하였다.[175] 그러나 과거 소수의 의견이 주류 의견이 되고 다수의 의견이 소수의 의견, 더 나이가 성경의 권위를 인정하지 않는 이단으로 단죄되었다.

2) 보수적 여권의식의 명문화

김춘배의 여권 문제 제기는 결국 한국교회의 "보수적 여권의식의 명문화"라는 결과를 불러 오고 말았다. 왜냐하면 이 사건에 대하여 당시 그가 속한 장로교단은 교회 안의 인권에 대한 심도 있는 논의가 아닌 신학적 이단성 여부 판단을 위한 논의로 진행하였기 때문이다. 결국 한국교회의 여권 문제에 대한 논의가 다양한 견해로써 개방된 논의가 이루어진 것이 아니라 정통과 비정통을 구분하는 폐쇄된 논의로 귀결되었다.

필자는 당시 장로교단이 이 사건을 당시 서울 남대문교회의 목사 김영주가 제기한 창세기 모세 저작 부인과 동일하게 보았다는 사실에서 아쉬움을 느낀다. 그 까닭은 그로 인해 결국 여권 문제가 이른바 정통주의 신학과 자유주의 신학의 대결로 귀결되었기 때문이다. 앞서 언급한 감리교단의 반응과 비교해 볼 때 더욱 그렇다. 비록 감리교단이 여권 문제에 대해 진보적 입장을 견지하였다 해도, 당시 한국교회의 상당수를 점유하고 있는 장로교단의 여권의식이 한국교회의 여권의식 명문화에 절대적인 영향을 끼쳤음을 부인할 수 없다.

앞서 언급한 것처럼 1930년대는 한국교회의 신학적 정초기였다. 미국과 일본에서 공부한 신학자들이 귀국하여 활동함으로써 선교사들의 가르침을 무비판적으로 적용하던 시대를 마감하고, 한국교회에 더욱 적용할 수 있는 신학을 연구할 수 있는 기반이 구축되었다는 것이다.[176] 물론 선교사들의 가르침이 한국교회가 민족주의적 특성을 내포하도록 하여 1919년 3·1 운동의 중심에 서도록 하는 등 적지 않은 영향을 준 것은 사실이다. 그러나 변화하는 시대 속에서 한국교회가 적절한 대답을 제시할 수 있도록 신학도 발전할 필요가 있었다. 그러한 측면에서 볼 때 1930년대 한국교회는 질적으로 한 단계 발전할 수 있는 계기를 맞이했다고 볼 수 있다.

그러나 이에 대한 박형룡의 견해는 부정적이다. 그는 1935년에 다음과 같이 말하며 당시를 일컬어 "사상의 무정부 시대"로 단정하였다.

> 오늘 기독교는, 환경에 물들었음인가 세계의 기독교 전체가 역시 사상적 혼란으로 말미암아 수난하는 바 그 참상이 실로 극심하다. 천태만상(千態萬象)의 이사상(異思相)은 정통신앙의 존속을 위협하려 한다.

박형룡은 훗날 다음과 같이 회상하였다.

> 장로교회 50주년이 되는 1934년까지 정통 보수 신학이 무난히 유지되어 왔으나 희년을 맞으면서 자유주의 신학의 도전이 시작되고, 신사참배 강요의 핍박과 교회탄압을 만나면서 자유주의 신학의 전성이 되었다.[177]

이를 통해 박형룡의 신학 사상의 보수성을 엿볼 수 있으며, 당시 박형룡이 김춘배의 여권 문제 제기에 대해 성경의 권위에 대한 도전으로 생각한 까닭을 알 수 있다.

앞서 언급한 것처럼 한국교회 안의 여권 문제에 대한 논의는 이미 1897년 정동교회에서 공개적으로 이루어졌다. "여성을 남성과 동등하게 교육할 것인가?"에 대한 논의에서 서구와 마찬가지로 한반도에서도 여성교육에 힘써야 한다는 서재필의 주장에 반론을 제시한 윤치호가 그 근거로 유교의 경전을 언급했음은 앞서 밝힌 바와 같다. 이와 같은 맥락에서, 당시 김춘배 목사의 여권 문제 제기에 대한 한국교회의 반응을 신학 논쟁의 측면에서만 볼 수 없음을 알 수 있다.

그러나 한국교회의 여권 문제가 결국 전통과 이단이라는 이항 대립적 신학 논쟁으로 귀결됨으로써 구한말 복음에 의해 타파되어야 했던 유교적인 여권의식을 다시금 강화시키는 결과를 가져오고 말았다. 결국 한국교회의 여성 사역자에 대한 처우 개선, 구성원 가운데 다수를 차지하고 있는 여성들을 효과적으로 목회하기 위한 여성의 강도권과 치리권 인정 등에 대한 요구는 성경의 권위에 도전하는 행위로 받아들여짐으로써 한국교회의 여성 차별은 하나의 이데올로기처럼 이해되고 말았다.[178]

여기에 나타난 여성에 대한 박형룡의 견해는 1897년 윤치호의 견해를 답습한 유교적 세계관에 근거된 것으로 보인다. 박형룡의 교회 안의 여권의식은 참으로 강경하다. 그는 고린도전서 14장의 바울의 교훈을 다음과 같이 이해하였다.

여자는 교수 하지도 말고(고전 14:34) 배울 것이요. 공식석상에서 묻지도 말라고 하였다(고전 14:34).[179]

덧붙여 박형룡은 "여자 교권이 옳지 않다는 제2 이유는 그가 솔선(率先) 범죄하였다는 것이다"[180]라고 하며 윤치호에게서 발견되는 논조로 언급하였다.

> 솔선범죄에 대한 형벌로써 여필종부의 명령이 내려졌으니 교회 일에서도 그러해야 한다(창 3:16). … 창조의 질서에서 여자는 종(從)이 되기 위해 남자보다 연약한 성질을 갖고 났다가 후에 솔선(率先) 범죄한 것이요 또한 벌을 받은 것이다. 그러므로 여자의 벌 받음은 그의 성질상 지도능력이 결핍함을 암시한다. … 하나님께서 논죄하실 때에 그 죄의 차이에 따라서 먼저 악마에게, 다음에 여인에게, 마지막에 남자에게 형벌을 선고하셨다. 그런즉 여성은 신청(信聽)함에 빨라서 쉽게 속는 약점이 있으므로 공중(公衆)의 사표(師表)가 되기에 적당하지 않다.[181]

이와 같은 주장은 당시뿐만 아니라 오늘날에도 여성의 강도권을 인정하지 않은 교회들의 주장을 뒷받침하고 있다.[182] 그뿐만 아니라 교회에서 중심적 역할은 남성이 담당하고 여성은 이를 보조하는 역할을 하는데 대한 이론적 근거로도 적용된다. 이러한 박형룡의 성경 해석에 이의를 제기한 당시의 신학자를 찾는 것은 쉽지 않다. 왜냐하면 이와 같은 성경 해석에 대해 이의를 제기하는 것은 결국 "성경을 파괴하는 자유주의자"로 인식됨으로써 목사로서 제명될 수 있는 위험이 있었기 때문이다. 그렇기 때문에 이와 같은 성경 해석에 대한 이의 제기에 대하여는 다양한 성경 해석이 가능한 현대 학자들의 견해를 언급할 수밖에 없다.

1934년 김춘배의 여권 문제 제기에 대한 당시 장로교단의 반응에 이의를 제기하는 현대의 학자 가운데 대표적인 인물은 신약학자 김세윤이다. 그는 누가복음 24:1-12을 제시함으로써 다음과 같은 견해를 밝히고 있다. 누가에 따르면 사도들에게 예수께서 부활하신 소식을 전한 사람들은 막달라 마리아와 요안나 그리고 야고보의 어머니 마리아인데, 이러한 사실에서 볼 때 예수께서는 여자들을 복음의 첫 선포자로 삼으셨다. 그럼에도 불구하고 여성이 교회에서 설교하는 것을 비성경적이라고 보는 것은 한국교회의 자칭 "보수주의자들"의 선입관에 불과하다고 김세윤은 비판하고 있다.[183]

그뿐만 아니라 김세윤은 고린도전서 11:2-16과 고린도전서 14:34-35 그리고 디모데전서 2:11-15에 나타난 교회 안의 여성의 역할을 갈라디아서 3:28의 원칙하에 해석해야 한다고 주장한다. 왜냐하면 갈라디아서 3:28은 인종과 사회적 신분 그리고 성별에 따른 차별 없이 그리스도의 구속 사역으로 말미암아 이루어진 새 창조의 질서에 대한 확신을 반영하고 있기 때문이다.

덧붙여 이와 같은 바울의 교훈들이 교회를 어지럽히는 무질서를 금지한 것일 뿐, 결코 여성들의 설교권을 박탈하거나 남성이 여성의 "머리"임을 내세워 남성의 가부장적 리더십과 여성의 순종을 가르치는 것이 아님을 강조하고 있다. 김세윤은 일찍이 김춘배가 말한 것처럼 바울의 교훈들을 당시의 시대적 배경에서 해석해야 한다고 주장한다.[184]

여성 신약학자인 장 상 또한 고린도교회에 보낸 바울의 권면이 역사적으로 교회생활과 사회생활에서 여자의 수동적, 소극적, 종속적 역할을 정당화하는 근거로 사용되어 온 것은 매우 불행한 일이고 지적한다. 그에 따르면 비록 바울이 당대 유대 사회의 가부장적 문화의 영향으로부터 벗어난 것은 아니지만, 그럼에도 불구하고 여성의 활동을 봉쇄한 유대교와는 달리 고린도교회에서 여자들의 활동이 허락되었음을 볼 때, 바울의 권면을 여권을 억압하는 근거로 볼 수는 없다는 것이다. 그는 바울의 권면이 당시 교회에서 여성들의 예언 활동 등으로부터 교회의 질서를 유지하기 위함이었지 여성들의 활동을 억압하려던 것이 아니었다고 말한다.

오히려 장 상은 바울이 말하는 남녀 관계는 그가 이해한 예수 그리스도의 복음의 핵심, 즉 예수 그리스도를 믿음으로써 하나님 앞에서 인간이 의로워지는 의인화 사상(갈 2:16)을 통해 보아야 한다고 주장한다.[185]

김재준도 고린도교회의 상황과 여권에 대한 바울에 이해에 대하여 장상의 견해를 지지한다. 더 나아가 그는 "남녀동등 이라는 것은 그리스도교에서 받은 정신적 유산"이라고 주장하였다. 이 글에서 김재준은 당시 바울이 "여성은 공석(公席)에서 잠잠하라"고 한 것은 당시 "고린도교회에서 갑자기 자유를 얻은 여인들이 방자한 행동을 함에 따라 질서를 문란하게하기 때문"이었을 뿐, 당시 바울의 권고가 "만고불변의 진리가 될 수 없다"고 함으로써 1934년 김춘배의 여권 문제 제기에 대한 자신의 견해를 언급하였다.[186]

이외에도 오늘날 이와 같은 견해를 지지하는 성경신학자들이 적지 않다.[187] 앞서 소개한 김세윤 외에도 김지철과 박익수 등이 있다. 김지철은 전통적인 유대인 신앙에서 여자들은 종과 이방인처럼 취급되었기 때문에 율법조차 배울 수 없었지만, 바울은 구약의 창조 전승을 존중하면서도 예수 그리스도 안에서 그것이 극복되었음을 선언한 것이라고 말한다. 바울에 따르면 여자가 남자에게 종속된 것이 아니라, 모두 하나님으로 말미암아 생존하며 그분에게 의존해 있는 존재, 예수 그리스도 안에서 하나님과 그리스도께 종속된 동등한 관계라는 것이다.[188]

박익수는 디모데전서 2:9-15에 근거하여 여성을 비하하고 여성의 성직을 반대하는 것에 대해 부정적인 입장을 견지한다. 그는 다음과 같이 주장한다.

> 오히려 우리는 당시의 가부장적 사회 속에서도 여성들을 구원의 복음으로 해방시켜 여성들로 하여금 사회 안에서 그리스도의 가르침을 따라 '선한 일들'을 하며, 적극적으로 '선한 직무'를 담당하라는 디모데전서 저자의 말에 귀를 기울이고, 그 가르침에 순종해야 한다.[189]

김춘배를 목사직으로부터 파면하는 처결을 내린 박형룡 등의 성경 해석이 해방 이후 김재준의 성경 해석, 오늘날 장 상, 김지철, 박익수 그리고 김세윤 등의 해석과 다른 이유는 무엇일까?

그 이유는 간단하지 않다. 그것을 이해하려면 무엇보다 먼저 박형룡의 신학적 특성을 살펴보아야 한다. 왜냐하면 박형룡은 당시 한국교회의 보수 정통 신학을 대표하는 인물이었기 때문이다. 사실 박형룡은 당시 그의 논문을 심사한 교수단으로부터도 그의 학위 논문이 보수적이라는 평가를 받았다.[190]

박형룡의 이와 같은 신학 특성을 이해하려면 먼저 그를 둘러싼 환경과 그가 경험한 사건들을 이해해야 한다. 필자는 그 가운데 가장 중요한 사건이 그가 신학을 공부하기 위해 미국으로 떠나는 태평양 횡단 길에서의 경험이라고 본다. 그것은 당시 재일 유학생들의 잡지였던 「학지광」에 실려 있는 "어느 무신론자의 종교관"이라는 글을 박형룡이 읽게 된 것이었다. 박형룡의 이야기를 들어보자.

> 미국에 학업 차 건너가고 있던 나는 특별히 무엇을 공부해야 할지를 결정하지 못한 상태였다. 태평양을 항해하던 어느 날, 나는 일본 유학생들이 발행하는 잡지를 읽었다. 그 잡지를 읽으면서 과연 무슨 공부를 해야 할지에 대한 답이 떠올랐다. 그 글은 "어느 무신론자의 종교관"이라는 글이었다. 극단적인 무신론 입장에서 하나님을 모독하는 글이었다. 이 글을 읽으면서 나는 기독교 신앙인들을 대신해 참을 수 없는 분노가 일어났다.[191]

이뿐만이 아니었다. 그가 미국에서 공부하던 1920년대[192]는 근본주의-현대주의 논쟁이 활발하였다. 포스딕(Harry Fosdick)이 "근본주의자들은 승리할 것인가?"라는 설교를 통해 근본주의자들을 공격하였고(1922), 장로교 총회에서는 이와 같은 자유주의자들의 움직임에 대응하여 '5대 필수 원리'(the Five Essentials)를 제정하였다(1923). 프린스턴신학교 신약학 교수인 메이첸(J. Gresham Machen)은 그해 『기독교와 자유주의』를 저술함으로써 자유주의는 기독교와 다른 종교임을 천명하였다.[193]

연이어 어번 선언(Auburn Affirmation, 1924),[194] 원숭이 재판(Scopes Trial, 1925),[195] 메이첸이 프린스턴신학교에서 축출당한 일(1926) 등의 사건이 발생하였다.[196] 이와 같은 사건들을 통해 박형룡의 신학 사상이 초기부터 보수적일 수밖에 없었던 이유를 짐작할 수 있다.

사실 김춘배 목사의 "여권 문제 제기", 김영주 목사의 "모세오경 저작에 대한 문제 제기" 그리고 "『아빙돈 단권주석』사건"이 일어난 1930년대는 물론, 이미 1920년대부터 한국교회는 성경의 무오류성 시비로 인해 진통을 겪고 있었는데 그것은 동경 유학생 등을 통해 들어오는 현대주의와 사회주의 등의 영향 때문이었다.[197]

앞서 언급한 재일 유학생들의 간행물이었던 「학지광」에 "어느 무신론자의 종교관"을 비롯하여 "구각(舊殼)을 버서요"와 같은 글에서 천당, 동정녀 탄생, 성경의 무오성과 같은 기독교의 전통 교리들은 깨뜨려 버려야 할 구시대의 낡은 미신이라고 주장하였다는 사실[198]을 통해 당시 한국교회가 느낄 수밖에 없었던 사상적 위기의식을 이해할 수 있다.

이러한 시대적 상황에서 서구로부터 유입된 성경에 대한 다양한 해석은 한국교회의 풍토에서 받아들여지기 어려울 수밖에 없었다. 왜냐하면 구한말 선교사들이 입국한 후 짧은 시간에 급속한 성장을 이룬 한국교회의 풍토에서는 다양한 성경 해석 논의를 위한 환경이 조성되지 않았기 때문이다. 평양신학교의 교수들로부터 배운 보수적 성경 해석 외에는 모두 자유주의 신학으로 단죄된 것이 당시 한국교회의 풍토였다.[199]

귀국 후 박형룡은 보수 정통주의 신학의 상징적 인물로 활동했기에 그의 성경관은 한국교회 주류의 시각을 상징하고 있었다.[200] 이와 같은 상황에서 일본 간사이대학(関西大学) 신학부 출신 김춘배가 평양신학교 출신 목회자들이 지배하던 보수적 풍토의 한국교회에 제기한 '여권 문제' 논의는 단순히 교회 안의 인권이나 평등에 대한 문제 제기를 넘어 이른바 '성경의 권위에 대한 도전'으로 받아들여졌다.[201] 결국 1934년 김춘배의 여권 문제 제기는 총회에 의해 교회 내 새로운 신학적 세력의 등장을 차단하는 교권 수호의 "닻"(anchor)으로 사용되고 말았다.[202]

물론 진화론을 비롯한 무신론적 서구 사상들과 자유주의 신학의 위협 속에서 다양한 성경 해석이 용인되기 어려웠던 상황이었음을 감안한다 해도, 여권 문제 논의에서 바울의 언급을 부분적으로만 보았다는 점에서 문제를 제기하지 않을 수 없다. 또한 여권 문제 논의에 복음서에 언급된 여성에 대한 예수님의 시각을 염두에 두지 않았다는 사실도 문제를 제기할 수밖에 없다.

결국 여권에 대한 박형룡 등의 논지는 구한말 윤치호와 조한규의 논지와 일치한다는 점에서 여권에 대한 유교적 인식으로서의 보수화임을 부인할 수 없다. 앞서 언급한 것처럼 구한말에는 성경을 근거로 여성에 대한 보수적 견해가 소수의 견해에 불과했지만, 1920년-1930년대에는 오히려 성경을 근거로 여성에 대한 보수적 견해가 주류 담론으로 자리매김하였다.

물론 주류 담론이 되었다고 해서 그것이 다수의 의견이었음을 의미하지는 않는다. 앞서 살펴본 것처럼 장로교단을 포함해서 감리교단, 성결교단 등 한국교회 여러 교단에는 전통적인 견해와 진보적인 견해가 혼재하고 있었다. 그뿐만 아니라 여권에 대해 진보적인 견해를 가진 이들 모두가 이른바 고등비평 방법으로 성경을 해석한 것도 아니었다. 평양신학교에서 가르쳤던 선교사들과 남궁혁을 비롯한 장로교단의 인사들과 교단을 초월해서 한국교회 지도자들도 근본주의적 성경 해석을 한 경우가 많았지만 여권에 대해 진보적 입장을 견지하였다.

그럼에도 불구하고 한국교회의 여권의식으로 전통주의적인 견해가 주류로 자리매김하였다. 그 이유는 다음과 같다.

첫째, 장로교단을 포함하여 전반적인 한국교회 지도자들이 유교적 세계관으로부터 벗어나지 못했다는 데 있다. 다시 말해 유교적 세계관으로 성경을 해석함으로써 여권에 대해 보수적 견해를 견지하였다.

둘째, 신학적으로 가장 보수적인 견해를 견지한 서북 지역 장로교단에서 여권에 대해 보수적인 견해를 견지하였다. 일찍이 양반이 아닌 중류층 중심으로 기독교를 가장 먼저 받아들일 정도로 개혁적 풍토를 가졌던 서북 지역이 여권의식에 대한 성경 해석에는 가장 보수적 견해를 견지했다는 사실은 참으로 모순적인 일이 아닐 수 없다.

어떤 이들은 그 이유가 당시 서북 지역에 들어온 선교사들이 가장 보수적인 신학을 견지했기 때문이었다고 주장한다. 그러나 그와 같이 단순하게 볼 수만은 없다. 왜냐하면 당시 서북 지역의 선교사들도 여권에 대하여는 진보적인 견해를 견지하였기 때문이다.

박형룡으로 대표되는 서북 지역 교회 지도자들의 신학이 반드시 그 지역 선교사들과 일치했다고 볼 수도 없다. 왜냐하면 앞서 언급한 것처럼 박형룡의 박사학위 논문에 대하여는 그의 논문을 심사한 교수단조차 보수적이라고 평가하였기 때문이다. 더욱이 박형룡이 프린스턴신학교에서 공부할 당시 미국에서 발생한 자유주의 논쟁으로 말미암아 그는 더욱 보수적인 신학을 견지하도록 함으로써, 그가 여권 문제에 대해서조차 보수적인 견해를 견지하게 되었다고 짐작하기는 어렵지 않다. 그로 인해 그의 보수적인 여권의식은 한국교회의 유교적 세계관과 공통분모를 가지게 되었다.

그러나 박형룡이 미국에서 유학생활을 하던 당시 미국 근본주의 논쟁에서 여권에 대한 주제가 다루어지지 않았다는 것도 염두에 두어야 한다. 이는 박형룡의 보수적인 여권의식이 그의 근본주의적 정통신학과 관계없음을 반증한다.

당시 한국교회는 자유주의 신학과 무신론적 서구 사상들로부터 교회를 지켜야 했다. 그러나 동시에 비기독교적인 유교적 세계관으로부터 사회를 개혁하는 일도 지속해야 했다. 물론 자유주의 신학과 무신론적 서구 사상들로부터 교회를 지키는 것을 어느 정도 성공했지만, 유교적 세계관으로부터 사회를 개혁하는 일은 성공했다고 보기 어렵다. 앞서 언급한 것처럼 소설가 이광수가 목회자와 평신도 지도자를 포함한 "교회의 지도자들이 교인과 일반 사람들에 대하여 지적, 문화적, 사회적 우월감을 가지고 군림하고 있다"고 지적한 것은 이와 같은 측면에서 이해된다.

구한말 기독교로의 개종은 하층민과 여성 그리고 권력으로부터 소외된 양반 계층 등을 중심으로 일어났다. 왜냐하면 이들은 권력 지배층과는 달리 상대적으로 유교적 체계로부터 이념적, 심리적인 연결고리가 약했기 때문이다.[203] 그로 인해 초기 한국 기독교는 하나의 제도가 아닌 하나의 운동으로서의 성격을 내포하고 있었다. 그렇기 때문에 초기 한국교회에서 인간적 대우를 받고 신앙적, 사회적 역할을 부여 받게 된 이들의 행동은 자못 전투적일 수밖에 없었다.[204] 그들은 선교사들로부터 배운 대로 유교적 사회 체계를 악한 것으로 보고 이를 적극적으로 개혁하려고 하였다.

초기 한국교회의 여권의식에 대한 진보성은 이와 같은 측면에서 이해할 수 있다. 왜냐하면 구한말 여권 문제도 개혁의 대상이었던 봉건적 사회 체계의 산물이었기 때문이다. 앞서 언급한 것처럼 구한말 복음 선포를 통한 사회 개혁은 당시 한반도에서 진보적 가치에 속한 것이었다. 복음을 통해 해방을 맛본 여성들은 곳곳을 다니며 복음을 전함으로써 여성들에게 자신이 경험한 해방을 전하기에 힘썼고, 이를 통해 수많은 여성들이 교회 공동체로 들어오게 되었다. 이는 한국교회의 성장에 여성들의 역할이 참으로 지대했음을 의미한다.

　일제 강점을 목전에 둔 무렵, 청일 전쟁 등 다양한 위기적 사건들은 한국교회가 성장하는 요인으로 작용하였고, 1907년 평양 대부흥 운동을 계기로 한국교회가 폭발적으로 성장함으로써 교회는 더이상 하나의 운동이 아닌 제도로서, 한반도의 가장 거대한 기관으로서 자리매김하게 되었다. 1920년-1930년대 한국교회의 보수성은 그와 같은 측면에서 설명할 수 있다.

　이와 같은 한국교회의 특성 변화를 이해함에 대하여 앞서 언급한 것처럼 니버(Richard H. Niebuhr)의 표현을 차용하는 것은 적지 않은 도움이 된다. 제도와 운동 둘 사이에 존재하는 차이점, 즉 본질적으로 보수적 특성을 내포한 제도와 진보적 특성을 내포한 운동, 수동적이고 외부의 영향들에 굴복하는 특성을 내포한 보수와 활동적이고 영향을 주는 특성을 내포한 운동으로서의 비유 말이다.

　결국 제도화에 성공한 한국교회는 기관을 유지하기 위해 보수성을 띠게 되는 가운데 유교적 특성을 강화하게 되었다. 제도가 된 한국교회의 보수성은 결국 유교적 세계관에 기대게 되었다. 그것은 성경을 유교적 세계관으로 해석함으로써이다. 성경을 문자적으로 해석하는 이른바 근본주의적 성경 해석은 구한말과 1920년-1930년대가 동일하였으나 1920년-1930년대에는 더욱 유교적 세계관에 근거한 성경 해석을 하였다. 성경에 근거하여 여성의 나중 됨, 여성의 종속됨을 주장하였으나 그것은 사실 기독교적 세계관에 근거된 여성 이해가 아닌 유교적 세계관에 근거된 여성 이해였음을 이를 통해 확인할 수 있다.

결국 유교적 세계관에 입각한 성경 해석을 근거로 한국교회에서는 보수적 여권의식이 명문화되기에 이르렀다. 신앙의 영역에서 여자가 감당해야 할 십자가는 가부장적 질서에 순응하는 것으로 규정되었다. 다시 말해, 부녀교권이나 여권을 주장하는 여성들은 진리에 순응하지 않는 여성이며, 이상적인 성도가 될 수 없다는 것이었다.[205] 앞서 언급한 것처럼 한국교회의 여성 지도자들도 가부장적 질서를 옹호하고 지지하는 모습을 보였다.

분명 1920년-1930년대는 구한말과 비교할 때 사회 전반에 걸쳐 놀라울 만큼 여권 상승이 이루어졌다. 이와 같은 여권의식 변화는 한반도에 복음이 들어온 후 수 십년 동안 급격히 사회가 개방되고 다양한 서구문화가 들어옴으로써 이루어진 것이다. 그러나 여권의식의 급격한 상승에도 불구하고 가부장적 질서는 여전하였다. 여성의 목소리가 높아진 것은 사실이었지만, 경제력을 독점한 남성들이 여전히 외도를 즐기고 그와 같은 측면에서 여성에 대해 관대할 수 없었다는 것은 그와 같은 사실을 반증한다.

이와 같이 전근대적 가부장제가 지배적이었지만 사회 전반에 걸쳐 "삼강오륜이라는 주술"로부터 차츰 벗어나는 것은 거스를 수 없는 시대적 흐름이었다.[206] 이런 시대적 흐름과 달리 한국교회는 오히려 가부장적인 질서를 공고히 하려는 모습을 보였다. 구한말에는 유교적 사회를 개혁하려던 교회 공동체가 1920년-1930년대에 이르러서는 오히려 유교적 질서를 보수하려고 하였다.

교회 공동체가 자신의 체계를 유지하기 위해 진보보다는 보수를, 경계를 허물기보다는 경계를 지키고자 하는 제도로서의 특성을 내포하게 되었다. 1934년 김춘배의 여권 문제 제기에 대한 한국교회의 반응은 이와 같은 측면에서 이해해야 한다. 고린도전서와 디모데전서에 언급된 여권에 대한 바울의 언급을 그와 같이 해석한 이유는 당시 한국교회의 이와 같은 특성에서 비롯되었다. 이것은 여권의식에 대한 한국교회의 유교적 인식을 보여 주는 대표적인 사건이었다. 다시 말해 성경을 근거로 한국교회의 보수적 여권의식을 명문화한 사건이었다.

5. 소결

1920년-1930년대는 구한말과 비교해 볼 때 여권의식 측면에서 큰 발전이 이루어진 시기였다. 이 시기 여권의식 변화 요인으로는 여성의 고학력화 및 사회 진출을 언급할 수 있다. 1920년-1930년대에는 수도권에만 해도 숙명고보, 배화고보, 진명고보, 경성여고, 동덕고등, 정신여교, 이화고보 등이 여성들에게 수준 높은 교육을 제공하는 제도권 교육 기관들로 발전하거나 새롭게 건립되었다. 여기서 배출된 학생들은 이른바 신여성으로서 한국 사회의 근대성을 상징하는 계층을 형성하였다.

물론 전체 인구 가운데 이들 신여성은 소수에 불과했지만, 구한말과 비교해 볼 때 여성 교육은 급속히 대중화되었다. 이들 가운데는 미국과 일본 등에서 유학하고 귀국함으로써 사회의 중심부에 자리매김한 지도자들도 있었다. 이와 같은 여성의 고학력화는 자연스럽게 여성의 사회 진출로 이어졌다.

구한말 여성 지도자들은 대체로 선교사와 밀접한 교분을 갖고 그들을 보조하거나 혹은 자신의 재력을 기반으로 활동하였다. 그러나 1920년-1930년대 여성 지도자들은 전문 영역에서 활동을 하는 가운데 선교사로부터 비교적 독립적인 활동을 할 수 있었다. 목회 영역에도 변화가 일어났다. 구한말에는 대부분 체계적인 신학 교육을 받지 않은 전도 부인들이 활동했지만, 1920년-1930년대에는 국내는 물론 미국과 일본에서 신학을 공부한 후 입국함으로써 신학교에서 교수 사역을 하는 이들까지 나타났다.

이 시기 여권의식 발전은 가정에서 여성의 입지 강화에서도 볼 수 있다. 가족 관계가 전반적으로 "삼강오륜이라는 주술"로부터 벗어나기 시작함으로써 가장의 입지가 흔들리는 것처럼 보였다. 그럼에도 불구하고 한국 사회는 여전히 전근대적 가부장제로부터 벗어나지 못하였다. 대부분의 가정에서 경제력은 여전히 남성이 독점했기 때문이었다. 이 시기 남성들은 "현실에서 공적 영역으로 확대되는 여성의 인력과 사회 활동으로 인해 발생하는 여권 사상의 고취"에 대해 불편함을 느꼈다. 그러한 측면에서는 한국교회도 예외가 아니었다. 그로 인해 "여성의 영역"을 가정에 한정시키고자 하는 교회 지도자들의 견해가 주류 담론으로 부각되기 시작하였다.

1920년대와 1930년대 한국교회에는 여권에 대한 성경 해석에서 진보적 견해와 전통적 견해가 혼재하였다. 그러나 전통적인 견해가 더욱 강할 수밖에 없었다. 그 이유는 여권에 대해 진보적인 견해를 가진 이들조차 남자가 여성보다 앞서는 존재라는 생각으로부터 벗어나지 못했기 때문이었다. 물론 그들이 "여성이 남성에게 예속된 존재라는 구한말의 이해"를 고수한 것은 아니었지만 "남성이 여성보다 앞선 존재"라는 이해는 여전히 고수하였다.

그뿐만 아니라 "남녀평등", "여권회복" 등 서구로부터 유입된 급진적 사상도 비성경적인 것이라고 생각하였다. 왜냐하면 그와 같은 급진적 사상들이 결혼과 가정생활에 좋지 못한 영향을 끼친다고 보았기 때문이다. 그들이 이러한 생각을 버릴 수 없었던 이유는 그들 자신도 유교적 세계관으로부터 자유로울 수 없었기 때문이었다. 결국 그와 같은 여권 이해는 여권에 대한 전통적인 견해를 견지하는 이들의 견해에 대한 조력으로 작용됨으로써 고린도전서와 디모데전서에 언급된 여권에 대한 바울의 견해가 전통적으로 이해되고 말았다.

학자들 가운데는 1934년 김춘배의 여권 문제 제기에 대한 한국 장로교단의 반응을 근본주의 신학과 자유주의 신학의 대립으로 이해하는 이들이 적지 않다. 이와 같은 측면에서 그들은 근본주의적 성경 해석이 여권 억압의 기제로 사용되었다고 주장한다.

그러나 그것은 맞지 않다. 구한말 선교사들로부터 배운 한국 기독교인들은 문자적으로 성경을 읽고 실천함으로써 봉건적 사회 질서에 도전했기 때문이다. 이와 같은 측면에서 필자는 한국교회의 여권에 대한 바울의 교훈에 대한 문자적 이해가 근본주의적 성경 해석이 아닌 교리주의적 성경 해석에 따른 것이었다고 본다.[207]

1920년-1930년대는 구한말과 비교할 수 없을 만큼 여권의식이 발전된 시기였음에도 불구하고 여권에 대한 성경 해석을 구한말보다 보수적인 입장을 견지하였다. 필자가 1920년-1930년대 여권의식에 대한 한국교회의 성경 해석을 유교적 보수화로서의 성경 해석이라고 보는 이유가 여기에 있다.

제4장

결 론

지금까지의 논의를 통해 필자는 구한말과 1920년-1930년대의 시대 상황 속에서 성경 해석이 여권의식에 미친 영향을 확인할 수 있었다. 구한말에 성경은 한국교회가 진보적 여권의식을 갖도록 영향을 주었지만, 1920년-1930년대에는 오히려 보수적 여권의식을 갖도록 영향을 주었다. 그리고 그와 같은 성경 해석은 구한말과 1920년-1930년대 한국교회의 입지 변화와 깊은 연관이 있다.

이제 필자는 지금까지 논의한 바를 간단히 정리하고 한국교회의 양성평등 문제를 비롯한 한국교회의 차별문제에 대하여 간략히 언급함으로써 본서를 마무리하려고 한다.

첫째, 필자는 구한말과 1920년-1930년대 한국교회의 여권의식 변화의 근거로 삼은 성경 해석에 대한 문헌을 살펴보고 본서에 언급하였다. 이에 대한 구한말의 문헌은 「독립신문」, 「신학월보」, 「죠선그리스도인회보」 등이었고, 1920년-1930년대의 문헌은 「신학지남」, 「신학세계」, 「활천」 그리고 「성서조선」 등이었다.

이를 통해 먼저 발견한 것은 구한말 여권에 대한 한국교회의 논의가 수록된 문헌이 1920년-1930년대에 비해 적었다는 것이다. 물론 그것은 구한말 한국교회의 언론지가 빈약한 이유도 있었지만, 그것은 당시 진보적인 여권의식이 주류였음을 의미하는 것이기도 하였다. 왜냐하면 보수적인 여권의식은 고루한 전근대적 산물로 이해되었기 때문이다.

1920년-1930년대 여권에 대한 논의가 언급된 한국교회의 언론지는 구한말에 비해 훨씬 풍부하였다. 물론 그것은 한국교회가 거대화되었다는 것을 의미하기도 했지만, 동시에 여권에 대한 논의가 구한말보다 한층 가열되었다는 것을 의미하기도 하였다. 그 이유는 앞서 언급한 것처럼 한국교회가 직면한 복잡한 사회적 배경 속에서 여성에 대한 이해는 치열한 논의 주제가 되었기 때문이다.

둘째, 필자는 본서에서 구한말과 1920년-1930년대 한국교회의 여권에 대한 성경 해석 차이가 한국교회의 사회적 지위에 따른 변화에 기인한 것이었음을 드러냈다. 이것은 한국교회의 여권의식 변화에 대한 필자의 관점이 이른바 여성신학자들과 차이가 있다는 것을 의미한다. 이숙진을 비롯한 몇몇 여성신학자들은 여권의식에 대한 한국교회의 보수적 견해의 원인이 근본주의적 성경 해석에 기인한 것으로 보고 있다. 그렇기 때문에 한국교회는 구한말과 1920년-1930년대 동일하게 여권에 대해 보수적인 시각을 견지하였다.

이에 대해 필자는 구한말과 1920년-1930년대 한국교회는 동일하게 근본주의적 성경 해석을 옹호했지만 동일한 성경 해석 속에서 구한말에는 여권의식에 대한 진보적 견해가 주류 담론이 되었고, 1920년-1930년대에는 여권의식에 대한 보수적 견해가 주류 담론이 된 이유가 사회적 배경의 변화에 기인한 것이었음을 밝혔다. 이것은 한국교회의 보수적인 여권의식에 대한 지금까지의 여성신학자들의 연구 성과를 부정하는 측면이 아닌 보완하는 측면에서 본서의 의의를 말할 수 있다.

셋째, 필자는 비록 구한말보다 1920년-1930년대 한국교회의 여권의식이 보수적 성격을 띤 것은 맞지만, 그것이 성경 해석의 후퇴를 의미한 것은 아니었음을 드러냈다. 앞서 언급한 것처럼 1920년-1930년대에는 미국과 일본 등에서 유학을 마치고 돌아온 한국인 신학자들이 활동하기 시작했기 때문에, 다양한 성경 해석이 가능하게 되었다. 더이상 선교사들이 말하는 대로만 성경을 해석하는 것이 아니라, 한국인 스스로가 성경을 해석할 수 있는 기틀이 마련되기 시작했다는 것이다.

그럼에도 불구하고 한국교회가 다양한 성경 해석을 용인하지 않았던 이유는 앞서 언급한 것처럼 다양한 사회적 요인들에 대한 한국교회의 반응 때문이었다. 그것은 구한말과는 달리 거대화 및 조직화된 교회 체제를 지키려는 한국교회의 보수성, 탈피하지 못한 유교적 세계관 그리고 무신론적 서구 사상들로부터 교회를 지키기 위한 자구책 등 다양하였다.

넷째, 필자는 1934년 김춘배의 여권 문제 제기에 대한 당시 한국교회의 반응이 단지 여성 목사 안수를 반대하는 것으로 국한되지 않고, 여권의식 보수화를 명문화한 상징적 사건임을 드러냈다. 표면적으로 볼 때 그 사건은 다만 여성의 치리권과 강도권을 허락하지 않은 것으로만 국한된 것으로 보인다. 그러나 그것은 여권의식 보수화를 명문화한 상징적 사건임이었음을 부인할 수 없다. 왜냐하면 한국교회는 "하나님께서 여필종부의 법칙을 세우셨다"는 박형룡의 주장에 암묵적으로 동의해 왔기 때문이다.

다섯째, 필자는 성경을 교권주의를 유지하기 위한 근거로 삼아서는 안 됨을 주장하였다. 구한말 선교사들은 성경을 근거로 여권에 대해 진보적 견해를 주장했음에도 불구하고 1920년-1930년대 한국교회 지도자들은 성경을 근거로 여권에 대해 보수적인 견해를 주장했을 뿐만 아니라, 이에 대해 다른 의견에 대해서는 "성경을 파괴하는 자유주의"라고 하며 이단시 하고 말았다. 이를 통해 성경에 대한 다양한 해석, 심지어 구한말 선교사들의 유기적 성경 해석도 금기시 하는 결과를 가져왔음은 물론이다. 이는 성경이 평양을 중심으로 한 서북 지역 교회 지도자들의 교권 장악을 위한 도구로 사용된 하나의 예임을 부인할 수 없다.

물론 성경에 대한 다양한 해석을 금하는 것이 교회를 자유주의 신학으로부터 지킨다는 의미가 없지는 않지만, 교권주의자들에 의해 성경을 자의적으로 적용될 수 있는 위험도 내포하고 있음을 부인할 수 없다. 1930년대 말 신사참배를 가결시킨 이들이 평양을 중심으로 하는 보수주의자들이었다는 사실은 이에 대해 시사하는 바가 적지 않다. 왜냐하면 당시 강압적인 분위기였음을 감안한다 해도 1938년 9월 제27차 총회석상에서 신사참배결의안을 통과시킨 이들은 성경에 대한 정통주의적 해석을 강조한 보수주의자들이었기 때문이다.[1] 그들의 주장은 다음과 같다.

> 아등(我等)은 신사는 종교가 아니요 기독교의 교리에 위배되지 않는 본의를 이해하고 신사참배가 애국적 국가의식임을 자각하며 또 이에 신사참배를 솔선수행하고 특히 국가 정신 총동원에 참가하여 비상시국하에서 국민으로서의 정성을 다하기로 기함.[2]

1934년 김춘배가 제기한 여권 논쟁은 지금도 한국교회에서 지속되고 있다. 오늘날 여성 목사 안수를 반대하는 측은 여전히 "사도 바울이 여자는 조용하여라, 여자는 가르치지 말라고 한 것은 2천 년 전 한 지방교회의 교훈과 풍습이 아니라 만고불변의 진리이다"라고 주장한다. 설령 사도 바울의 언급을 여성 목사 안수 반대의 근거로 적용할 수 있다고 해도 우리는 바울서신을 넘어 복음서의 이야기를 생각해 볼 수 있다.

복음서를 근거로 볼 때 예수님을 따른 여성들이 예수님과의 친밀성에서 남성으로 구성된 열두 제자보다 못했다고 볼 수 있을까?

그렇지 않다. 여성들은 열두 제자 못지않게 예수님을 가까이 따르며 섬겼다.

더욱이 여성들은 부활의 첫 증인이었다. 예수께서 무덤에 계실 때 열두 제자들은 신변의 위험을 느끼고 피했지만, 여성들은 예수님의 시신에 향품을 바르기 위해 무덤으로 갔다가 부활의 첫 증인이 되었다. 이것이 복음서가 우리에게 증언하는 사실이다. 이런 측면에서 본다면 필자도 "여성이야말로 부활의 첫 증인이었기에 그 사건이 여성 목사 안수를 지지하는 근거가 충분히 될 수 있다"고 하는 김세윤의 주장을 지지하는 데 어색함을 느끼지 않는다.

이런 논의도 해 보아야 한다.

만약 여성 목사 안수를 교회에서 받아들인다면 그것을 교회 안에서 "여성과 남성의 평등 성취"라고 볼 수 있을까?

필자는 그렇지 않다고 본다. 왜냐하면 여성 목사 안수 허용에서 더 나아가 목회 사역에서도 성적 차별이 아닌 평등이 성취되어야 하기 때문이다. 앞서 언급한 것처럼 성경을 근거로 "여필종부의 법칙"을 합리화했을 때, 한국교회는 보수적 여권의식을 명문화하고 말았다. 그러나 성경은 교회 안의 여성 문제뿐만 아니라 어떠한 차별도 지지하지 않는다.

일찍이 미국 남부에서 성경을 근거로 인종차별을 합리화함으로써 흑인을 비인간화한 것은 널리 알려진 사실이다.³ 그뿐만 아니라 지금 중동 등에서 코란을 근거로 여성에 대한 비인격적인 대우를 합리하고 있음도 널리 알려진 사실이다. 만약 이와 같이 성경을 적용한다면 성경은 살아 계신 하나님의 말씀이 아니라, 마치 예수님 당시 유대교 경전처럼 적용됨으로써 인권을 억압하는 수단으로 사용될 개연성도 부인할 수 없다.

지금 한반도는 사실상 다민족 국가로 변모되고 있다. 사상의 다양성으로 복잡해진 사회 현실에 직면한 한국교회는 성경을 통해 바람직한 길을 제시할 수 있어야 한다. 그러나 1920년-1930년대 여권의식에 대한 성경 해석에서 볼 수 있는 것처럼 자칫 한국교회가 성경을 또 다른 분열과 차별의 도구로 사용할 여지가 없다고 장담할 수만은 없다. 필자가 구한말과 1920년-1930년대 여권의식에 대한 한국교회의 성경 해석을 심층적으로 살펴본 이유가 여기에 있다.

미주

제1장 서론

1. 필자가 한국교회의 여권의식을 구한말과 1920년-1930년대로 구분하여 언급하는 이유는 두 시기에 공통점과 차이점이 발견되기 때문이다. 먼저 공통점은 두 시기 모두 한국교회가 성경을 근본주의적으로 해석하였다는 점이다. 또한 차이점은 동일한 근본주의적 성경 해석에도 불구하고 여권에 대한 적용에서 차이가 있었다는 점이다. 즉 구한말에는 한국교회가 성경을 근거로 여권에 대해 진보적인 견해를 가졌지만, 1920년-1930년대에는 여권에 대해 보수적인 견해를 가졌다. 필자는 이와 같이 성경 적용에 차이가 발견되는 이유가 구한말과 1920년-1930년대 사회적 변화 속에서 한국교회의 입지가 달라졌기 때문이었다고 본다. 이에 대하여는 본서의 제3장 "1920년-30년대의 여권의식 변화" 서두(序頭)에 자세히 언급하였다.

2. 본문에서 구한말의 성경 해석과 1920년-1930년대의 성경 해석을 모두 근본주의적 성경 해석이라고 하였지만, 구한말 한국교회의 근본주의적 성경 해석을 1910년 이후 미국에서 일어난 신학의 한 조류로서 근본주의를 의미하는 것은 아니다. 칼 헨리(Carl F. H. Henry)의 다음과 같은 주장은 구한말 선교사들의 근본주의적 성경 해석이 한반도 여권의식 변혁에 근거였기 때문에, 1920년-1930년대 한국교회의 보수적인 여권의식이 근본주의적 성경 읽기에 기인한 것이 아니라는 필자의 주장을 지지해 주고 있다고 본다. 그는 다음과 같이 주장하였다. "근대의 종교 자유주의가 득세하기 전 근본주의는 구속과 중생이 세상문제에 대한 유일한 해답이라고 선포하면서도 동시에 사회에 대한 열정을 잃지 않았다." Carl F. H. Henry, 『복음주의자의 불편한 양심』, 박세혁 역 (서울: IVP, 2010), 50.
류대영은 구한말 선교사들의 근본적인 신학적 보수성에서 장로교단과 감리교단을 아우르고 있었다고 말한다. 그들의 신학이 "영감에 의해 기록된 성경의 절대적 권위", "그리스도의 동정녀 탄생", "그의 대속적 죽음과 육체적 부활", "재림" 등 공통된 구성 요소를 지니고 있었다는 사실에서 당시 선교사들의 신학은 "오늘의 관점에서 볼 때, 1920년대 근본주의자들의 입장과 유사하기까지 하다"고 주장한다. 류대영, 『초기 미국 선교사 연구: 1884-1910』 (서울: 한국기독교역사연구소, 2003), 92-93.

3 한국교회의 풍토에서 보수·복음주의 그리고 진보·자유주의의 구분은 참으로 모호하다. 왜냐하면 그동안 한국교회에서 말하는 복음주의가 참으로 협소한 의미를 내포해 왔기 때문이다. 보수주의와 복음주의는 동일한 의미가 아니었음에도 불구하고 오랫동안 한국교회에서 동일한 의미로 이해되어 왔음도 부인할 수 없다. 필자는 그것이 일찍이 한국교회 "보수신앙의 수호자"로 군림한 박형룡의 신학적 이해로부터 받은 영향이 적지 않다고 본다. 장동민, 『박형룡: 한국보수신앙의 수호자』 (서울: 살림, 2006). 그와 같은 측면에서 볼 때 오랫동안 한국교회에서 의미했던 복음주의는 오히려 근본주의에 가깝다고 볼 수 있다. 왜냐하면 박형룡에게 근본주의란 "별 다른 것이 아니라 정통주의요 정통파 기독교"와 다른 아니었기 때문이다. 박형룡, "근본주의," 「신학지남」 119 (1958), 16.
오랫동안 한국교회 보수신앙의 거목으로 군림한 박형룡의 시각으로부터 자유로울 수 없었던 한국교회는 이른바 "성경 축자 영감"을 받아들이는 근본주의 신학 외에는 자유주의 신학으로 이해하였다고 본다. 즉 본래 자유주의자를 의미하는 19세기 구자유주의 신학자들은 물론, 칼 바르트(Karl Barth), 에밀 부르너(E. Brunner) 등을 비롯한 유럽의 신전통주의 신학 그리고 폴 틸리히(Paul Tillich), 라인홀드 니버(Reinhold Niebuhr) 등의 미국 신정통주의 신학까지 자유주의 신학의 범주로 이해되어 왔음을 부인할 수 없다. 그로 인해 한국교회에서 사실상 근본주의라고 볼 수 있는 보수·복음주의는 긍정적으로 인식되어 왔고 진보·자유주의(사실 진보주의와 자유주의도 동일하게 볼 수만은 없다)는 부정적으로 인식되어 왔다. 한국교회의 여성 목사 안수 문제도 이와 같은 측면에서 부정적으로 이해되어 왔음을 부인할 수 없다. 물론 현재 장로회 통합 측을 비롯하여 침례교, 기하성, 성결교, 장로회 대신 측 일부 등 많은 교단에서 여성에게 목사 안수를 허용하는 등 한국교회 전반에서 여성 목사 안수를 허용하고 있음이 사실이다. 그러나 여전히 예장 합동과 고신은 물론 장로회 대신 측 일부에서는 여성 목사 안수가 허용되지 않고 있거나 논쟁 중에 있다. 필자가 속한 장로교 대신 측 경기노회의 경우 2017년 현재 여성 목사 가입이 헌의되어 있으나 여전히 성경적 근거 문제로 논쟁 중에 있다. 대한예수교 장로회 대신 경기노회, "107회 대한예수교장로회 경기노회 춘계노회 회의 자료집" (수원 하하교회, 2017. 4. 17), 32, 33, 35.

4 조선예수교장로교총회 편, 『조선예수교장로회총회 제24회 회록 부록』 (서울: 조선예수교장로회총회, 1934), 85. 서론에 언급한 김춘배의 여권 문제 제기에 대한 각주들은 본문의 일부만 요약한 것이다. 그렇기 때문에 이 논문의 본문인 "김춘배의 여권 문제"

에 더욱 자세히 언급함으로써 각주로 언급하려고 한다. 필자가 본론에 반복 언급할 각주는 각주 4번과 6번 그리고 7번이다.

5 곽안련 편, "죠선예수교장로회신경 서문," 『교회사전휘집』 (경성: 조선야소교서회, 1918), 82.
6 조선예수교장로교총회 편, 『조선예수교장로회총회 제24회 회록 부록』, 85.
7 조선예수교장로교총회 편, 『조선예수교장로회총회 제24회 회록 부록』, 89-90.
8 김양선, 『한국기독교해방10년사』 (서울: 대한예수교장로회 총회 종교교육부, 1956), 178.
9 대표적인 예로 평양신학교에서 교수로 사역했던 선교사 사우업(Charles E. Sharp)을 들 수 있다. 그는 1926년 「신학지남」에 수록한 자신의 글에서 "여성이 남성으로부터 종의 대우를 받는 것은 세상에 죄가 들어온 까닭이다"라고 주장하면서 "하나님의 뜻이 그와 같이 않으며, 복음이 선포됨에 따라 사람들이 여자들의 지위를 이전보다 높게 대접하였으니, 이것은 말씀이 퍼지는 결과에 의한 것"이라고 하였다. 사우업의 주장은 본서의 후반부에 더욱 자세히 언급하려고 한다. 史佑業, "3제목은 가족이라," 「신학지남」 8권 제2호 (1926), 137-138. 이와 같은 사우업의 주장은 한반도 여권에 대한 심각한 우려를 제기한 당시 선교사들의 입장을 잘 말해 주고 있다.
10 장동민, "장로교회 분열·연합과 '삶의 세계'," 「장로교회와 신학」 3 (2006), 3.

제2장 구한말의 여권의식 변화

1 여권의식에 대한 용어를 구한말과 1920년-1930년대를 동일하게 사용할 수 있는지 혹은 구한말 가부장적 사회로부터 일어나기 시작한 여성 해방 사건을 "여권의식의 발전"이라는 용어로 정의할 수 있는지에 대하여는 다소 논란이 제기될 수 있다. 왜냐하면 여권의식이라고 하면 여성의 사회 참여, 여성의 참정권 획득 등 사회 전반에서의 여성과 남성의 평등을 의미하는 차원에서의 권리에 대한 여성의 자의식뿐만 아니라 사회 전반의 여성의 권리에 대한 문제의식을 의미하는 것으로 보이기 때문이다. 이와 같은 측면에서 볼 때 여성의 인권을 찾아보기 힘들었던 구한말의 여성 해방 움직임과 여성들의 사회 참여가 구한말과 비교할 수 없을 만큼 활발했던 1920년-1930년대의 여성 해방 상황을 동일하게 "여권의식의 발전"이라는 용어로 정의하는 데는 다소 논란이 제기될 수 있다고 본다. 그러나 필자는 1920년-1930년대는 물론 구한말에도 동일하게 여권의식이라는 용어로 정의할 수 있다고 본다. 그 이유는 다음 두 가지이다.
첫째, 1920년-1930년대 여성들이 적극적으로 사회 참여를 함으로써 여성 스스로는 물론 사회 전반에 걸쳐 여권에 대한 문제의식이 제기되었다면, 구한말에도 여성의 교육권 획득 및 여성의 사회 활동에 대하여 여성 스스로의 자의식이 형성되었을 뿐만 아니라 이에 대하여 한국교회와 계몽적 지식인 등이 포함된 사회 일각에서 문제를 제기하였다고 보기 때문이다. 물론 오늘날의 측면에서 본다면 지극히 소박한 것이지만 남편과의 겸상(兼床)을 허용하고 남성에게만 허용되었던 교육을 여성에게도 허용하는 등의 움직임은 현대에 흔히 말하는 양성평등 획득이라는 측면에서 이해할 수 있다.

둘째, 여권의식은 여성의 보다 적극적인 사회 참여 등을 통한 여성과 남성의 평등을 위한 권리에 대한 여성 스스로 및 사회 전반의 의식을 의미할 뿐만 아니라, 여성의 기본적인 인권 획득에 대한 여성 스스로 및 사회 전반의 의식도 포함하고 있다고 보기 때문이다. 즉 여권의식을 여성의 적극적인 사회 활동 등에 국한하는 것이 아닌 여성의 인권 전반에 대한 자각을 의미하는 통전적 의미로 볼 수 있다. 일례로 홍경표는 자신의 논문, "신문학 초기소설에 나타난 여권의식: 토론소설『자유종』과『천중가절』을 중심으로," 「여성문제연구」10권 0호 (1981), 73-92에서 여권의식에 대한 정의를 그와 같은 의미에서 언급하고 있다.

2   본래 유교 이념은 인(仁)과 덕(德)으로 백성들을 다스린다는 의미를 내포한 것이었지만, 시간이 지남에 따라 수직적 질서와 구별을 정당화함으로써 지배 계층의 통치 이데올로기를 제공하는 도구로 사용되었다. 이와 같은 상황에서 여성들은 피지배 계층 속에서도 피지배 계층으로 전락될 수밖에 없었다. 스스로의 존재가 아닌 남성에게 예속된 존재로서만 인정받을 수밖에 없었을 만큼 말이다. 결국 한반도에 복음이 들어옴으로써 여권의식 변화에 대한 긴급성이 본격적으로 제기되었다. 한반도의 유교 남성 중심 특성에 의한 여성 억압에 대하여는 강혜경, "유교 문화속의 여성의 자아: 수용성(Receptivity)과 감응성(Responsiveness)을 중심으로," 「유교 문화연구」15 (2010); 김언순, "한국여성철학," 12 (2009); 김세서리아, "탈경계 시대, 여성주의적 유교는 가능한가?," 「시대와 철학」78 (2017) 등에 잘 언급되어 있다.

3   선교사 구타벨(Minerva L. Guthapfel)은 자신의 책,『조선의 소녀 옥분이』에서 부모에 의해 무당에게 팔릴 뻔했던 17세 시각장애인 소녀 폴린에 대하여 언급하였다. 시각장애인 소녀가 무당에게 매매될 뻔했던 이유는 "장님은 귀신들이 자신들을 잘 섬길 수 있도록 선택한 사람들"이라는 미신이 사람들 가운데 팽배했기 때문이었다. 구타벨에 따르면 폴린의 삶은 당시 조선에 사는 시각장애인 소녀에게 허락된 유일한 삶이었다고 한다. Minerva L. Guthapfel,『조선의 소녀 옥분이: 선교사 구타벨이 만난 아름다운 영혼들』, 이형식 역 (서울: 살림, 2008), 45.

1936년「조광」지에 발표된 이효석의 단편소설『모밀꽃 필 무렵』에는 구한말 여성 인신매매에 대한 사례가 구체적으로 묘사되어 있는데, 가정 형편에 의해 팔려간 성서방네 딸 이야기가 언급되어 있다. 물론 오늘날과 같은 범죄 차원에서 인신매매와 같다고 볼 수는 없지만, 구한말 가난한 가정의 여성이 자신을 팔아 가정을 부양하는 도구로 암묵적으로 인식되었음을 알 수 있다. 이효석, "모밀꽃 필 무렵(1936)," 『이효석 전집』 2 (서울: 창미사, 1990).
4　현상윤, 『조선유학사』 (서울: 민중서관, 1949), 486.
5　박영신, "누구의 교회이며, 어떤 기독교인가?: 우리의 신앙 상황," 「현상과 인식」 36 (2012), 11.
6　박미해, "조선 후기 유학자의 여성인식: 다산 정약용 가(家)의식을 중심으로," 「사회사상과 문화」 29 (2014), 249-250. 흔히 조선왕조 5백 년은 유교에 의해 여성에 대한 보수적 인식이 강했던 시기로 알려져 있다. 이른바 부부유별, 부창부수, 삼종지도, 칠거지악 등 가부장적인 유교 특유의 문화가치에 의해 가정이라는 테두리 안에서 여자는 남자를 섬기며 남자에게 의존하는 딸, 아내, 어머니로서의 지위와 역할을 수행하였으며, 이러한 고정된 궤도에 잘 순응하는 사람은 '복되고 팔자 좋은 여자'이며, 여기에서 벗어나거나 반발하는 사람은 '팔자가 센 여자'로 여겨졌다. 이광자, "한국전통사회의 여성," 43.
그러나 박미해, 홍인숙 등은 여성에 대한 보수적 인식에 대하여 조선 전기와 조선 후기로 나누어 이해해야 한다고 주장한다. 16세기 말과 17세기 초 왜란과 호란을 겪은 조선 지배층들이 주자학에 입각한 통치이념을 강화하여 사회결속을 도모함으로써 여성에 대한 억압이 한층 강화되었다. 언급된 박미해의 논문과 홍인숙, "17세기 여성사의 문제적 인물 우암 송시열: 비지류(碑誌類), 제문(祭文)과 <우암선생계녀서>를 중심으로," 「동양고전연구」 18 (2003) 등을 참고하라.
7　박미해, "조선 후기 유학자의 여성인식: 다산 정약용 가(家)의식을 중심으로," 228-235. 심지어 조선 후기 진보적 지식인이었던 정약용조차 여성에 대한 평가들은 매우 냉정하고 보수적인 면이 있었다. 그는 "여성의 성품이 성정과 취미가 편벽되고 좁으며 질투심이 강하고 사나우므로 남편이 어리석음을 달래주어야 한다고 보았다." 그뿐만 아니라 "부인이나 여자들의 성질과 품격은 부드럽고 약하기 때문에 맡은 일을 스스로 해내기가 어려우므로 마치 그림자가 몸을 따라 다니고 북채가 북을 따라 다니는 것과 같이 여성들이 남편의 뜻을 따라야 일이 이루어진다고도 보았다." 비록 정약용이 남편과 아내가 자신의 역할을 하다는 것을 인(仁)으로 보는 등 평등한 인간관을 전제로 한 것은 사실이지만, 그도 주자유교가 말하는 불평등적 여성관에 머물고 있음을 알 수 있다. 박미해, "조선 후기 유학자의 여성인식: 다산 정약용 가(家)의식을 중심으로," 235-236.
8　이덕주는 당시 여성들을 "봉건주의 사회 체제 안에서 민중 중의 민중"이라고 표현하였다. 이덕주, 『초기한국 기독교사 연구』 (서울: 한국기독교역사연구소, 1995), 64.
9　남편의 사사로운 구타 등이 신분이 낮은 여성들에 대한 억압의 사례라고 볼 수 있다면 신분이 높은 여성들의 경우 이성과의 접근에 대한 과도한 폐쇄가 억압의 대표적인 사례라고 볼 수 있을 것이다. "낯선 남자가 그녀의 손을 건드렸기 때문에 슬픔과 수치

심에 싸여 스스로 목숨을 끊은 것이 며느리로서의 덕(德)으로 여겨지는 한 여인의 이야기"도 있다는 증언은 그와 같은 사실을 잘 말해 주고 있다. E. G. Kemp, 『조선의 모습』(서울: 집문당, 1999), 33.

10　박지향, 『일그러진 근대』 (서울: 푸른역사, 2003), 189-190.

11　Catherine Ahn, 『조선의 어둠을 밝힌 여성들: 은자의 나라에 처음 파송된 선교사 이야기』 (서울: 포이에마, 2012), 121.

12　W. A. Baird, 『따라 따라 예수 따라 가네』, 유정순 역 (서울: 디모데, 2006). 48.

13　이광자, "한국전통사회의 여성," 여성한국사회연구소 편, 『새로 쓰는 여성과 한국사회』 (서울: 사회문화연구소, 2000), 51.

14　이광자, "한국전통사회의 여성," 51.

15　E. G. Kemp, 『조선의 모습』 (서울: 집문당, 1999), 34.

16　이숙진, 『한국기독교와 여성 정체성』 (서울: 한들출판사, 2006), 61-62. 최초의 여학교인 이화학당이나 한성고등여학교에서는 무엇보다 먼저 입학한 여학생들의 이름을 지어주어야 했다고 한다. 정세화, "여권의 변천사," 「새가정」 226 (1974), 31.

17　Mrs. J. R. Moose, "A Good Bible Woman," The Korea Methodist, vol. 1, Jan, 10, 1905. 이숙진, 『한국기독교와 여성 정체성』, 61-62에 번역본이 수록되어 있으며 본서에 수록된 번역본은 영어원문과 이숙진의 번역본을 비교확인한 후 이숙진의 번역본을 수록하고 '수복'이라는 이름의 영어 뜻을 함께 언급하였다.

18　논설,「독립신문」, 1896년 4월 21일.

19　Catherine Ahn, 『조선의 어둠을 밝힌 여성들: 은자의 나라에 처음 파송된 선교사 이야기』, 121.

20　당시 선교사들이 목격한 바에 의하면 여성들은 신분의 높고 낮음을 막론하고 남성의 소유였다. 신분이 낮은 여인들의 경우 남편에 의한 구타 등 학대가 빈번하였고, 신분이 높은 여인들의 경우 외출이 엄격히 제한되어 있었다. 심지어 어느 양반 신분 여인의 경우 태어나서 결혼을 올리기까지 외부 출입을 한 번도 한 적이 없는 경우도 있었고, 당시 한반도 여성 가운데 가장 신분이 높았던 민비조차 외출이 엄격히 제한되어 특별한 일이 아니면, 왕궁 외부로 나갈 수 없었다. 여성에 대한 억압을 볼 수 있는 대표적인 예는 결혼식에서 발견된다. 당시 신부는 결혼식이 끝날 때까지 오랜 시간 동안 눈을 뜰 수 없었기 때문에 눈을 풀로 붙이는 경우도 있었다. 어린 신부의 경우 지루함을 이기지 못해 고개를 위아래로 움직이기라도 하면 주위 어른들로부터 꾸지람과 주의를 받곤 하였다.

21　이와 같은 측면에서 볼 때 "허난설헌"(許蘭雪軒 1560-1589)은 유교적 봉건 사회에서 여권의 문제를 인식했던 소수 가운데 한 사람이었다고 볼 수 있다. 조선시대 중국인 사신 중 학문과 예술이 남달랐던 인물이었던 주지번(朱之蕃, 1558-1624)은 허균이 편집한 『난설헌시집』에 서문을 쓰며, "난설헌은 '변방' 조선이 감당할 수 없는 그릇을

가진 시인이다"라고 평가하기도 하였다. 그뿐만 아니라 중국에 유행하던 조선의 시를 모으고 편집한 반지긍(潘之亘, 1556-1662)도 『긍사』(亘史)에 난설헌의 시 168수를 수록했을 만큼 허난설헌은 명나라 문단에서 인정을 받았다. 이숙인, "갈등하는 기억과 상상: 역사인물 허난설헌(許蘭雪軒 1560-1589)," 『여성이론』 25 (2011), 211. 그러나 남성 중심의 조선에서 그가 설 자리는 없었다. 그의 시들이 조선 사회 주류에서 인정받지 못하였다는 것은 그러한 사실을 반증한다. 허난설헌은 "조선 땅에서 태어난 것, 여자로 태어난 것, 한 남자의 아내가 된 것"을 탄식하며 짧은 생애를 살았던 비운의 천재로 오늘날 인정받고 있다. 허난설헌이 죽은 후 그의 시가 중국에서 명성을 얻자, 조선의 사대부들은 "연애시를 썼다느니", "여인이 건방지게 이름을 가졌다"는 반응 등으로 트집을 잡았다고 한다. 더욱이 진보 성향의 실학자 박지원조차 "본시 규방에서 시를 짓는 것은 바람직하지 않다. 그녀의 이름이 대국까지 미쳤으니 유명한 것은 사실이지만, 조선의 부인들은 일찍이 이름이나 자를 갖지 않았던 만큼 난설헌은 호 하나만으로도 과분한 일이다. 후세에 재주 있는 여인들은 이를 잘 살펴 교훈으로 삼아야 할 것이다"라고 주장했다는 사실에서 조선시대 여성의식이 어떠했는지를 알 수 있다. 허난설헌 외에도 여성 성리학자 윤지당 임씨가 있다. 그도 '여성 군자'라는 말을 들을 정도로 인정받은 성리학자였음에도 불구하고 1990년 그의 문집, 『윤지당유고』가 발견될 때까지 전혀 알려지지 않은 인물이었다. 홍인희, 『우리 산하에 인문학을 입히다』(서울: 교보문고, 2013), 159-169.

허난설헌과 대조적으로 "신사임당"의 경우 오랫동안 현모양처의 전형으로 칭송받아 왔는데, 수년 전 오만 원 권에 그려질 인물 선정 과정에서 유관순 등의 여성도 제기되었지만, 현모양처의 전형으로 칭송받는 신사임당이 최종 인물로 선정되었다는 사실에서도 오늘날에도 남성 중심적 유교 문화로부터 자유롭지 못함을 발견하게 된다.

22 Catherine Ahn, 『조선의 어둠을 밝힌 여성들: 은자의 나라에 처음 파송된 선교사 이야기』, 117.

23 L. H. Underwood, 『상투의 나라』, 신복룡·최수근 역 (서울: 집문당, 1999), 34, 원문은 제목은 "Lillie in Korea and contrituting Cicumstance" 이고 *Fifteen Years among the Top-knote: Lillias Horton Underwood and Lillie in Korea and Contributing Circumstance* (Boston: American Tract Society, 1904), 11에 수록되어 있다.

24 Catherine Ahn, 『조선의 어둠을 밝힌 여성들: 은자의 나라에 처음 파송된 선교사 이야기』, 122-124. 심지어 양반사회에서조차 여성 교육은 금지되었는데 그 이유는 "여자들의 학문은 부도에서 어긋나는 일"이라 생각하였기 때문이다. 그로 인해 여성이 받을 수 있는 교육은 주로 가정에서 여성으로서의 역할과 마음가짐에 대한 것으로 한정되었다. 더욱이 "여자에게는 알게 할 것이 아니라 다만 쫓게 할 것"을 근본원칙으로 삼았음을 볼 때, 이와 같은 여성 교육조차 남성들을 위해 더 좋은 여성이 되도록 하기 위함에만 목적이 있었음을 알 수 있다. 김재진, "여성과 교육,『새로 쓰는 여성과

한국사회』, 여성한국사회연구소 편 (서울: 사회문화연구소, 2000), 101.
25 Gilfford, Daniel L,『조선의 풍속과 선교』, 심현녀 역 (서울: 한국기독교역사연구소, 1996), 43.
26 "The Christian impact on Korean Life," #9 paper, George Herbert Jasones Papers, Missionary Research Library Collection, The Burke Library Archive, Union Theological Seminary, NewYork, 191. Catherine Ahn,『조선의 어둠을 밝힌 여성들: 은자의 나라에 처음 파송된 선교사 이야기』, 198에서 재인용.
27 E. G. Kemp,『조선의 모습』, 34.
28 본문은 史佑業, "제3제목은 가족이라,"「신학지남」8권 제2호 (1926), 37-38에 있다. 본문 전체는 이 논문의 종반 단락인 "여권에 대한 진보적 성경 해석"에서 언급하려고 한다.
29 1934년 김춘배 목사의 여권 문제 제기 사건이 발생했을 때 박형룡 목사는 "여필종부의 법칙"을 언급하며 한국교회와 사회에서의 가부장적 문화를 옹호하기도 하였다. 이에 대하여는 이 논문의 후반부에 자세히 언급하려고 한다.
30 일제 강점 초기 언론인 이었던 문일평은 그의 글 "조선 여성의 사회적 지위"에서 기독교가 한반도에 끼친 영향에 대하여 다음과 같이 주장하였다. "인신매매를 죄악시 하여 스스로 범하지 아니하는 동시에 다른 이로 하여금 빠지지 아니하도록 애쓴 이가 있다면 그는 말할 것도 없이 크리스챤일 것이다. 대저 기독교가 조선에 수입된 이래 다만 인신매매에 관한 것뿐만 아니라 제가의 해금과 적서의 폐지와 기타 사회적으로 쌓여 있는 모든 구폐 및 그 미신의 타파에 대하여 꾸준히 분투하여 온 그 공적만은 누구나 다 아는 사실이어니와 기독교가 조선 신문화에 영향을 미친 중에도 특히 여성 생활에 일대 변동을 일으켰음은 조선 여성의 사회적 지위를 논하는 이의 결코 간과할 수 없는 현상이라 하겠다. 이 점에 있어 근세 기독교는 과거 유교의 대신으로 조선 여성의 생활을 지배한 관(觀)이었다." 문일평,『湖岩史論選』, 이기백 역 (서울: 탐구당, 1975), 150-151.
31 먼저 구한말 한반도 여권의식 발전에 끼친 영향에 대하여는 동학의 역할을 간과할 수 없다. 왜냐하면 동학사상에는 급진적인 여권의식이 내포되어 있기 때문이다. "사람이 곧 하느님이며 만물이 모두 하느님"이라고 하는 동학의 인내천(人乃天) 사상은 결국 사람의 성스러움을 강조하는 것이기에 인권에 대한 강조로 귀결된다. 인내천 사상은 "성령(聖靈)과 지기(至氣)를 주체로 하는 '영육쌍전(靈肉雙全)'을 내세워 경천(敬天)·경인(敬人)·경지(敬地)를 주장함으로써 하늘과 땅과 사람을 일체로 본다. 이러한 신관(神觀)에서 비롯된 교리로 인해 인간은 누구나 근본적으로 귀천이 있을 수 없다"고 선언한다. 두산세계대백과사전 편집부,『두산세계대백과사전』, 전30권 (서울: 두산 동아 백과사전 연구소, 1996), "동학" 항.
이와 같은 맥락에서 볼 때 동학의 창시자인 최제우(1824-1864)의 여권에 대한 시각은 참으로 급진적이기까지 하다. 심지어 그는 "부인들의 순종 복종을 탈피하고, 인격적 억압으로부터 해방하도록 남편들이 성심껏 부인을 공경해야 한다"고까지 주장하였다. 이와 같은 주장은 남존여비의 가부장적 지배원리를 주종으로 삼는 지배 계층의 통치 지배 이데올로기에 정면 대립하는 논리일 수밖에 없었다. 박영학, 『동학운동의 공시구조(公示構造)』(서울: 나남, 1990), 101-102.

결국 동학 이념은 유교적 봉건질서를 부정하는 체제 전복 사상으로 간주되었기 때문에 국가로부터 탄압을 받을 수밖에 없었다. 물론 동학사상에 내포된 여권 이해가 시대적 한계를 내포하고 있었음을 부인할 수 없다. 왜냐하면 동학의 가르침에서는 여성의 중요한 영역을 가정에 국한하고 있기 때문이다. 그러한 사실은 동학의 2대 교주인 최시형의 다음과 같은 가르침에서 확인된다. "부인은 一家의 主人이니라. 한울을 공경하는 것과 제사를 받드는 것과 손님을 접대하는 것과 옷을 만드는 것과 음식을 만드는 것과 아이를 기르는 것과 베를 짜는 것이 부인의 손에 달리지 않은 것이 없나니라."「교훈가」, 김정인, "동학·동학 농민 운동과 여성," 「동학연구」 11 (2002), 193에서 재인용.

그렇지만 이와 같은 최시형의 여권 이해는 당시의 시대적 상황에서 볼 때 참으로 획기적인 것이었다. 왜냐하면 이는 부부유별(夫婦有別)을 더이상 상하귀천의 차별의식과 명분론으로 이해할 것을 부정하는 것이었기 때문이다. 곧 "남편에게 순종하고 복종해야 한다는 차별적이고 종속적인 기본의 부부 윤리를 넘어 부부는 동등하되 직분과 권리가 다르다는 수평적인 사고에 기반 된 새로운 부부상"을 천명하였다. 이는 곧 여성을 남성의 부속물이 아닌 가정의 주인으로서 가정에서의 지위가 남성과 동등 됨을 의미한다. 얼마 지나지 않아 동학의 여성 지도력은 가정을 넘어 외부에서 발휘되기에 이르렀다. 1905년 천도교로 교명을 바꾸고 교단체제를 정비한 후 1906년 마치 기독교의 전도부인과 같은 방식을 도입함으로써 포교활동에 여성의 리더십을 활용하였다. 그뿐만 아니었다. 천도교는 기관지인 「萬歲報」를 통해 여성문제에 대한 여론을 환기시켰고, 더 나아가 동덕여학교를 인수하여 여성 교육에 뛰어듦으로써 구한말 여권발전의 측면에서 볼 때 기독교에 버금가는 모습을 보여 주었다. 김정인, "동학·동학 농민 운동과 여성," 195-199.

비록 동학 농민 운동의 실패와 함께 동학도 여권의식 발전에 실질적인 영향력을 끼치지 못할 것처럼 보였지만, 동학 농민 운동의 실패에도 불구하고 오히려 동학은 사회 전반에 대한 국가적 개혁인 갑오개혁에 사상적 측면에서 영향을 끼침으로써, 한반도의 봉건질서 훼파에 기독교에 버금하는 영향을 끼쳤다. 동학의 반봉건사상, 인권사상은 당시 백성들에게 지대한 영향을 끼쳤기 때문에 간과할 수 없을 만큼 교세가 증가될 수 있었다. 일제 강점기 조선총독부가 식민 통치의 자료로 만든 우리나라의 유사종교 분석인 『조선의 유사종교』에 따르면 동학의 교세는 1894년 16,668명, 1900년 30,929명으로 증가하였고 천도교로 교명을 바꾼 1905년에는 92,597명으로 증가하였으며, 1906년 109,746명, 125,227년 그리고 1919년에는 149,816명으로 증가하였다고 말하고 있다. 村山智順,『조선의 유사종교』, 최길성·장상언 역 (대구: 계명대학교출판부, 1991) 628-636. 이와 같은 측면에서 볼 때, 구한말 여권의식 발전에 있어 동학의 영향력은 기독교에 버금갈 만큼 지대하였음을 알 수 있다.

32 Catherine Ahn,『조선의 어둠을 밝힌 여성들: 은자의 나라에 처음 파송된 선교사 이야기』, 203. 그러나 여성 선교사들의 여자 아이들에 대한 교육은 교단에 따라 차이를 보인다. 초기 장로교 여성 선교사들은 한국어 독본과 한문을 조금 가르치는 데 불과했지만, 감리교 여선교사들이 담당한 이화학당에서는 처음부터 한국어, 중국어, 영어뿐만 아니라, 이후 교사가 충원되는 대로 수학, 지리, 과학 등 다양한 과목을 가르쳤다. Catherine Ahn,『조선의 어둠을 밝힌 여성들: 은자의 나라에 처음 파송된 선교사 이야기』, 203. 이는 초기 장로교 선교사들의 평양신학교와 감리교 선교사들의 협성신학교 간의 커리큘럼 차이에서 보이는 것과 무관하지 않다고 본다.

33 일반적으로 권서라고 하면 일정한 급료를 받는 남녀 권서를 의미한다. 이들은 단순히 성경을 판매할 뿐만 아니라, 전도자, 교사 혹은 설교자 역할을 하면서 개신교회 창건의 주역이 되었다. 이만열, "권서에 관한 연구," 「동방학지」 65 (1990), 83. 특히 부인 권서들은 남성 권서들이 만날 수 없는 부녀자들을 만나 성경을 판매하고 복음을 전하였을 뿐만 아니라, 그들이 성경을 읽을 수 있도록 한글을 가르치기도 하였다. 부인 권서들의 활동은 도시 지역뿐만 아니라 농촌은 물론 접근하기 쉽지 않은 산골 지역까지 방불하였다. 물론 점차 전 연령을 위한 여성 교육 기관이 점차 설립되었다. 이에 대하여는 본 장 "3) 여성 교육 기관의 확산"에 언급할 것이다.

34 이영미, "한국 선교 초기 성경 해석과 그 파급력: 여성의 지위에 끼친 영향을 중심으로,"「성서학 학술세미나」 2007년 5월: 530.

35 김병학,『한국 개화기 문학과 기독교』(서울: 역락, 2004), 31.

36 김병학,『한국 개화기 문학과 기독교』, 32.

37 선교사들이 성경 번역을 서두른 것은 선교 전략상 매우 경탄할 만한 것이었다. 왜냐하면 그것은 한반도에 현존하는 고등종교들 중에서 구별을 두도록 하는 것이었기 때문이다. 번역된 성경은 당시 한반도의 고등종교였던 불교나 유교의 경전보다 훨씬 많은 사람들에게 보급되어 애독되었다. 불경의 경우 인도의 범어가 많이 섞여 있어서 이해하기 어려울 뿐만 아니라, 8만 또는 10만을 넘는 많은 책들이 불경에 속하였다. 유교의 경서들도 어려운 한자와 중국어법으로 기록된 내용이 많았기 때문에 일반 대중이 배우거나 이해하기 어려워서 양반 계층의 전유물이 될 수밖에 없었다. 그러나 성경은 쉬운 한글로 번역되었기 때문에 누구나 읽고 이해할 수 있었다. 그로 인해 기독교는 짧은 시간에 많은 사람들에게 영향을 끼치는 "민족종교"가 될 수 있었다. 이장식, "신앙과 애국,"「신학과 교회」 1 (2014), 13-14.

여기서도 한국교회가 여권의식 변혁에 영향을 끼친 요소를 발견하게 된다. 유교는 양반 계층 남성 중심의 신앙이었기 때문에 여성이 참여할 여지가 없었고 불교는 비록 여성들이 개인적으로 사찰에 방문하여 가정의 복을 빌며 신앙을 유지했지만 경전의 내용에 대하여는 전혀 파악할 수 없었다. 그러나 성경은 한글로 번역되었기 때문에 비록 제도권 교육을 받지 못한 여성이었다 해도 여성권서 등의 도움으로 한글을 깨우친 후 성경을 읽을 수 있었기에 여성들에게 폭 넓게 읽힐 수 있었다.

38 김병학, 『한국 개화기 문학과 기독교』, 30.
39 이만열, "권서에 관한 연구," 「동방학지」 65 (1990), 78-79.
40 이만열, "권서에 관한 연구," 120-140.
41 H. Miller, "Scripture Distribution," The korea Mission Field, oct, 1911, 284. 이만열, "권서에 관한 연구," 143에 번역이 수록되었고 본서에서는 원문과 이만열의 번역본을 비교한 후 일부 재구성하여 언급하였다.
42 이만열, "권서에 관한 연구," 144.
43 이만열, "권서에 관한 연구," 146.
44 A. Kenmure, "Our Biblewomen in Korea," The Bible Society Monthly Reporter, April, 1901, 89. 이만열, "권서에 관한 연구," 146에서 재인용.
45 이영미, "한국 선교 초기 성경 해석과 그 파급력: 여성의 지위에 끼친 영향을 중심으로," 530.
46 김혜연, 『한국 역사와 성경신학』 (서울: 은성, 1996), 128.
47 주선애, 『장로교 여성사』 (서울: 대한예수교 장로회 여전도회 전국연합회, 1978), 85.
48 Catherine Ahn, 『조선의 어둠을 밝힌 여성들: 은자의 나라에 처음 파송된 선교사 이야기』, 50-51.
49 Arthur K. Brown, The Mastery of the Far East, New York: Charles Scribner's Sons, 1919, 540.
50 Catherine Ahn, 『조선의 어둠을 밝힌 여성들: 은자의 나라에 처음 파송된 선교사 이야기』, 51-54.
51 Catherine Ahn, 『조선의 어둠을 밝힌 여성들: 은자의 나라에 처음 파송된 선교사 이야기, 15.
52 Catherine Ahn, 『조선의 어둠을 밝힌 여성들: 은자의 나라에 처음 파송된 선교사 이야기』, 16-18.
53 이인성, "애니 베어드의 선교 문학," 『베어드와 한국선교』, 한국기독교문화연구소 편 (서울: 숭실대학교 출판부, 2009), 189.
54 이상규, "윌리엄 베어드와 문서선교," 『베어드와 한국선교』, 170-171.
55 김경완, "애니 베어드와 문서 선교," 『베어드와 한국선교』, 243-244.
56 이인성, "애니 베어드의 선교 문학," 189, 204.
57 김경완, "애니 베어드와 문서 선교," 『베어드와 한국선교』, 243.

58　민경배,『한국기독교회사』, 284.
59　1908년 나이 일흔을 넘긴 고령의 스크랜턴은 이화학당 사역을 선교사 엘벗슨(M. M. Alberson)에게 넘겨준 후 하란사와 함께 전도부인 양성을 목적으로 부인성경학교를 설립하여 성경과 신학 기초과목을 가르쳤다. 1911년 제1회 졸업생으로 양로우더, 신알베르토, 손메례가 배출되었다. 이 학교는 이후 감리교 협성여자신학교로 발전하였고 후에 남자협성신학교와 통합되어 오늘날의 감리교신학대학에 이르렀다. 이덕주,『한국교회 처음 여성들』(서울: 홍성사, 2007), 115.
60　한국기독교역사학회 편,『한국기독교의 역사』I (서울: 기독교문사, 1999), 198.
61　이영미의 주장에 따르면 이들 여성 선교사들로부터 영향을 받은 이들을 당시 사회의 상류층 여성들로 국한하는 것처럼 보인다. 그는 다음과 같이 주장하고 있다. "자유로운 여성교사들의 활동과 남편 등을 통해서 외국의 문물을 접할 기회가 있던 상류층 여성들에게 외국 여성과 같이 되는 것은 한국 여성이 추구할 이상형으로 보였다. 서구 여성을 동경하는 듯한 태도는 한국 최초의 여의사 박에스더의 경우에서도 볼 수 있다. 그는 에스더박으로 불리는데 이 점은 그가 한국 본명보다는 영어식 세례명을 사용하고 있는 점, 서구식으로 성을 적고 있으며, 자신의 아버지 성인 '김'이 아닌 결혼한 남편의 성인 '박'씨 성을 취하는 점은 개화된 한국 여성이 서구의 풍속을 그대로 따르고 있는 경향을 보여 주고 있는 듯하다. 박에스더 외에도 초기 개신교 교육을 통해 교육을 통해 여성 지도자로 부각된 인물들은 대부분 그들이 세례명인 외국 이름으로 기억되고 있다." 이영미, "개신교가 한국 여성 지위 변화에 미친 영향: 1876-1918년을 중심으로," 한국 개신교가 한국 근현대의 사회·문화적 변동에 끼친 영향 연구』(서울: 한국신학연구소, 2005), 581-581.
이와 같은 이영미의 주장은 맞지 않다. 당시 여성 선교사들과 접촉한 여성들 가운데 상류층 여인들은 거의 없었다. 당시 인천별감으로 있던 하상기의 후처였던 하란사 정도가 상류층 여성이었다고 볼 수 있을까? 박에스더의 경우도 당시 그의 아버지가 스크랜턴 선교사의 집에서 일하는 아버지 덕분에 선교사를 만나 교육을 받을 수 있었다. 그의 아버지도 사회적으로는 중하층이었다고 볼 수 있다. 더욱이 당시 여성들이 자신의 이름을 세례명으로 사용했던 이유를 서구의 풍습을 동경하였기 때문이었다고만 볼 수는 없다. 왜냐하면 인권의 바로미터라고 볼 수 있는 자기 이름 소유는 구한말 여성들이 세례를 받음으로 태어나서 처음으로 선교사들에 의해 이루어지는 경우가 적지 않았기 때문이다. 즉 선교사들로부터 교육을 받고 여성 지도자들이 된 이들 가운데 많은 경우는 사회의 상류층이 아닌 중 하류층이었다. 이와 같은 측면에서 볼 때, 이영미의 주장은 맞지 않다.
62　이덕주,『한국교회 처음 여성들』(서울: 홍성사, 2007), 49-53.
63　이덕주,『한국교회 처음 여성들』, 141.
64　박에스더의 본래 이름은 김점동이다. 1886년 10살의 나이로 아버지의 손에 이끌려

이화학당의 네 번째 학생으로 입학한 김점동은 영어를 잘 했기 때문에 로제타 홀(Rosetta S. Hall) 선교사의 통역을 맡기는 했지만, 본래 의사가 될 생각은 없었다. 그러나 로제타 홀이 언청이 수술을 해서 치료하는 것을 목격하고 자신도 그와 같은 의사가 되기로 결심하였다. 그는 18살이던 1894년에 한반도 여성 최초로 미국 유학을 떠나 1900년 볼티모어 여자의과대학(Baltimore Woman's Medical College)을 졸업하고 전문의 학위를 받은 후, 1901년 귀국하여 1910년까지 보구여관에서 여성 환자들을 진료하였다. 이와 같은 김점동의 활동은 여성 선교사가 한국인 여성들에게 여성의식 변화에 영향을 끼친 구체적인 사례이다. 이와 같은 사례는 김점동 외에도 적지 않다. 로제타 홀은 한국인 여성의사를 양성하기 위한 "여성의학 강습소"인 "조선여자의학강습소"를 설립하기까지 했는데, 이것은 1913년 평양 광혜원에서 시작한 "여성의학반"(Woman's Medocal Class)를 모체로 한 것이었다. 이 과정을 마친 여성들은 조선총독부가 주관하는 의사시험을 통과함으로써 의사면허를 받을 수 있었다. 로제타 홀은 "조선여자의학강습소"를 "여자의학전문학교"로 발전시키고자 했지만 성공하지는 못하였다. 정용석, "로제타 S. 홀: 감리교 점자교육 시행자," 『내게 천개의 목숨이 있다면: 양화진 선교사들의 삶과 선교』 1 (서울: 한국교회사학회, 한국복음주의역사신학회, 2013), 487-490.

흔히 여성의 영역이라고 생각되는 간호사 역할을 넘어 남성들이 점유하고 있는 의사의 영역까지 한국 여성들이 진출하도록 길을 개척한 로제타 홀 선교사를 통해 한국 여성들은 자신들도 전문성을 발휘할 수 있다는 자신감을 갖게 되었을 것임은 물론이다.

65 이덕주, 『한국교회 처음 여성들』, 102-105.
66 윤정란, "구한말 기독교 여성의 삶과 여성교육운동 - 여메례를 중심으로," 「여성과 역사」 11 (2009), 169-170.
67 한반도 여성 교육 기관의 확산은 앞서 언급한 바와 같이 여성 선교사들의 헌신적인 활동에 기인한 바 적지 않다.
68 "논설," 「독립신문」 1896년 6월 16일. 「독립신문」에는 대부분 "논설"이라고 제목이 되어 있을 뿐 다른 제목이 언급되어 있지 않다. 필자가 확인한 바로는 1899년 4월 26일 「독립신문」에는 "사람은 일반"이라는 제목으로 언급되어 있으나 그 외에는 "논설"이라는 제목으로 언급되어 있다. 그렇기 때문에 언급된 제목은 대부분 독립신문강독회, 『독립신문 다시 읽기』 (서울: 푸른역사, 2004)에 언급된 표현임을 밝혀둔다.
69 "논설," 「독립신문」 1897년 6월 10일.
70 "논설," 「독립신문」 1898년 1월 4일.
71 "사람은 일반," 「독립신문」 1899년 4월 26일.
72 "논설," 「독립신문」 1899년 10월 7일.
73 "논설," 「독립신문」 1896년 5월 30일.
74 당시 선교사들은 한반도에 분포되어 있는 풍부한 천연자원을 보며 적지 않은 가능성

을 보고 있었다. 그들은 한반도의 강토(疆土)의 위치와 자원을 처음부터 눈여겨보았다. 선교사들은 한국인들에게 없는 것은 "다만 세계 변혁의 적극적인 자세와 성실한 개발의지"라고 생각하였다. 민경배, 『한국기독교회사』(서울: 연세대학교 대학출판문화원, 2013), 259.

75 "논설," 「독립신문」 1896년 5월 30일.
76 정여울, "서문," 『제국 그 사이의 한국 (1895-1999)』(서울: 휴머니스트, 2009), 13.
77 여기서 말하는 '조선 일'이란 이 글의 필자가 언급한 것처럼 당시 조선이 처한 현실을 아는 것뿐만 아니라 조선의 잠재력을 결코 간과할 수 없는 것임을 아는 것을 의미한다.
78 "논설," 「독립신문」 1896년 5월 30일.
79 "사람은 일반," 「독립신문」 1899년 4월 26일.
80 정여울, "서문," 17.
81 "논설," 「독립신문」 1896년, 5월 12일.
82 "논설," 「독립신문」 1896년 5월 12일.
83 대표적인 인물이 구한말 개화파 인사였던 박영효이다. 갑신정변 실패 후 서재필 등과 함께 일본으로 망명한 박영효는 일본에서 선교사 스크랜턴(W. B. Scranton)과 언더우드(H. N. Underwood) 등에게 한국어를 가르치면서 그들과 교분을 맺었다. 한국기독교역사연구소, 『한국 기독교의 역사』 I, 169.
1888년 일본에서 박영효가 고종에게 올린 개화 상소에는 여성 교육을 비롯한 여권론에 대한 주장들이 포함되어 있다. 1906년 황실 인물인 엄비가 진명여학교를 설립한 후 구한말 고위관리이며 자신의 인척이었던 엄준원을 교장으로, 선교사 스크랜턴(M. F. Scranton)의 양녀이며 개화기 여성 교육가였던 황메례(여메례)를 학감으로 임명했다는 사실도 구한말 개화 지식인뿐만 아니라 개화에 눈을 뜬 고위층 인사도 선교사들의 여성 교육에 적극적으로 지지를 보내고 있음을 잘 말해 준다. 당시 황메례가 진명여학교의 학감이 될 수 있었던 이유는 선교사 스트랜튼의 권유에 따른 것이었다. 한희숙, "구한말 순헌황귀비 엄비의 생애와 활동," 「아세아 여성연구」 45 (2), 225-227.
84 대표적으로 남감리회에서 운영하던 미리흠여학교가 있다. 당시 개성에는 남감리회가 운영하던 두 개의 여학교가 있었는데, 이 가운데 호수돈여학교는 일반적인 여학교였고 미리흠여학교는 과부나 기생 출신 등 기혼여성들을 위한 교육 기관이었기 때문에 학생들 가운데 대부분이 나이가 많거나 불우한 환경의 여성들이 대부분이었다. 미리흠여학교 졸업생 가운데 대표적인 인물은 이후 독립운동에 헌신하였을 뿐만 아니라 유린보육원을 설립하여 사회복지 사업에도 헌신했던 여성 지도자 어윤희이다. 이덕주, 『한국교회 처음여성들』(서울: 홍성사, 2009), 254-256.
85 이숙진, 『한국기독교와 여성 정체성』(서울: 한들출판사, 2006), 68-69.
86 윤치호(1865-1945)는 우리나라 최초 미국 유학생 가운데 한 사람으로서 선교사

A. J. 앨런의 주선으로 미국으로 가서 밴더빌트대학교와 에모리대학교에서 5년간 머물면서 영어·신학·인문사회과학 등을 공부하였다. 그는 서구의 문명을 신봉하였고 특히 조선은 기독교를 통해 문명화를 이루어야 한다고 역설하였다. 인터넷 두산대백과사전, http://terms.naver.com/entry.nhn?docId=1133328&cid=40942&categoryId=37404 (2016. 3. 13. 접근).

그럼에도 불구하고 윤치호의 여성에 대한 시각은 다분히 보수적이었는데, 그는 1897년 12월 31일 서울 정동교회에서 "여성을 교육하고 동등으로 대하는 것은 가(可)한가?"라는 주제로 열린 토론회에서 여성 교육에 대하여 반대적 입장을 고수하며 서재필과 논쟁을 벌이기도 하였다. 이에 대하여는 본 장 "3. 여권과 성경 해석"에서 자세히 언급할 것이다.

87 Yun T. H, "A Plea for Industrial Training," The korea Mission Field, july, 1911, 187. (이 번역은 필자가 원 번역자의 번역을 원본과 확인후 재구성하였다. 원 번역자를 찾기 위해 관련이 추측되는 문헌들을 확인하였으나 원 번역자를 찾지 못하였다. 이에 대하여는 독자분들의 양해를 구한다.)

88 하란사(1875-1919)라는 이름은 이화학당(梨花學堂)에 입학해 세례를 받은 뒤 영어 이름 'Nancy'(낸시)를 음역해 '蘭史'로 부른 데서 비롯되었다. 일찍이 정부 관리의 후처로 들어갔으나 가정에만 매이지 않고 서구 문명을 접하는 한편, 1896년에는 기혼자라는 신분에도 불구하고 여러 번 설득 끝에 이화학당에 입학하였다. 졸업 후 일본 유학길에 올라 도쿄(東京) 게이오의숙대학교(慶應義塾大學校)에서 수학한 뒤 1900년 미국에 유학해 감리교 계통의 웨슬리대학에 입학, 1906년 한국 여성으로는 처음으로 미국에서 학사학위를 받았다. 귀국과 동시에 미국 북감리교회 선교사인 메리 스크랜턴(Mary Scranton)을 도와 영어와 성서를 가르치면서 여성 계몽 운동에 앞장섰고, 이후 이화학당에서 학생들을 가르치는 틈틈이 자모회를 구성해 가정의학·육아법 등의 지도는 물론, 계몽강연을 통해 여성들의 자각을 촉구하기도 하였다. 인터넷 두산 대백과사전 http://terms.naver.com/entry.nhn?docId=1209235&cid=40942&categoryId=33384 (2016. 3. 13. 접근). 윤치호와 논쟁을 벌였던 당시 하란사는 이화학당 대학부 교수이며 기숙사 사감의 신분이었다.

89 Mrs Hahr, "A Respect," The korea Mission Field, Dec, 1911, 352-353. (이 번역은 필자가 원 번역자의 번역을 원본과 확인후 재구성하였다. 원 번역자를 찾기 위해 관련이 추측되는 문헌들을 확인하였으나 원 번역자를 찾지 못하였다 이에 대하여는 독자분들의 양해를 구한다.)

90 Louise. C. Rothweiler, "What shall We Teach in Our Girls' School," The Korean Respository, (March, 1892), Vol. I. 이숙진, 『한국기독교와 여성 정체성』, 83에서 재인용.

91 임희국 외 10인, 『한국 기독교 역사 100선: 기독교, 한국에 살다』(서울: 한국기독교교회협의회 신앙과 직제 위원회, 2013), 172.

92 옥성득, "초기 한국 기독교가 낳은 세 명의 신여성: 교사 신마리아, 의사 박에스더, 간호사 김배새," 뉴스앤조이, http://www.newsnjoy.or.kr/news/articleView.html?dxno=200874 (2015. 1. 6. 접근). 박에스더와 신마리아 그리고 김배세는 아버지 김홍택과 어머니 연안 이씨에게서 태어난 자매이지만 각각 결혼 후 남편의 성을 따랐기 때문에 성을 달리하였다. 이들은 아버지 김홍택이 선교사 아펜젤러(Henry G. Appenzeller)의 집에서 일을 한 것을 계기로 서양식 교육을 받을 수 있었다.
93 '보호여회'는 가난한 여성을 보호하고 돕자는 취지로 조직된 여성 단체로서 창설 당시 회원은 28명이었다. 오늘날은 회원 수 20만을 넘은 "감리교 여선교회"의 모체이다. 이덕주,『한국교회 처음 여성들』, 51.
94 이덕주,『한국교회 처음 여성들』, 49-54.
95 이덕주,『한국교회 처음 여성들』, 85-96.
96 한국기독교역사연구소,『한국 기독교의 역사』I (서울: 기독교문사, 1999), 197.
97 한국기독교역사연구소,『한국 기독교의 역사』I, 198.
98 윤계월, "개화기의 여성교육에 관한 연구: 교육과정을 중심으로,"「사회과학연구」9 (1992), 5-6. 이 시기 여성 교육 발전에 있어 하나의 계기가 있었는데 그것은 1908년에 정부가 관립 한성고등여학교를 설립하고 고등여학교령을 발표한 후 1909년 학부령(學部令)으로 "고등여학교령시행규칙"이 제정된 것이다. 당시 고등여학교령과 시행규칙에 의하면, 고등여학교는 여자에게 필요한 고등보통교육과 기예(技藝)를 가르치는데 목적을 두었다. 고등여학교의 수업연한은 3년으로 되었고 지방사정에 따라 1년 더 연장할 수 있었다. 3년제의 본과 외에도 각각 2년 이내의 예과(豫科)나 2년 이상의 기예전수과(技藝專修科)를 두기도 하였다. 이 가운데 예과는 보통학교 2년 수료 이상의 학력을 가진 10세 이상의 여자를 수용하여 보통학교교육을 완성하도록 하였고, 기예전수과는 15세 이상의 여자를 수용함으로써 주로 가사를 비롯한 실과교육을 받도록 하였다. 그러나 당시 보통학교교육을 받은 여학생이 드물었기 때문에, 개교 초에는 사전 교육이 전혀 없는 여자 아이들이 주로 입학하였다. 교과목은 수신·국어·국어·역사·지리·산술·이과·가사·도화·재봉·음악·체조·수예·외국어 등으로 구성되었는데, 외국어는 영어·법어(法語·프랑스어)·독어(獨語)·한어(漢語) 중에서 택일하게 하였다. 1·2학년의 주당 수업시간은 27시간, 3학년은 26시간이었다. 고등여학교(高等女學校])한국민족문화대백과, 한국학중앙연구원 http://terms.naver.com/entry.nhn?docId=567296&cid=46615&categoryId=46615 (2016. 4. 21. 접근).
이처럼 개화기 여성 교육관의 설립은 교육 기회의 측면에서 볼 때 남녀평등의 중요한 계기를 마련하였고 여성의 사회 참여 기회와 여성의 지위 향상을 고취시키는 역할을 하였지만, 그 반면 교과과정에서는 남성 중심의 유교 문화가 여전히 잔존하였다는 한계를 가지고 있었다. 한정선,『한국 사회와 여성 교육』(서울: 숙명여자대학교 아시아여성연구소, 2005), 95. 여성 선교사들에 의해 1886년 이화학당, 1887년 정신여학교가 설립된 후 1898년 '찬양회'라는 부인회가 사립학교인 순성여학교를 설립하였고, 비로소 1906년 순헌왕후 귀비(엄비)가 상류층 자녀를 위한 명신여학교(숙명여학교), 진명여학교를 설립했다는 사실에서 볼 때 한국인에 의한 여성 교육기관 설립에서 여성 선교사들의 영향이 참으로 지대했음을 알 수 있다. 한정선,『한국 사회와 여성 교육』(서울: 숙명여자대학교 아시아여성연구소, 2005), 94.

99 이외에도 1920년 이전에 설립된 주요 여학교로는 이천의 양정여학교(1909년), 서울의 숙명여고보(1911), 서울의 진명여고보(1912년) 등이 있었다. 이 가운데 양정여학교는 감리교 선교사 글라크(Clark) 부인이 건립하였고, 숙명여고보와 진명여고보는 국내 인사들에 의해 건립되었다. 김수진,『신여성, 근대의 과잉: 식민지 조선의 신여성 담론과 젠더정치, 1920-1934』(서울: 소명출판, 2009), 60.

100 하란사가 정말 소외 계층이었는지에 대해서는 다소 논란의 여지가 있다. 왜냐하면 그는 부유할 뿐만 아니라 개혁적인 생각을 가졌던 양반 관료 남편의 지원을 받으며 일본과 미국에서 유학을 할 수 있었기 때문이다. 그러나 그가 후실(後室)이었다는 측면에서 본다면 그도 선교사들이 설립한 여학교에 입학했던 대부분의 여성들과 마찬가지로 조선 사회에서 소외 계층이었다고 볼 수도 있다.

101 한국기독교역사연구소,『한국 기독교의 역사』Ⅰ, 198. 물론 당시 여학교의 교육 내용은 초보적인 수준일 수밖에 없었다. 왜냐하면 학교를 찾아오는 학생들의 나이가 6-7세 아동에서부터 성인에 이르기까지 다양했을 뿐만 아니라, 당시 학생들 가운데 대부분은 부모 없는 고아들, 가정 형편이 어려운 서민계층 아동들 및 과부 같은 소외 계층이었기 때문에 교육 수준을 가장 기초에서부터 시작할 수밖에 없었다. 그렇기 때문에 당시 여학교들이 1920-1930년대의 여학교들과 비교해 볼 때 교육 내용과 체계가 빈약할 수밖에 없었지만, 이들 여학교들을 통해 한국 여성들이 자신의 능력을 개발함으로써 전문성을 기를 수 있었다. 그뿐만 아니라 이들이 이후 1920년-1930년대에 등장하는 '신여성'의 효시가 되었음은 물론이다.
정부에서 고등여학교령을 제정한 1908년 당시 주요 여학교들의 교과과정을 비교해 본다면 다음과 같다.
윤계월, "개화기의 여성교육에 관한 연구: 교육과정을 중심으로,"「사회과학연구」9 (1992), 148에서 인용. 언급된 학교들의 교과과정 비교 분석은 윤계월의 분석을 따랐다. 그의 분석에 따르면 당시 이화학당, 정신여학교 그리고 배화학당 같은 미션스쿨은 초기 여성 교육을 담당한 선교사들의 교육수준이 높았을 뿐만 아니라, 학생들을 가르치는 교재로 본국에서 사용하는 교과서를 번역해서 사용했기 때문에, 질적인 측면에서 다른 학교들과 비교해 볼 때 앞설 수밖에 없었다. 윤계월, "개화기의 여성교육에 관한 연구: 교육과정을 중심으로," 147.
그러나 언급된 자료를 통해 구한말 여학교 전반의 교과 수준을 가늠해 보는 것은 어렵다. 왜냐하면 언급된 자료는 정부가 관립 한성고등여학교를 설립하고 "고등여학교령"을 발표한 1908년의 자료이기 때문이다. 그렇기 때문에 1908년 이전 여학교들의 교과 수준을 파악할 수 없다는 한계를 지닌다. 그럼에도 불구하고 앞서 언급한 것처럼 초기 여학생들 대부분이 빈곤가정 출신이거나 고아 혹은 과부 등 소외 계층이었다는 사실에서 볼 때 당시 이들 여학교의 교육 내용이 초보적인 수준이었음을 알 수 있다. 그뿐만 아니라 당시 이화학당은 초창기부터 전문적인 교과과정을 도입하여 전문성을 띰으로써 이후 대학과정까지 설립하는 등 발전을 이루었지만, 정신여학교는 서당식 교육을 진행함으로써 교육보다는 선교에 목적을 두고 학교를 운영하였다는 사실에서 당시 선교사들이 운영한 여학교들도 동일하지 않았음을 알 수 있다. 윤계월, "개화기의 여성교육에 관한 연구: 교육과정을 중심으로," 150.

언급한 여학교들 가운데 이화학당은 가장 급속한 성장을 하였는데, 1891년에는 학교에서 의료교육을 시작하였고 1904년에는 중등과 인가를 받았다. 그리고 1910년에는 대학과를 개설하기에 이르렀다. 이 때 개설된 대학과 졸업생 가운데는 1918년 이화학당 대학과를 졸업하고 1924년 미국 오하이오 웨슬리언대학 및 1925년 보스턴대학교 대학원을 졸업하고 1939년 한국인 최초로 이화여자전문학교 교장으로 선출된 김활란이 있다. 김성은, 『아펜젤러: 한국 근대 여성 교육의 기틀을 다지다』(서울: 이화여자대학교출판부, 2011), 124-126.

그러나 이화학당에 대학과의 교육 수준은 높지 않았던 것으로 보인다. 당시 이화학당 대학부의 교수였던 아펜젤러(Alice. R. Appenzeller)의 "대학이래야 중등 교육을 마치고 공부 좀 더 해 보겠다고 애쓰는 몇 학생을 모아놓고 글만 배워주었을 뿐"이라는 고백에서 그러한 사실을 알 수 있다. 1910년부터 1918년까지 이화학당 대학부는 별도의 건물 없이 선교사들의 숙소에서 공부했을 뿐만 아니라, 일제로부터 정식 인가를 받지 못해 사립각종학교로 남아 있었기 때문에 졸업생들의 학력을 대학 졸업으로 인정받지 못하였다. 박정애, "초기 '신여성'의 사회 진출과 여성교육: 1920-1930년대 초반 여자 일본유학생을 중심으로," 「여성과 사회」 11 (2000), 53.

그러나 이화학당은 1925년 4월 23일 이화전문학교로 인가 받음으로써 당시 "연희전문학교", "보성전문학교" 그리고 "숭실전문학교"와 어깨를 나란히 하는 최고 학부로 발전하였다. 김성은, 『아펜젤러: 한국 근대 여성 교육의 기틀은 다지다』, 46-69.

102 박용규, "초기 한국선교와 대부흥에서 여성의 위치와 역할," 「신학지남」 317 (2013), 172-181. 더욱이 대부흥 운동을 통해 남성들이 "축첩과 간음"처럼 이전에는 죄라고 인식하지 못했던 것들을 죄로 인식함으로써 회개했다는 사실도 여성들이 남성들을 위한 성적 대상인 아닌 한 인격자로 존중받게 되었음을 반증하는 것이라고 본다.

103 선교사 하디(Robert A. Hardie)를 호칭한 것이다.

104 "정동회당에서 부흥회로 모임," 「신학월보」, 1904년 11월, 427.

105 박용규, "초기 한국선교와 대부흥에서 여성의 위치와 역할," 177.

106 이덕주, "한국 초기 부흥운동과 여성: 1903년 원산 부흥운동과 1907년 평양 부흥운동

을 중심으로," 「한국기독교와 역사」 26 (2007), 71.
107 이만열, "평양대부흥운동의 역사적 현장," 「성서학 학술세미나」 5 (2007), 44.
108 George H. Blackeslee, China and Far East, New York: Thomas Y Crowell & Co, 1900, 226-455. 박용규, 『평양 대부흥운동』 (서울: 생명의 말씀사, 2005), 207에서 재인용.
109 Minutes of Korea Mission, Methodist Episcopal Church, 1907, 54. 심지어 북감리교 선교사 스워러가 담당하는 공주에만 해도 6천 명의 여자들이 교육의 기회가 찾아오기를 열망하고 있었다고 보고되었다. Minutes of Korea Mission, Methodist Episcopal Church, 1907, 63.
110 "녀인의 교육," 「신학월보」, 1907년 1월 8일.
111 구체적으로 사회 전반에 걸쳐 여성 교육에 관심을 기울이게 된 것은 1919년 3·1 운동 직후였다고 본다. 본서에서 다루고자 했던 연구의 범위를 초과하기 때문에 이에 대하여는 필자의 후속 연구에서 다루고자 한다.
112 최만자, 『여성의 삶, 그리고 신학: 1980-1990년대 한국여성신학의 주제들』 (서울: 대한기독교서회, 2005), 42.
113 장로교 독노회 조직 때 한국인 장로 36명, 선교부 33명, 찬성회원 9명 등 총 78명이 참석하였는데, 이들 모두가 남자였음은 물론이었다. 이만열, 『한국기독교사특강』 (서울: 성경 읽기사, 1987), 67-69.
114 곽안련 편집, "죠선예수교장로회신경 서문," 『교회사전휘집』 (경성: 조선야소교서회, 1918).
115 최만자, 『여성의 삶, 그리고 신학-1980~1990년대 한국여성신학의 주제들-』, 43.
116 선교사들 성경 해석과 여권에 대해서는 본서 제3장 "3. 여권과 성경 해석"에 자세히 언급한 바와 같다. 필자가 면밀히 찾아본 결과 선교사들이 성경을 근거로 남성의 리더십을 강조한 점은 발견할 수 없었다.
117 송계학당이 선교사가 운영하는 학교에 대한 보수적인 개성 사람들의 부정적인 인식으로 인해 1908년 3월 송계학당에서 손을 떼고 그해 11월 자신의 집에서 시작한 새로운 학교였다. 처음에는 학생 모집조차 어려운 가운데 7명으로 시작한 학교가 얼마 지나지 않아 100명으로 늘어나고 개성군수 박우현의 적극적인 후원 속에서 "정화"라는 교명을 얻게 되었다. 1910년에는 학부로부터 정식 사립학교 인가를 받았다. 이덕주, 『한국교회 처음여성들』, 141-142.
118 이덕주, 『한국교회 처음여성들』, 90.
119 이덕주, 『한국교회 처음여성들』, 113-116.
120 이들은 아버지 김홍택과 어머니 연안 이씨에게서 태어난 자매이지만 각각 결혼 후 남편의 성을 따랐기 때문에 성을 달리하였다. 이들은 아버지 김홍택이 선교사 아펜젤러 (Henry G. Appenzeller)의 집에서 일을 한 것을 계기로 서양식 교육을 받을 수 있었다.
121 이덕주, 『한국교회 처음여성들』, 90-96.

122 이덕주, 『한국교회 처음여성들』, 50-55.
123 이덕주, 『한국교회 처음여성들』, 40-44.
124 이덕주, 『한국 영성 새로 보기: 자료로 읽는 한국교회 영성사』 (서울: 신앙과 지성사, 2011), 271.
125 이덕주, 『한국교회 처음여성들』, 116-120.
126 이덕주, 『한국교회 처음여성들』, 79-81.
127 "논설," 「독립신문」 1896년 5월 7일.
128 "정동 새회당에서 행한 일," 「죠선그리스도인회보」 1897년 12월 31일.
129 "정동 새회당에서 행한 일," 1897년 12월 31일. 그날 조이스회 회원이 언급한 "예수님의 어머니 마리아 이야기"는 여권 문제에 있어 매우 중요한 언급이었다고 본다. 왜냐하면 당시 마리아는 유대의 관습에서 자칫 남편이 인정하지 않는 "불의한 아이를 임신하였다"는 이유로 돌로 쳐 죽임을 당할 위협을 무릅쓰고 성자(聖子)를 낳음으로 하나님의 구속사역에 쓰임 받은 것이기 때문이다. 즉 하나님의 구속 사역은 한 여인의 목숨 건 순종으로 이루어졌다. 최영실, "신약성서적 관점에서 본 영성과 여성," 한국여성신학회 편, 『영성과 여성신학』 (서울: 대한기독교서회, 2000), 90.
사실 신약성경 전반 특히 복음서를 볼 때 여성들이 오히려 복음 선포 사역의 중요한 순간에 활동했던 것을 발견한다. 대표적인 예가 예수께서 무덤에 묻히신 후 열두 제자들은 신변의 위협을 느끼고 도피했지만 막달라 마리아와 요안나 그리고 야고보의 어머니 마리아가 예수님의 무덤을 찾아감으로써 결과적으로 예수님의 부활을 목격하고 알린 "부활의 첫 증인"이 된 사건이다. 저명한 바울신학자 김세윤은 여인들이 부활을 처음 목격한 사건은 매우 중요하다고 강조한다. 왜냐하면 신명기 법전에 따르면 본래 여자는 증인이 될 수 없었기 때문이다. 그럼에도 불구하고 기독교의 가장 중요한 사건인 예수님의 부활의 첫 증인이 여자들이었다. 교회에서 여성의 지위에 대해 바울의 교훈이 담긴 고린도전서와 디모데전서도 결코 여권을 억압하는 근거로 사용될 수 없음을 김세윤은 강조하고 있다. 바울서신에 대한 김세윤의 주장은 본서의 후반부에 자세히 언급할 것이다. 김세윤, 『하나님이 만드신 여성』 (서울: 두란노, 2004), 28-29.
130 이덕주, 『한국교회 처음이야기』, 137.
131 조이스회는 1897년 정동교회의 "엡윗청년회" 산하 여성단체로 조직되었다. 엡윗청년회는 본래 교회 안에서의 교육과 친교, 전도와 구제를 목적으로 조직되었으나 선교사들의 의도와는 달리 "친일 정부관료 살해" 등 과격한 정치조직으로서의 성격을 내포하게 되자 선교사들에 의해 1906년 무렵 해산되었고 이후 1916년 재건되었으나 정치·사회적인 관심이나 활동이 제거된 교회 안의 순수 신앙운동단체로서 성격을 내포하게 되었다. 그러나 본래 엡윗청년회는 교회의 평신도 선교단체로서 민족 운동에 깊이 관여함으로써 한국 기독교 민족 운동사의 중요한 부분을 차지하게 되었다. '조이스회'의 회원 자격은 교인이어야 하며, 연령이 15-35세 된 이로 규정되었고, 엄격한

심사와 예식을 거쳐 가입이 허락된 것으로 보인다. 이들은 신입 교인 반에서 주기도문이나 세례문답 같은 기초 기독교 교리를 가르쳤을 뿐만 아니라 이화학당에서 가르치는 등 교회의 활동에 중요한 역할을 하였다. 이들은 "전도와 구제라는 기독교적 선교 활동과 함께 토론회와 연합집회(강연회) 등을 통해 여성계몽과 의식계발을 추구하였고 무엇보다 '한국 여성이 한국 여성에게 복음을 전한다'는 주체적 선교의식 확립"에 크게 기여하였다고 평가받고 있다. "한국 여성이 한국 여성에게"(Korean women to Korean women)라는 슬로건은 본래 "여성이 여성에게"(women to women)라고 하는 미감리회 해외여선교회 선교 이념이 반영된 것이었다. 선교사들을 도와 '조이스회'를 창설을 주도한 한국인은 당시 이화학당 교사로 활동하던 여메례였다. 이덕주,『초기 한국 기독교사연구』(서울: 한국기독교역사연구소, 1995), 52-67.

132 이덕주,『한국교회 처음이야기』(서울: 홍성사, 2006), 138.
133 1934년 김춘배 목사가 "함남노회 여전도회가 주축을 이루었던 여장로회 청원 운동을 지원하기 위해 "여자는 조용히 하여라. 여자는 가르치지 말라"는 말씀은 2천 년 전 한 지방교회의 교훈과 풍습일 뿐 영구불변하는 진리가 될 수는 없다"고 주장하였다. 그러나 그가 속해 있던 장로교단은 김춘배 목사의 주장을 "성경의 권위에 대한 도전"으로 받아들였기 때문에 김춘배를 목사로서 자격을 박탈할 것을 결의하였고 그로 인해 김춘배 목사는 자신의 주장을 철회할 수밖에 없었다. 조선예수교장로교총회 편,『조선예수교장로회총회 제24회 회록 부록』, 85.
134 "논설,"「독립신문」1898년 1월 4일.
135 "논설,"「독립신문」1898년 1월 4일.
136 "논설,"「독립신문」1898년 1월 4일.
137 "논설,"「독립신문」1898년 1월 4일.
138 이영미, "한국 선교 초기 성경 해석과 그 파급력: 여성의 지위에 끼친 영향을 중심으로," 534.
139 "부부도,"「신학월보」1901년 2월, 101.
140 "부부도," 101-102.
141 "첩었은 폐단,"「신학월보」1901년 11월, 437. 이와 같은 언급은 여권 문제에 대하여 윤치호와 논쟁을 벌인 서재필을 통해서도 발견된다. 그는 "열 사나이 중에서 자기 여편네를 박대하고 다른 여편네에게 음행하는 이는 아홉쯤 되지만, 열 여편네 중 자기 남편을 박대하고 다른 남편에게 음행하는 이는 불과 하나밖에 아니 될 터이라. 그런 고로 하나님께서 여편네를 더 생각하시는 것이라"고 하며 남성들의 잘못된 성(性)인식에 대하여 기독교 신앙을 근거로 질타하였다. "여성의 교육과 권리."
142 "첩었은 폐단," 437-438.
143 문경호, "내외하는 풍속,"「신학월보」1903년, 189.
144 「신학월보」1901년, 317-318. 이숙진,『한국기독교와 여성 정체성』, 115에서 재인용.

145 「그리스도인회보」 1905년 7월 18일. 이숙진, 『한국기독교와 여성 정체성』, 121에서 재인용.
146 1890년대에 처음 여성 교육에 대한 기사를 실었던 「독립신문」과 「매일신문」에서 "여성 교육을 반대하는 것은 '무식하고 생각 없는 연고'라고 단언하였다는 사실"은 당시 여권에 대한 봉건적 이해가 참으로 고루한 것으로 여겨졌다는 것을 잘 말해 주고 있다. 홍인숙, "여학교 주변의 여자들: 신문·잡지에 나타난 제도교육 최초 형성기(1898-1910)를 중심으로," 「한국고전여성문학연구」 13 (2006), 110.
147 임희숙, "개화기 한국 여성교육과 개신교," 「신학 사상」 124 (2004), 186.
148 이숙진, 『한국기독교와 여성 정체성』, 121-123.
149 한국교회의 최초 조직신학 논문이라고 볼 수 있는 최병헌의 글 "죄도리"에서 다음과 같은 언급이 발견된다. "그(죄의) 내력은 두 가지 있으니, 하나는 태초에 원조 아담과 하와가 마귀의 유혹에 빠져 하느님의 명령을 거역하고 금하시는 선악과를 먹은 까닭으로 그 자손이 대대로 천백세까지 죄의 씨앗이 생겼으니 이것은 이른바 원죄요, 다른 하나는 사람마다 이 세상에 있을 동안에 자기 욕심으로 자기 손으로 짓는 것이니 이것은 이른바 본죄이다." 최병헌, "죄도리," 「신학월보」 1901년 7월호. 이숙진, 『한국기독교와 여성 정체성』, 111에서 재인용.
그러나 최병헌이 이 논문에서 여권에 대한 정통적 입장을 말하려고 하였는지는 의문이다. 왜냐하면 그가 이 논문에서 말하려고 하였던 것은 "그리스도를 통한 인류 구원의 역사"였기 때문이다. 그러나 그의 창세기 타락 이야기 이해가 한국교회의 전통적 이해와 다르지 않다는 것은 부인할 수 없을 것이라고 본다. 그럼에도 불구하고 최병헌의 논문인 "죄도리"를 초기 한국교회의 여성 인식에 대한 보수성의 근거로 사용하는 것은 다소 어색하다고 본다.
150 이숙진, 『한국기독교와 여성 정체성』, 123. 그는 그와 같은 하나님의 비가부장적인 속성을 1921년 「신학지남」에 언급된 게일(奇一) 선교사의 글에서 발견하고 있다. "다만 천부(天父)는 엄위(嚴威)하신 아버지의 심정만 재(在)하시고 자비하신 어머님의 심정이 재(在)하심을 미처 깨닫지 못함이로다. 대제 이 세상 자모(慈母)의 그 아들을 위하야 슬픈 눈물을 흘리는 정(精)도 도시(都是) 하나님 아버지께로 받은 것이니 하나님 아버지도 자모의 정이 있는 줄을 황연히 깨달을 지라." 奇一, "예수의 모친 마리아," 「신학지남」 3권 4호 (1920), 446. 이를 통해서도 이숙진이 주장하는 것처럼 한국교회가 가부장성만을 강조하지 않았음을 알 수 있다.
151 이에 대하여 박찬호는 여성신학자들이 주장하는 바, "지금까지 교회는 하나님을 아버지라고 불렀는데 어머니라고 못 부를 이유다 없다"는 주장은 "남성적인 인격적 언어를 계시의 방편으로 선택하신 하나님의 의도를 무시하는 결과를 야기하게 되고 결국에는 다른 하나님을 주장하게 되는 배교 내지는 이교 숭배로 흐르고 말 것이라"고 경고한다. 박찬호, "여성의 사역과 여성신학," 류호준 편, 『여성이여 영원하라』 (서울:

대서, 2010), 21.

물론 "남성적인 인격적 언어를 계시의 방편으로 사용하신 하나님의 의도"라는 언급에 대하여 조금 더 보충적인 논의가 필요하겠지만 예수께서 하나님을 "아바 아버지"라고 호칭하셨다는 사실에서 볼 때 박찬호의 주장은 설득력이 있다고 여겨진다.

152 박찬호, "여성의 사역과 여성신학," 40. 장동민은 이와 같은 하나님의 명칭에 대해 존재론적 의미에서의 아버지라는 명칭을 언급하고 있다. 다시 말해 부(父)-자(子) 관계의 근원인 성부 하나님과 성자 하나님의 관계로서 아버지 인식이 그것이다. 장동민에 따르면 하나님께서는 그와 같은 관계를 모델 삼아 인류를 만드셨고 자신을 아버지로, 인간을 아들로 부르셨다고 한다. 그러나 장동민은 고정적인 언어 의미로서 하나님을 아버지로 부르는 것은 지양해야 한다고 주장한다. 왜냐하면 하나님께서는 부성의 근원이 되기도 하시지만, 모성의 근원도 되시기 때문이다. 그는 마 23:37, 시 131:2, 사 66:13 등 성경에서 하나님의 모성적 속성을 묘사하는 곳이 적지 않기 때문에 하나님을 고정적인 인간의 언어로 규정하는 것은 지양해야 한다고 주장한다. 그뿐만 아니라 장동민은 부성의 근원자인 하나님을 아버지로 부를 수 있는 것처럼 동일한 이유로 하나님을 어머니라고 부를 수 있다고 말한다. 그는 다만 하나님께서 자신을 아버지로, 인류를 아들로 부르신 존재론적 측면에서 하나님에 대한 호칭으로서 아버지를 말하고 있는 것이다. 장동민, 『신학의 심포니』 (서울: 도서출판 이래서원, 2002), 182-188.

이와 같은 측면에서 볼 때, 이숙진이 "하느님 아버지의 속성 중에 '자비로운 성모의 심정'이나 '자비로운 어머니의 눈물'과 같은 애정이 들어 있다고 하더라도 가부장제는 역시 가부장제일 뿐이다"라는 주장은 하나님의 호칭에 아버지 혹은 어머니로서 규정된 의미를 주장하는 것이기 때문에 비판의 여지가 있다고 본다.

153 손승희, "여성신학과 한국교회," 한국기독교학회 편, 『여성신학과 한국교회』, 20, (서울: 한국신학연구소, 1997).

154 손승희, "여성신학과 한국교회," 21.

155 Elizabeth. Achtemeier, "Exchanging God for 'No God': A Discussion of Female Language for God," Alvin F. Kimel, ed, *Speaking the Christian God: The Holy trinity and the Challenge of Feminism* (Grand Rapids: Eerdmans, 1992), 2. 이 글에서는 박찬호의 번역을 인용하였다. 박찬호, "여성의 사역과 여성신학," 류호준 편, 『여성이여 영원하라』 (서울:대서, 2010)을 참조하라.

156 마이쓰너(W. W. Meissner)에 따르면 유아기와 어린 시절에 적절한 심리 발달이 이루어져야 성인의 성숙한 종교 경험이 가능해지지만 반대로 발달 초기에 경험한 발달적 갈등 또는 해결되지 않은 불안의 잔재로 인해 문제가 있어가 미성숙한 종교 경험을 야기한다고 한다. 즉 억압적인 아버지로부터 양육을 받은 사람은 하나님을 억압적인, 가부장적인 존재로 인식하게 된다. W. W. Meissner, Psychoanalysis and Religious, (New Haven and London Yale University Press, 1986)을 참조.

157 이영미, "한국 선교 초기 성경 해석과 그 파급력: 여성의 지위에 끼친 영향을 중심으로." 525.

158 1903년의 기록을 보면, 목회자를 위해서는 창 1장과 마 5-8장과 시 8편을, 청중을 위해서는 시 23편 그리고 고전 13장을 암송하도록 하였다고 한다. 소기천, "1907년 평양 사경회 전후의 한국 초기 교회의 성서 해석," 「성서학 학술세미나」 2007년 5월, 504.

159 S. F. Moor가 옮긴 "An Incident in the and in the Street of Seoul," The Church at Home and Abroad, 1894년 8월, 120. 박정신, "기독교와 한국 역사변동," 『한국 기독교사 인식』 (서울: 혜안, 2004), 144에서 재인용.

160 물론 한국교회의 여권인식 개혁은 젠더의 영역으로 구분된 것으로서 그 한계가 내포되었음을 부인할 수는 없다. 그와 같은 사실은 1918년 중등학교를 졸업하는 여학생들에게 학교 당국에서 다음과 같은 권면을 하였다는 사실에서 발견된다. "졸업 후 무엇을 할 것인가? 우리가 방향을 정하고 가려면 앞에 보이는 표준이 있어야 잘 다름질 할 것이오. 무엇이든지 모본이 있어야 성취할 수 있나니 성경 중에 귀한 여자 일곱 사람을 본받읍시다. 1. 수종(隨從)을 잘 듣 마리아. 2. 청도(聽道)를 잘하던 베다니 마리아. 3. 지효(至孝)하던 룻. 4. 부지런 하던 마르다. 5. 전도 잘하던 브리스길라. 6. 남을 기쁘게 잘하던 마르다. 7. 기도를 잘하던 한나. 이 일곱 사람을 합하여 완전한 한 사람의 인격을 이루면 졸업제군의 만족한 희망이 이에서 더 큰 영광이 있는 줄 알고 특별한 은혜 받는 자리에서 힘써 전진 하시오." "여학교 졸업식 강도," 「신학지남」 1권 1호 (1918), 231-232.
성경에서 젠더의 영역에서 여성적 역할을 하였던 인물들을 모범 사례로 제시함으로써 여학생들이 그 여성성을 갖추도록 권면하고 있음이 발견된다. 그러나 비록 시대적 한계를 벗어나지는 못했다 해도 이도 구한말에 비해 상당한 여권의 진보를 이뤘음이 사실이다. 먼저 구한말 교육조차 받을 수 없었던 여성이 중등학교 교육을 받을 기회를 얻었다는 사실에서 그를 반증한다.

161 임희국 외 10인, 『한국 기독교 역사 100선: 기독교, 한국에 살다』 (서울: 한국기독교교회협의회 신앙과 직제 위원회, 2013), 164.

162 대한예수교장로회 총회사회부편, 『대한예수교장로회 노회록』 제1권, 1981, 32-34. 교회 내에서 여성들에게 핵심적인 리더십을 허용하지 않은 것은 노회를 조직할 만큼 체계화를 이루게 된 당시부터 나타난 현상이었다. 교회의 여성 리더십에 대한 한국교회의 보수적 시각은 다음 단락에 자세히 언급하려고 한다.

제3장 1920-1930년대의 여권의식 변화

1   앞서 언급한 것처럼 1920년-1930년대 한국교회가 놀랍게 성장한 요인 가운데 중요한 한 가지가 1903년-1907년 대부흥 운동을 통한 질적, 양적 성장이었음을 간과해서는 안 된다.
2   장동민, 『대화로 풀어보는 한국교회사』 1 (서울: 부흥과 개혁사, 2013), 338-342.
3   최병택·예지숙, 『경성리포트』, 4-5.
4   1930년대에 이르러서는 이와 같이 여성이 거리에서 산책을 즐기는 모습이 여학생들이나 도시 직업부인, 신가정부인 등 중산층 여성들은 물론, 도시의 노동 계층 여성들에게까지 일상적인 취미로 확산되었다. 물론 이 시기 거리로 나온 여성들에 대한 남성들의 시각에는 보수성이 내포되어 있었다. 당시 신여성들에게 거리에서 산책을 하는 것은 하나의 일상이 되었지만, 남성들 가운데는 이를 '화장', '잡담' 등과 함께 허영적이고 불필요한 행위로 보는 경우가 적지 않았다. 여기서 1920년-1930년대 여권의 발전과 여권에 대한 남성 인식의 보수화라고 하는 양면성을 엿볼 수 있다. 서지영, 『경성의 모던 걸: 소비, 노동, 젠더로 본 식민지 근대』 (서울: 도서출판 여이연, 2013), 57-58.
5   켈리 Y. 정. "구경거리(a spectacle)로서의 여성성: 가시성과 접근성: 나혜석의 『경희』를 중심으로," 「한국문학연구」 29 (2005), 139.
6   물론 신여성의 출연이 1920년대 이후라고 볼 수는 없다. 왜냐하면 1900년대에 이미 근대 교육을 받고 전문직에 진출하는 소수의 여인이 있었기 때문이다. 신여성의 효시는 이들로부터 찾아야 할 것이다. 그러나 본격적으로 여성 교육이 활발해지고 여성들의 사회 진출이 본격화됨으로써 신여성에 대한 언급이 활발해 진 것은 1920년대 이후라고 보는 것이 합리적이다.
7   "신여성"에 대한 정의도 다양하다. 먼저 어원적 배경에서 볼 때 신여성은 유럽의 "NEW WOMEN"에서 일본의 "新しい女"를 거쳐 "신여성"으로 번역되었다. 그러나 사실상 신여성에 대한 정확한 개념을 규정하는 것은 어렵다. 다만 그것이 근대 지식과 관련되어 있다는 데에 연구자들이 동의할 뿐이다. 김윤정, "식민지 근대의 문학 번역과 신여성: 나혜석을 중심으로," 「나혜석 연구」 4 (2014), 221-222. 이상경은 신여성을 논함에 대하여 "사회 상황의 변화, 의식구조의 차이 등 역사 문맥적 차이를 고려하지 않고 1900년의 여성론과 1920-1930년의 여성론을 한꺼번에 신여성론으로 취하고 한 자리에서 논의하는 것"에 대해 우려를 표명하며 각 시대별 신여성의 개념을 달리할 것을 제안하고 있다. 이상경, 『한국근대여성문학사론』 (서울: 소명출판), 79.
    그러나 1923년 9월 1일 개벽사에서 창간한 잡지 「신여성」의 주된 독자가 여학생이었다는 사실에서 1920-1930년대 신여성이 근대 교육을 받고 있는 혹은 근대 교육을 받은 중등 이상의 여학교 재학 중이거나 졸업한 젊은 여성임을 알 수 있다. 연구공간 수유+너머 근대매체연구팀, 『신여성: 매체로 본 근대 여성 풍속사』, 13-16.

8 필자는 앞서 대부흥 운동 이후 여성 교육에 대한 부모들의 관심이 높아졌음을 언급하였다. 그러나 그것은 아직 소수에 불과했던 그리스도인 가정으로부터 시작된 것이고 사회적으로 확산되기에는 시간이 필요했다고 본다. 하지만 대부흥 운동은 한국교회가 사회의 중심적 역할을 하는 기관으로 인식되도록 하였고 그 결과가 가시적으로 나타난 것이 1919년 3·1 운동에서 기독교인들이 중심을 이룬 것이라고 본다. 1919년 이후 본격적으로 여성 교육에 대한 사회 전반 인식의 변화는 한국교회 여성인식에 대한 변화로부터 영향을 받은 것이었다고 본다.

9 이 시기에는 앞서 언급한 수도권 및 일부 대도시들뿐만 아니라, 부산, 광주, 해주, 함흥, 나남, 신의주, 대전 등에도 여학교가 건립되었다. 부산과 광주에는 1927년 6개 학교가 건립되었고, 해주에는 1932년 7개 여학교가 건립되었다. 함흥과 나남에는 1935년 9개 여학교가 건립되었으며, 신의주에는 1936년 10개 여학교가 대전에는 1937년 11개 여학교가 건립되었다. 이 시기에는 제도권 여성 교육이 질적으로 발전되었을 뿐만 아니라, 특정 지역을 넘어 전국에 걸쳐 분포되기 시작하였음을 알 수 있다. 김수진, 『신여성, 근대의 과잉: 식민지 조선의 신여성 담론과 젠더정치, 1920~1934』, 60-61.

10 「신여성」 2권 3호에 실린 화보 사진에는 당시 경성고등보통학교 4학년을 졸업하는 여학생들이 실려 있다. 기사에 따르면 이 가운데 5명이 보통학교 교사로, 6명은 가정으로, 4명은 사범과로 그리고 3명은 일본으로 유학을 간다고 밝히고 있다. 물론 중등학교 이상을 졸업한 여성 중 상당수가 가정으로 돌아가 결혼 준비를 하였지만, 보통학교를 졸업한 후 교사가 되거나 상급학교 진학 혹은 일본 유학을 한 여성들이 등장하기 시작한 것을 볼 때 이들 신여성은 남자의 영역으로 여겨져 온 사회의 전문 분야에 본격적으로 들어서기 시작했음을 알 수 있다. 「신여성」 2권 3호, 1924년 4월.
그러나 시대적 상황은 이들의 비교적 높은 교육 수준과 근대화된 의식을 받아들일 준비가 되어 있지 않았다. 그렇기 때문에 보통학교 교사가 되는 것이 사회가 이들을 수용하는 최선의 방법 가운데 하나였다. 물론 극소수 의사가 되거나 대학에서 교편을 잡는 경우도 있었지만 말이다. 그로 인해 비교적 고학력인 신여성들의 배우자로는 자신보다 높은 수준의 교육을 받은 경우가 적지 않았는데, 이들이 기혼자인 경우도 적지 않았기 때문에 신여성들은 사회적 지탄의 대상이기도 하였다. 켈리 Y. 정, "구경거리(a spectacle)로서의 여성성: 가시성과 접근성: 나혜석의 『경희』를 중심으로," 「한국문학연구」, 129. 그러나 사실 남성들도 조혼제도로 인해 원치 않는 결혼을 강요받은 입장이었다.

11 주요섭, "교육의무 면제는 조선아동의 특전," 「동광」 1931년 4월호, 72.
12 최병택·예지숙, 『경성리포트』 (서울: 시공사, 2009), 43-47.

13 앞서 언급한 것처럼 구한말 설립된 여학교들 가운데 선교사들이 세운 학교에는 사전 지식이 거의 없는 소외 계층 여성들이 입학한 경우가 많았다. 그뿐만 아니라 관립 여학교들도 비록 소외 계층 여성들이 입학한 것은 아니었다 해도 선교사들이 건립한 학교들에 비해 교과목 편성 등에 있어 수준이 낮았을 뿐만 아니라 입학 전의 사전 지식이 거의 없었음은 마찬가지였다. 그러나 1920년-1930년대 여학교들의 경우 소학교 등 제도권 교육 기관에서 교육을 마친 후 시험을 거쳐 입학을 해야만 했다. 이러한 측면에서 볼 때 이 시기 여학교들은 구한말의 여학교들과 비교해 볼 때 질적 측면에서의 차이가 적지 않았음을 알 수 있다. 더욱이 앞서 언급한 것처럼 구한말 이화학당 대학부의 경우 독립된 건물 없이 선교사의 거처에서 중등 과정을 졸업한 여학생들이 연장 교육을 받는 수준이어서 그리 수준 높지 못한 교육이었을 뿐만 아니라 학력을 인정받지 못하는 과정이었던 것과는 다르게, 이 시기 이화여자전문학교는 "숭실전문학교", "보성전문학교", "연희전문학교" 등 최고학부와 어깨를 나란히 하는 공인된 교육과정으로 인정받았다는 사실에서도 구한말과 1920년-1930년대 여학교의 발전을 알 수 있다.

14 물론 이들의 진로가 다양하기는 했지만, 여학생 중 많은 이들이 사회 진출로 자리매김한 것은 아니었다. 그들 가운데 적지 않은 수가 가정으로 돌아가 결혼 준비를 하였을 뿐만 아니라, 당시 여성들이 일할 수 있는 다양한 직업에서 그들의 수효를 모두 감당할 수 있는 것도 아니었다. 이에 대하여는 다음 단락에서 자세히 언급하려고 한다. "녀학교 졸업생들의 가는 곳," 「신여성」 1924년 4월, 57.

15 미상, "父母를 變死케 한 父親愛人刺殺," 「동아일보」 1928년 3월 24일.

16 당시 인문교육을 받을 수 있는 상급학교로 진학하려는 여성들 가운데 일본 유학을 떠나는 경우가 적지 않았는데, 여자 일본 유학생 수는 1910년대에는 30명 정도였다가 1920년 42명, 1921년 72명, 1922년 88명 그리고 1923년 41명, 1924년에는 55명이었다고 파악된다. 즉 1920년대에는 매년 40-80명 정도의 여성이 일본 유학을 떠난 것을 알 수 있다. 박정애, "1910-1920년대 초반 여자일본 유학생 연구," 숙명여대 석사논문, 1999, 19. 김수진, 『신여성, 근대의 과잉: 식민지 조선의 신여성 담론과 젠더정치, 1920~1934』(서울: 소명출판, 2009), 65에서 재인용.

17 김옥순, "부인직업문제," 「신여성」 1926년 2월, 22.

18 주요섭, "결혼 생활은 이러케 할 것," 「신여성」 1924년 5월, 20.

19 연구공간 수유 + 너머 근대매체연구팀, 『신여성: 매체로 본 근대 여성 풍속사』, 269-271.

20 김경재, "여학생 여러분에게 고하노라," 「신여성」 1926년 4월, 5-7.

21 허정숙은 일제 강점기 독립운동가이며 여성운동가이며 사회주의자였다.

22 허정숙, "여성 해방은 경제적 독립이 근본," 「동아일보」 1924년 11월 3일.

23 이철, 『경성을 뒤흔든 11가지 연애사건』, 244-245.

24 이에 대하여는 이 논문의 "여권의식의 보수화"에서 자세히 언급하려고 한다.
25 최병택·예지숙, 『경성리포트』, 216-217.
26 당시 여성들의 직업 가운데는 생산 노동자군과 비생산 노동자군으로 분류할 수 있는데, 이 가운데 생산 노동자군에는 제사직공(하루 20전-30전, 근무시간 오전 6시 30분-오후 7시), 연초공장 노동자(하루 20-60전, 근무시간 12월-3월에는 오전 8시-오후 6시, 4월-11월에는 오후 7시-오후 5시), 고무공장 노동자(자료 없음), 정미소 노동자(하루 15전-50전, 12시간 이상 노동) 등이 있었다. 그 외에도 생산직 노동자에 방불할 만큼 중노동을 하는 직업으로는 버스걸이 있다. 이들은 대부분 학력이 높지 않은 계층으로 제사직공의 경우 불량품이 나오면 품삯이 공제되었을 만큼 저임금에 시달렸고, 버스걸의 경우 하루 10시간 노동에 시달리면서도 하루 20전의 적은 돈을 품삯으로 받았다. 비교적 전문직으로 볼 수 있는 직업으로는 여점원(하루 50전 근무시간 오전 9시-오후 10시 30분), 전화교환수(하루 83-87전, 근무시간 8시간-12시간), 간호부(하루 83전-2원, 근무시간(자료 없음), 엘리베이터걸(하루 70전 오전 8시-오후 5시), 부인기자(월 40원 이며 1년에 두 차례 보너스 지급), 백화점 숍걸(하루 60전, 오전 8시-하루 종일 근무하며 1년에 두 차례 승급이 있었다.), 타이피스트(월 30원, 오전 8시30분-오후 5시) 등이 있었다. 이 가운데 생산직 노동자군과 여점원, 전화교환수, 간호부는 "부인과 직업전선," 「신여성」 1932년 3월호에 언급되어 있고, 엘리베이터걸, 전화교환수, 부인기자. 버스걸, 백화점 숍걸, 타이피스트는 "제1선상의 신여성: 직업여성의 생활상 모음," 「신여성」 1933년 12월호에 언급되어 있다.
이 가운데 엘리베이터걸은 여성들이 가장 선망하는 직종이었는데 심지어 이들은 동경 유학을 하는 신여성들조차 부러워하지 않았다고 한다. 백화점 숍걸도 여성들이 선망하는 직업이었다. 이들 전문직업군은 대부분 당시 여학교였던 중등 이상의 학력을 요구하였고 여점원은 상업학교 등 직업학교 졸업자를 우대하였다. 이를 통해 볼 때 취업 여성들 가운데 열악한 환경에서 저임금에 시달리는 여성들이 적지 않았지만, 남성들도 선망할 만큼 좋은 여건에서 안정된 수익을 올리는 여성들도 적지 않았음을 알 수 있다.
27 구한말과 1920년-1930년대의 여학교는 교육연한과 커리큘럼(curriculum)에서 많은 차이가 있다. 그렇기 때문에 구한말 여학교에서 교육 받은 여성들과 1920년-1930년대 여학교에서 교육 받은 여성들을 단순 비교할 수 없다.
28 1924년 미국 웨슬리언대학 졸업, 1925년 보스턴대학교 대학원 졸업, 1931년 컬럼비아대학에서 철학박사학위 취득. 정석기, 『한국기독교 여성인물사』(서울: 쿰란출판사, 1995), 142.
29 1906년 정신여학교 졸업 후 일본 동경여자학원 수학, 미국 시카고대학 사회학과 졸업, 뉴욕 비블리컬신학교 수학. 정석기, 『한국기독교 여성인물사』, 106.
30 1916년 일본 동경여자학원 고등부 졸업, 1927년 미국 컬럼비아대학원 졸업. 정석기,

『한국기독교 여성인물사』, 162.
31 1927년 미국 컬럼비아대학원에서 교육학 석사 취득. 정석기, 『한국기독교 여성인물사』, 202.
32 1907년 평북 박천에서 출생하여 평양 서문여고 졸업 후 일본 경도여전 및 동경 가정여학원 연구과 졸업. 정석기, 『한국기독교 여성인물사』, 318.
33 1924년 일본 신호신학교 3년 수료, 1930년 청산신학대학 졸업. 정석기, 『한국기독교 여성인물사』, 336.
34 정석기, 『한국기독교 여성인물사』, 214.
35 1931년 협성여자신학교와 협성신학교가 통합함으로써 남녀공학인 감리교신학교가 되었던 안나 채편은 부교장을 역임하였다. 선교사 안나 채편에 대한 소개는 본서의 제3장 "3. 여권과 성경 해석"에서 자세히 언급하려고 한다.
36 김영명, "한나 B. 채편: 감리교 여성목회 양성자," 『내게 천개의 목숨이 있다면』 1 (서울: 한국교회사학회, 한국복음주의역사신학회, 2013), 71.
37 홍석창, 『상록수 농촌사랑』 (서울: 기독교문사, 1991), 83. 최용신 외에도 농촌 계몽 운동에 헌신한 여성 신학생으로는 장명덕, 김노득 등이 있었고 이들을 선두로 박인덕을 비롯한 여러 여성들이 농촌 계몽 운동 분야에서 지도자로 활동하였다. 당시 농촌 계몽 운동은 한국 YWCA에 1928년부터 정식으로 농촌사업부를 두고 황애덕과 홍은경을 농촌부 위원으로 위촉하여 많은 예산을 투입하며 진행된 사업이었다. 김활란도 이 사업에 관련되어 있었고 미국 YWCA 농촌부 등으로부터도 재정적으로 정기적인 후원을 받고 있었다. 홍석창, 『상록수 농촌사랑』, 91-95.
38 박인덕은 최용신처럼 농촌 현장에서 활동한 여성은 아니었다. 박인덕은 미국 웨슬리안 대학 졸업 후 콜롬비아대학교 사범대학원에서 교육학 석사를 취득하고 귀국하여 1932년 황애시덕·김활란(金活蘭) 등과 함께 조선직업부인협회를 통해 여성들을 위한 경제학 강연활동을 벌였을 뿐만 아니라, 1933년에는 감리교 농촌부녀지도자수양소에서 활동하는 등 농촌 계몽 운동을 벌였고, 1935년에는 『농촌교역지침(農村教役指針)』을 발간하였다. 1935년 11월부터 1937년 9월까지 미국 시찰을 다녀오는 등 한국교회의 대표적인 여성 지도자로 활동한 인물이다. 한민족문화 대백과사전 http://100.daum.net/encyclopedia/view/14XXE0021062 (2017. 4. 18. 접근).
39 박인덕, "농촌여자교양운동에," 「신학세계」 제17호 (1932), 145-147.
40 방애인에 대하여는 그의 생전 출석교회 담임목사였던 배은희가 그에 대한 기록을 남김으로써 알려졌다. 배은희, 『방애인소전』 (전주: 전주유치원, 1934).
41 이덕주, 『한국교회 처음 여성들』, 196-204.
42 정석기, 『한국 기독교 여성인물사』, 28.
43 신명직, 『모던보이 경성을 거닐다』, 197. 앞서 언급한 것처럼 구한말 여성의 현실에 대해 잘 묘사한 문학 작품이 이효석의 『모밀꽃 필무렵』이라면 1920년대 이후 발전된

여성의 현실에 대해 잘 묘사한 작품은 주요섭의 1935년작 『사랑방 손님과 어머니』이다. 이 작품에서 눈여겨볼 부분은 젊은 과부의 재혼(再婚)을 장려하는 것이다. 이 작품에서 6살 된 소녀 옥희의 할머니와 외삼촌은 과부가 수절하는 것을 전근대적인 유산이라고 생각하며 젊은 과부인 옥희 어머니와 사랑방에 거주하는 젊은 남자 교사의 결혼을 권하고 있다. 이효석의 작품인 『모밀꽃 필무렵』이 가정 환경에 의해 돈으로 팔려갈 뿐만 아니라, 남편으로부터 학대 받는 여성의 불행한 현실을 묘사한 작품인 것과 반대로 주요섭의 『사랑방 손님과 어머니』는 여성의 재혼 및 자유연예를 장려하고 있다는 사실에서 1920년-1930년대의 발전된 여권을 말해 주고 있는 대표적인 문학 작품이라고 볼 수 있다. 주요섭, 『사랑방 손님과 어머니』(1935) 한국어 읽기 연구회 편 (서울: 학이시습, 2013).

44   신명직, 『모던보이 경성을 거닐다』, 208. 그러나 여기에는 여성에 대한 남성들의 이중시각이 엿보인다. 왜냐하면 당시 남성 논자들은 구여성들에 대하여 다음과 같이 혹평하고 있었기 때문이다. "조선의 구여자는 자기의 아들이나 딸이나 남편이나 아버지나 즉 친혈족밖에는 다시 사람이 없다. 단순히 가족주의 그것뿐이다. 그리고 잔소리와 눈물 그것뿐이다. 보수와 비겁, 창조성은 물론 없고 좀 더 사회를 이롭게 하겠다는 의무심은 조금도 없다. 퇴보는 좋아하나 진취는 싫어하며 안으로 기여 들기는 좋아하나 밖으로 나아가기는 싫어한다. 이것이 조선 구여자들이 가지고 있는 총본색이다." 朴O 漢, "男子 잡아먹는 舊女子," 「별건곤」 1928년 8월.
이를 통해 볼 때, 당시 남성의 여성에 대한 시각은 이중적이었음을 알 수 있다. 즉 아내로서 여성이 진취적이고 창조성을 지닌, 경제적으로 능력을 지닌 신여성적 면모(面貌)를 갖고 있기를 원함과 동시에 남편에게 고분고분한 구여성의 면모(面貌)도 지닌 이상적 여인이기를 원했다. 남성들의 이와 같은 바람은 여성에 대한 새로운 인식이 들어온 1920년-1930년대뿐 아니라, 오늘날에도 동일한 것이라고 생각한다.

45   핸드보이, 핸드맨은 요즘 말하는 공처가(恐妻家)처럼 자신이 좋아하는 여성이나 아내에게 잡혀 살아 여성이 해야 할 일조차 대신하는 남성들을 의미한다. "핸드·뽀이," 「조선일보」, 1929년 6월 5일.

46   "현대풍경(2)," 「조선일보」 1930년 3월 9일.

47   "33년식 가정쟁의(家庭爭議) 2," 「조선일보」, 1933년 1월 16일.

48   경성에 카페가 들어선 것은 1910년대였다. 젊고 아름답지만 가정 형편이 어려운 여성들은 카페여급이 되어 가정을 부양하는 경우가 적지 않았다. 일례로 1933년 종로2가에 있었던 카페 "엔젤"은 1층과 2층을 홀로 사용하고 3층은 150여 명이 들어갈 수 있는 대형 카페였고, 여급만 해도 70-80명이 있었을 만큼 대형 규모였다. 1920년대 중반 이후부터 카페는 여급이 술을 팔면서 각종 '에로 서비스'를 제공하면서 술을 파는 유흥공간으로 변모되었고, 1931년에는 요릿집을 제치고 조선 사회에서 밤문화의 중심지가 되었다. 당시 짙은 화장과 단발머리를 하고 팔을 드러낸 서양식 옷차림을

하고 있는 카페여급과 카페의 남성 손님들 간의 불륜이 간혹 일어났는데, 그 가운데 가장 유명한 사건은 카페여급 김봉자와 가정이 있는 청년 의사 노병운의 정사(情死)였다. 이 사건은 김봉자가 노병운의 아내 박씨로부터 간통죄로 고소를 당하게 되어 한강에 투신하여 자살하자, 며칠 후 노병훈도 김봉자를 따라 한강에 투신하여 자살한 사건이었다. 당시 언론은 두 사람의 연예편지와 유서 등을 대서특필하였고 심지어 1934년 1월에는 당대 최고의 가수였던 채규엽이 "봉자의 노래"와 "병운의 노래"를 발표함으로써 인기를 끌기도 하였다. 이철, 『경성을 뒤흔든 11가지 연애사건』, 67-81. 이와 같은 사회 풍조에 대해 당시 한국교회가 어떤 반응을 보였을지는 짐작하기 어렵지 않다.

49 "인테리-女給 哀史," 「삼천리」 1932년 9월호.
50 "33년식 가정쟁의(家庭爭議) 1," 「조선일보」 1933년 1월 15일.
51 신명직, 『모던보이 경성을 거닐다』, 213-216.
52 이숙진, 『한국기독교와 여성 정체성』, 157. 이에 대한 한국교회의 보수적 반응은 당시 나혜석을 비롯한 몇몇 신여성들의 페미니즘적 행태에 따른 반작용도 내포되었을 것이라고 본다. 자유연애와 결혼 그리고 혼외정사와 공개적인 이혼장 발표 등을 통해 당대(當代) 사회에 충격을 안긴 화가 나혜석은 본래 기독교인이었다. 그는 21세 때 세례를 받고 정동 예배당에서 25세에 기독교식으로 결혼식을 올렸다. 그는 자전적 소설 『경희』를 통해 자신이 한 인간이자 여성으로서 자각하게 된 계기를 제공한 것이 기독교였음을 밝혔다. 이상경, 『인간으로 살고 싶다: 영원한 신여성 나혜석』(서울: 한길사, 2000). 나혜석 외에도 자유연애 등 자신의 성적 자율권을 주장하고 실천했던 작가 김명순, 김원주 등도 세례를 받은 기독교인들이었지만 그들의 파격적인 행보는 당시 한국교회에서 수용될 수 없었다. 이숙진, 『한국기독교와 여성 정체성』, 171.
53 이숙진, 『한국기독교와 여성 정체성』, 157.
54 김인영, "부인 해방에 대하야," 「신학세계」 7월 5호.
55 장영덕, "여자와 사업," 「청년」 1927년 3월호.
56 이숙진, 『한국기독교와 여성 정체성』, 159-160.
57 대표적인 인물이 박인덕, 유각경, 김활란, 고황경, 박마리아, 이숙종, 서금선, 손메례, 송금선 등이었다. 물론 이들 가운데는 일제의 정책에 순응한 이들도 있었고 일제의 강요에 의해 억지로 협력한 경우도 있었다. 그러나 공통적인 것은 이들이 신사참배 강요에 목숨을 걸고 대항한 목회 현장의 여성 지도자들과는 다른 모습을 보였다는 사실이다. 윤정란, 『한국 기독교 여성의 역사』, 216-18.
58 윤정란, 『한국 기독교 여성의 역사』, 216-224.
59 윤정란, 『한국 기독교 여성의 역사』, 224.
60 Chung-Shin Park, *Protestantism and Politics in Korea*, 205. 박정신은 자신의 글, "기독교와 한국 역사변동"에서 "기독교를 통한 사회적 사다리를 타고 문화적, 종교적 지배

계급이 된 이들"을 "기독교 공동체에 있는 '봉급 받는 사람들'"이라는 표현으로 언급하였다. 그의 글을 언급해 본다. "1920년대에 이르면 기독교 공동체는 엄청난 수에 달하는 '봉급 받는 사람들'을 가지게 된다. 곧 1924년에 장로파와 감리파만 해도 1,266명의 성직자와 1,844명에 이르는 행정 요원들이 교회에 경제적으로 기대고 있었다. … 기독교 지도자들은 경제적으로 보아 자산가도 아니고 정치적으로 보아 지배세력은 아니었다. 그러나 이들은 종교적 지식이나 이 종교를 통해 얻은 지식을 '자본'으로 일자리를 얻고 사회적 지위를 확보한 종교적 지식계급 또는 문화계급이다. 이들의 대다수는 이른바 하층민 출신으로 기독교 공동체에 들어와 이 종교가 베푼 교육과 정치훈련을 받고 이 공동체 안에서 일자리를 얻은 사람들이었다. 이들은 그들이 경제적, 사회적으로 기댄 기독교가 순수한 종교로 성장하기를 바라는 이들이다. 다시 말하면 자기들의 일자리, 사회적 지위를 보호하고 유지하려 한다. 이러한 계급적 속성이 이들로 하여금 독립운동을 비롯한 사회, 정치적 문제 등에 등을 돌리게 하였다는 말이다." 박정신, "기독교와 한국 역사변동," 『한국 기독교사 인식』, 174-175.
이 글에서 박정신이 교회 지도자들을 기득권으로 보편화하는 듯한 시각은 동의할 수 없다. 왜냐하면 당시 교회 지도자들 가운데는 필자가 언급한 목회 현장의 여교역자들도 속하기 때문이다. 그들을 일컬어 기득권 세력이라고 볼 수는 없다. 그러나 당시 고급 교육을 받고 사회에 영향을 끼친 여성 지도자들 가운데 가부장적 이데올로기에 편승하고 일제의 신사참배에 순응한 이들을 이해하는 데는 이와 같은 박정신의 언급이 도움을 주고 있다고 본다.

61 이들이 말하는 이상적인 여성상은 이른바 "현모양처"를 의미하는 것으로 보인다. 물론 현모양처를 여성의 이상적 모습으로 보았다고 해서 그 자체만으로 비판해서는 안 될 것이다. 왜냐하면 여성에 대한 보수적 견해와 진보적 견해를 반드시 이항 대립적 관계로만 규정할 수 없기 때문이다. 그러나 필자가 말하려는 것은 1920년-1930년대 여성 지도자들이 여성의 영역을 젠더의 영역으로 구분함으로써 한정하였다는 점이다. 그뿐만 아니라 이와 같은 견해가 당시 여성에 대해 보수적 입장을 말했던 남성들과 궤를 같이 하고 있음도 부인할 수 없다. 더욱이 자신들은 사회에서 남성들과 함께 활동하는 가운데 여성의 이상적인 모습이 현모양처임을 주장하고, 직업 활동이 남성의 영역임을 주장함으로써 일반 여성들의 영역을 가정에 한정 지을 것을 주장하는 것은 이율배반적인 견해이다. 그뿐만 아니라 당시 상황에서 여성에 대한 보수적 견해가 진보적 견해보다는 부정적으로 작용되었음도 부인할 수 없다. 그러나 여성에 대한 보수적 견해와 진보적 견해는 시대적 상황에 따라 각각 부정적 혹은 긍정적인 가치로 설명될 수 있다고 본다.

62 이 단락은 『교회사학』 제5집에 "1920년-1930년대 한국교회의 여권의식과 성경해석"이라는 제목으로 요약하여 수록되었음을 밝힌다.

63 史佑業, "제3제목은 가족이라," 『신학지남』 8권 제2호 (1926), 139.

64 史佑業, "제3제목은 가족이라," 137-138.
65 史佑業, "제3제목은 가족이라," 138.
66 史佑業, "제3제목은 가족이라," 138-139.
67 예수께서 한 바리새인의 집에서 식사하실 때, 그의 발에 향유를 부은 여인을 말한다. 본문에는 사우업이 "죄를 지를 지은 여자"로만 언급하였다. 당시 감리교신학교 부교장이었던 선교사 채핀도 그의 글 "예수와 버림당한 여성들"에서 그와 같은 견해를 밝혔다. 특히 그는 여성에게만 죄의식을 강요하는 정조(貞操) 문제를 언급하기까지 함으로써 여성의 죄의식 강요를 반박한 것으로 보인다. 그는 다음과 같이 언급하였다. "자래(自來, 예로부터) 일반적 관념으로 보면 정조를 더럽힌 죄에 대하여 남녀를 차별적으로 취급하여 남자들은 저희 자체를 사람으로 생각하면서 여자를 일종의 생물로 생각하는 것이다. 정조를 범한 죄를 남자에게 있어서는 일척변사(一個變事)로 생각하지만은 여자에 있어서는 큰 죄로 생각하며 정조 지키는 것을 여자의 유일한 덕으로 생각하였다. 그러나 예수께서는 이런 죄지은 여자를 사람으로 취급하고 천국에 인도하기를 위하여 노력하시기를 다른 계급 사람들을 위하여 노력하심과 같이 하셨다." 蔡富仁, "예수와 버림당한 여성들,"「신학세계」제17권 5호 (1932), 20.
68 史佑業, "제3제목은 가족이라," 138.
69 史佑業, "제3제목은 가족이라," 3권 4호 (1920), 373-374.
70 필자가 말하는 근본주의적 신학 혹은 근본주의적 성경 읽기란 특정한 신학적 사조라기보다는 성경을 문자적으로 해석하는 초기 선교사들의 신학적 특성을 의미한다.
71 고전 14:33-34와 딤전 2:11-25에 언급된 사도 바울의 교회 안의 여권에 대한 견해를 의미한다.
72 이숙인,『한국기독교와 여성 정체성』(서울: 한들, 2006), 147-151.
73 필자가 말하는 '교리주의적 성경 해석'이란 이른바 성경을 '교리의 저장고'라고 하며 성경으로부터 신앙의 교리를 찾는 구 프린스턴의 신학적 표현을 의미하는 것이 아니다. 필자가 말하는 '교리주의적 성경 해석'은 해석자가 자신의 생각을 합리화하기 위해, 혹은 자신의 생각을 절대화하기 위해 성경으로부터 근거를 찾는 성경 해석을 의미한다. 이와 같이 성경을 해석할 때, 성경에 대한 경직된 이해는 물론이요, 성경에 대한 통전적인 이해가 결여된 부분적 이해밖에 가질 수 없을 것이라고 본다. 당시 한국교회의 여권에 대한 성경 해석에서 발견되는 아쉬운 점은 한국교회가 '축자적 영감'은 강조했지만, 성경유비를 적용하지 않았다는 것이다. 성경유비해석이란 '어느 한 군데 성경 본문의 참되고 충족한 의미에 대하여 의문이 생길 경우 보다 확실하고 명맥하게 말하고 있는 다른 성경 본문을 고찰함으로써 그 의미를 파악하는 성경 해석 방법이다. 장동민,『대화로 풀어보는 한국교회사 2』, 46-56.

당시 전통주의적 교회주의자들은 앞서 언급한 여권에 대한 사도 바울의 언급을 근간으로 삼아 교회의 여성 치리권에 대한 부정적인 입장을 드러냈다. 그러나 필자가 볼 때 당시 사건은 단순히 교회 내 여성의 치리권을 획득하려는 데만 목적이 있었던 것은 아니다. 그것은 포괄적으로 한국교회의 전반적인 여성에 대한 불평등적인 인식으로부터 탈피하려는 몸부림이었다.

74 여권에 대한 한국교회의 성경 해석에 대하여는 앞서 언급한 바와 같다.
75 史佑業, "가족," 「신학지남」 3권 4호 (1921), 482.
76 이숙인, 『한국기독교와 여성 정체성』, 155.
77 史佑業, "가족," 482.
78 이숙인, 『한국기독교와 여성 정체성』, 157.
79 1922년 「신학지남」의 한 기고자는 다음과 같이 주장하였다. "지난 이십 오년동안에 여자의 지위는 사회에나 교회에서나 가정에서나 대단히 변하여 지금은 가정의 행복과 위로는 저희로부터 나오는 것과 … 부녀와 모친의 직무 외에도 저희 직무에 대한 새 이상을 많이 얻었으며 …." 그 기고자가 주장한 것처럼 당시 한국교회는 여권 향상에 많은 역할을 하였음이 사실이다. 가정의 울타리를 벗어나지 못했던 여성들이 가정의 울타리를 넘어 교회를 포함한 사회에서 자신의 역할을 찾을 수 있었다. 그럼에도 불구하고 한국교회의 여권의식에는 여전히 한계가 있었는데, 그것은 여성 교역자의 활동을 남성 교역자를 돕는 역할로 한정하였다는 점이다. 기고자는 계속해서 다음과 같이 언급하였다. "젊은 부인들은 특별학교나 성경학교에서 공부함으로 하나님의 사역을 위하여 준비하여 본촌에 있는 교역자를 도와 부인과 아이들을 위하여 일할 수 있나니, 어떤 때는 목사나 기타 교역자가 그와 같은 부인들을 한 마디로 인도함으로써 나아오게 할 수 있느니라. 그러나 어떤 경우에는 자기의 전신을 그와 같은 사업에 희생하고자 재정이 없음으로 공부를 못하는 대, 그런 때는 주께서 주신 돈을 그와 같은 이를 위하여 조금이라도 쓸 것 같으면 하나님의 교회에 저금하는 것이라 할 수 있다 …." 배귀례(배씨 부인), "가정연구: 예수교와 여자 계(界)의 관계," 「신학지남」 4권 4호 (1922), 108-109.
1934년 김춘배의 여권 문제 제기는 이와 같은 여성 교역자에 대한 교회 내 인식을 넘어서고자 하는 시도였으나 교회는 오히려 여성 교역자에 대한 강도권과 치리권 부여를 제도적으로 금지하는 조치를 취했다.
80 奇一, "예수의 모친 마리아," 「신학지남」 3권 4호 (1920), 445.
81 奇一, "예수의 모친 마리아," 446.
82 奇一, "예수의 모친 마리아," 447-448.
83 奇一, "예수의 모친 마리아," 451. 이와 같은 마리아에 대한 게일의 인식을 통해 그가 희생하고, 고난을 인내하는 여성에 대하여는 긍정적 인식을 넘어 경탄(敬歎)적 인식을 가졌음을 알 수 있다. 이와 같은 인식은 그의 한국 여성에 대한 인식에서도 알 수 있다. 그와 같은 사실은 일제 강점 초기에 입국하여 평생 동안 한국에서 활동했던 캐나다 선교사 서고도(William Scott)의 회고를 통해서도 확인된다. "게일 박사의 유일

한 희망은 한국 여성에 대한 믿음 안에 있었다. 한국 여성은 자신의 찬사를 바칠 만한 존재였다. '한국 여성은 비바람 치거나 햇빛 나는 날씨를 통해서 좋은 것을 이룰 것이라는 영혼의 확신을 가지고 있다. 현 세대에 대한 한국 여성의 영향력은 최선의 가능이자 가장 희망찬 가능성이다.' 확실히 세계 여성들 가운데서, 한국 여성은 존경받을 자리를 차지하게 될 것이다." William Scott, 『한국에 온 캐나다인들』, 연규홍 역 (서울: 한국기독교장로회출판사, 2009), 235-236.

게일은 한국의 전통문화를 사랑하고 이해했던 인물로서 필자가 앞서 언급한 바와 같이 일찍이 1895년에 『텬로력졍』을 아내와 함께 한글로 번역한 것을 시작으로 『춘향전』과 『구운몽』을 영문으로 번역하기도 하였고, 신구약 성경을 사역(私譯) 해서, 윤치호의 도움을 받아 창문사(彰文社)를 통해 1925년 발행하였다. 그와 같이 한국 문화에 대하여 조예(造詣)가 깊었던 인물이었던 만큼 그의 한국 여성에 대한 인식은 단순한 긍정적 인식을 넘은 것이라고 본다. 한국여성을 희생하고 인내하는 상징으로 보았던 것은 이 땅에서도 마찬가지였지만, 그것을 당연시 여겼던 사회적 풍토와 비교해 볼 때 게일의 인식은 매우 진보적 인식이라고 보기에 충분하다.

84 奇一, "예수의 모친 마리아," 448.
85 감리교단의 잡지인 「신학세계」에는 그의 이름이 한국 이름인 채부인(蔡富仁)으로 언급되어 있다. 蔡富仁, "예수께서 여자를 변호하심," 「신학세계」 제17권 3호 (1932), 25-26.
86 蔡富仁, "예수께서 여자를 변호하심," 27-28. 그뿐만 아니라 그는 자신의 글 "여성에 대한 기독의 태도"에서 역사 속에서 나타난 여권 변천에 대한 논쟁이 대부분 성경에 근거를 두었음을 언급하였다. 이처럼 성경에 근거를 둔 여권 이해는 여권을 옹호하는 견해는 물론, 그에 반대하는 견해도 포함된 것이었다. 그러나 이 글에서 채부인은 여권 옹호를 반대하는 견해들이 사실은 성경에 근거된 것이 아니라, 희랍이나 로마 같은 이방국가들로부터 비롯된 것임을 역사적인 사례를 들어 자세히 언급해 주고 있다. 蔡富仁, "여성에 대한 기독의 태도," 「신학세계」 제4권 16호 (1931), 108-110.
87 이 건, "여성 선지자의 시초 미리암," 「활천」 12호 (1929), 23-24.
88 이 건, "여선지 드보라," 「활천」 90호 (1930), 21-22. 이 건이 이와 같은 글을 발표한 1930년을 전후해 감리교단의 간행물인 「신학세계」에도 해외 여성들의 사역을 소개하는 글들이 언급되었는데, 대표적으로 "미국 남감리교회"의 여선교사양성소였던 "스카렛성경학교"의 교장이었던 마리아 깁슨(Maria Gibson)의 생애를 소개한 "마랴야·깁손양" 그리고 감옥을 감옥에 갇힌 죄수들의 인간적 처우 개선을 위해 노력함으로써 수감자들이 인간적 처우를 받도록 공헌을 남긴 퀘이커교도 사회개혁가 엘리자베스 프라이(Elizabeth Fry)를 소개한 "감옥개량의 어머니 엘니사벳 푸라이녀사" 등이 있다. 미상, "마랴야·깁손양," 「신학세계」 제11호 (1928), 138-144. 텬실나, "감옥개량의 어머니 엘니사벳 푸라이녀사," 「신학세계」 제17호 (1932), 138-144.

89 신명식, 『모던뽀이, 경성을 거닐다: 만문만화로 보는 근대의 얼굴』, 83.
90 박영희, "유산자 사회의 소위 '근대남', '근대녀'의 특징," 「별건곤」 1927. 12.
91 이 건, "여선지 드보라," 22.
92 이 건과 반대되는 견해를 가진 지도자로는 성결교단의 유명한 인사인 이명직 목사가 있다. 그의 견해에 대하여는 다음 장에 자세히 언급하려고 한다.
93 이 건, "여성 선지자의 시초 미리암," 24.
94 필자는 당시 한국교회의 진보적 여권의식을 가진 인물들로부터 이와 같은 한계가 발견되는 사실에 대해 부정적으로만 보지는 않는다. 왜냐하면 이 또한 한국교회의 여권의식 발전의 단계에서 나타나는 것이었다고 보기 때문이다. 그렇기 때문에 이와 같은 측면을 한국교회의 여권에 대한 보수적 입장을 반증하는 것으로만 보는 일부의 견해에 동의할 수 없는 것이다.
95 이 건, "남녀 교제의 정결," 9-10.
96 이 건, "남녀 교제의 정결," 10.
97 이 건, "신앙의 선지자 안나," 「활천」 111호 (1932), 27-30.
98 송해용, "혈류증 여인의 신앙," 「활천」 146호 (1934), 27.
99 최영실, "신약성서적 관점에서 본 영성과 여성," 『영성과 여성신학』 한국여성신학회 편 (서울: 대한기독교서회, 2000), 91.
100 이와 같은 이방 여인들이 신앙의 모범으로 제시되었다는 사실로써 신약성경을 가부장적인 사회 질서를 옹호하는 근거로서의 기능은 무너질 수밖에 없다. 더욱이 예수님의 족보를 보면 다수의 이방 여인들이 등장한다. 시아버지와의 관계에서 아들을 낳은 이방 여인 다말, 이방 여자이며 과부로서 친척과 재혼한 룻, 우리아의 아내였으나 다윗의 아내가 된 밧세바 등이 그들이다. 유대 사회에서 여인 더욱이 이방 여인은 천대받는 대상이었다는 것을 볼 때, 성경은 순혈주의와 가부장적 사회 질서를 옹호하지 않음을 알 수 있다. 최영실, "신약성서적 관점에서 본 영성과 여성," 89
101 송해용, "혈류증 여인의 신앙," 27-28.
102 송해용, "혈류증 여인의 신앙," 30.
103 송해용, "혈류증 여인의 신앙," 29.
104 길선주, "감독의 책임," (1932) 한국고등신학연구원 편, 『한국 기독교 지도자 강단설교: 길선주』 (서울: 홍성사, 2008), 154. 이 글은 "구한말과 1920년-1930년대의 한국교회 여권의식 비교" 단락에서 전체적으로 다시 언급하려고 한다.
105 이광수, "금일 조선 야소교회의 결점" (1920), 20-21.
106 김재준이 그와 같이 표현한 이유는 그의 개인적인 여러 가지 경험에 기인하였는데, 특히 그가 존경했던 경흥읍교회의 장로 김태훈이 우상숭배라는 명목으로 교회로부터 책벌을 받은 사건이었다. 그 내용을 간략히 소개하면 다음과 같다. 신앙적으로 탕자와 같은 김태훈 장로의 아들이 어느 날 집에 금불상을 들여 놓았다. 그가 금불상을 들여

놓은 이유는 그것을 골동품으로 판매하여 경제적인 이익을 얻기 위함이었다. 그럼에도 불구하고 교회에는 "김태훈 장로가 안방에 우상을 모시고 있다"는 이야기가 돌았고, "그것은 불상을 모신 것이 아니라 아들이 상품으로 사 놓은 것을 둔 것뿐이다"라고 하는 김태훈 장로의 해명에도 불구하고 "장로가 그런 걸 집안에 들여놓아서 말이 되느냐"는 이유로 책벌을 면할 수 없었다. 결국 원로 장로로서 교회에 부덕을 끼쳤다며 고민하던 끝에 김태훈 장로는 스스로 목숨을 끊고 말았다. 김재준에 의하면 김태훈 장로는 인격과 신앙에 있어 많은 사람들로부터 칭송을 받은 인물이었다고 한다. 김재준, "범용기 1,"『김재준전집』13 (오산: 한신대학교출판부, 1992), 126-127.

사실 김태훈 장로의 죽음과 한국교회의 여권 문제에 직접적인 연관이 있는 것은 아니다. 그러나 김태훈 장로가 우상숭배를 했다면 교회로부터 책벌을 받은 사건 그리고 1934년 당시 여권 문제에 대한 한국교회의 성경 해석을 통해서 발견되는 것은 한국교회의 율법주의이다. 사실 율법주의와 세속화는 상치되는 개념이다. 그럼에도 불구하고 1920년-1930년대 한국교회는 율법주의와 세속화가 공존하였다. 당시 한국교회는 여권에 대하여 전통주의적 시각을 고수하였지만, 세속화도 공존하였다.

107 대표적으로 이명직이 그런 경우이다. 그뿐만 아니라 당시 한국교회는 교회의 사회 참여를 부정적인 시각으로 보고 비판하였는데, 그것은 진보와 보수를 막론한 것이었다. 이명직과 당시 한국교회의 사회 참여에 대한 입장에 대하여는 다음 단락에 자세히 언급할 것이다. 물론 송해용과 이명직이 비판한 교회의 세속화와 이광수, 길선주, 김재준이 비판한 교회의 세속화는 다르다. 송해용과 이명직은 농촌활동 등 교회의 계몽사업 일체를 교회의 세속화라고 보았고, 이광수, 길선주, 김재준은 교회가 거대화, 조직화되는 가운데 본질을 잃어가는 모습을 교회의 세속화라고 보았다.

108 감리교단의 간행물이었던「신학세계」에는 이보다 진일보 된 여성 이해가 언급되어 있음이 발견된다. 여성을 일컬어 이른바 성경에 언급된 '위대한 인물'이라고 표현하기까지 했다. "구약에 십대 여위인은 누구인가"라는 글에 소개된 여성은 다윗의 외조모이며 예수님의 조상으로 언급되어 있는 룻, 자신의 민족을 하만의 음모로부터 구해낸 왕후 에스더, 사무엘의 어머니 한나, 선지자 엘리사에게 마지막 남은 음식을 제공한 수넴 여인 등이다. 미상, "구약의 십대 여위인(偉人)은 누구인가,"「신학세계」제 17권 5호 (1932), 148-149.

109 東樵, "여자 해방운동과 기독교,"「신학지남」10권 2호 (1928), 134. 이 글 필명에는 東樵로 되어 있으나, 이 책의 맨 뒤 저술자 목록에는 TH. M, H-Namkung으로 언급되어 있기 때문에 필자가 남궁혁임을 알 수 있다.

110 東樵, "여자 해방운동과 기독교," 134-135.
111 東樵, "여자 해방운동과 기독교," 135.
112 이 건, "고린도전서연구 5,"「활천」169호 (1920), 23-24.
113 이명직 목사는 성경의 인물 가운데 이스라엘 왕 아합의 아내 이세벨에 여인을 비유하

였고, 당시 신여성들에 대하여 부정적인 측면을 강조하는 등 여성에 대하여 여권에 대하여 매우 부정적인 입장을 견지하였다. 여권에 대한 이명직의 견해들은 다음 단락에 언급하려고 한다.

114 이숙진, 『한국기독교와 여성 정체성』, 158-159.
115 이명직, "남녀 교제의 청결," 「활천」 3권 4호 (1922), 17-19.
116 심훈의 소설 『상록수』의 주인공인 실존 인물 최용신을 들 수 있다. 물론 그는 농촌계몽 활동을 활발히 하다가 1935년 1월 23일 경기도 수원군 반월면 샘골(현 안산시 상록구 본오동)에서 병으로 목숨을 잃었지만, 그가 자신의 의지에 따라 김학준(일본 전수대학을 졸업하고 후에 성균관대학교, 동국대학교, 조선대학교 교수를 역임한 경제학자)과 약혼을 하였다는 것은 그에 대한 좋은 예이다. 이들 외에도 당시 지식인 계층의 신실한 그리스도인들은 신앙 안에서 자신의 의지에 따라 배우자를 선택한 경우가 적지 않았다. 그것은 기독교인이 됨으로써 개화사상에 눈을 뜬 부모의 암묵적 동의에 의한 경우가 대부분이었다. 홍석창, 『상록수 농촌사랑』 (서울: 기독교문사, 1991), 86-87.
117 이명직이 "어느 여선교사가 청년들에게 춤을 가르쳤다고 단죄한 모습"에서 당시 밀려드는 미국의 세속 문화에 대하여 대안을 제시하기보다는 당황하는 모습을 발견하게 된다. 그럼에도 불구하고 이명직도 교회의 세속 문화가 학생, 청년들에게 끼치는 영향에 대하여 비판한 기록을 발견할 수 있다. 그것은 미국 영화가 당시 학생, 청년들에게 끼치는 부정적 영향에 대한 한국 감리교회의 반응이었다. 그러나 그들은 미국 영화를 보지 말아야 한다는 극단적인 입장을 취하기보다는 건설적인 개선의 방향을 모색하고 있음이 발견된다. 이를 통해 세속 문화로부터 교회를 격리시킬 것이 아니라 세속 문화를 개혁하려는 모습을 발견할 수 있다. 그러한 사실은 다음과 같은 언급을 통해 알 수 있다.
"중국에서 뿐만 아니라, 조선에 있어서도 미국에서 오는 필름이 조선학생의 … 도덕적 수순을 떨어뜨리고 있는 것은 누구나 다 알고 있는 사실이다. 밤마다 영화극장을 채우는 대다수의 고객은 나이 어린 학생들이다. 그들이 극장에 앉아서 그림이 왔다 갔다 하는 것을 보고 있는 동안에 성격적으로 다대한 영향을 받는다. … 일반적으로 보아서 사회적 오락기관이 불필요하다는 말이 아니다. 건조무미한 생활보다도 될 수 있는 대로 윤택한 생활을 얻도록 힘쓸 것이다. 특별히 영화와 같은 것은 매우 큰 교육적 가치가 있다는 것만은 재론할 필요가 없다. 그러므로 우리는 조속히 조선에서 상영되는 영화의 질을 개선하도록 사회적 여론을 일으켜야 할 것이다. 사회제약 없이 영업자들의 손에만 맡겨둘 수가 없을 것이다. 특별히 미국에서 하는 것과 같이 유년과 학생을 위하여 딴 날을 정하고 그들에게 적당한 필름을 상영하도록 하는 것도 좋다고 생각한다. 우리 사회의 도덕적 표준은 나날이 떨어져간다. 기독교사들은 자진하여서 그

대책을 연구하여야 할 것이다." 미상, "미국 영화와 도덕상영관," 「신학세계」 19권 13호 (1934), 49.
118 이철, 『경성을 뒤흔든 11가지 연애사건』 (서울: 다산초당, 2008), 39.
119 김재준, 『인간이기에』 (서울: 향린사, 1971), 217.
120 조선예수교장로회총회, 『제24회 회록 부록』 (서울: 조선예수교장로회총회, 1935), 183-184.
121 이명직, "남녀 교제의 청결," 19-20.
122 이명직, "남녀 교제의 근신," 「활천」 4호 (1922), 8-9. 본문에는 저자가 포원생(葡園生)으로 되어 있는데, 포원생은 이명직의 필명이다. 물론 앞서 언급한 것처럼 당시 일본에서 공부하고 돌아온 남녀 유학생들과 중등학교 이상을 졸업한 신여성 등의 남녀 교제에 대한 개방적인 태도는 이명직을 비롯한 기성세대가 당황하도록 하기에 충분했을 것이다. 이명직을 비롯한 한국교회의 지도자들은 남녀 교제에 대하여 보수적인 입장을 고수한 이유가, 물론 신앙적 이유에도 있었겠지만, 그들의 유교적 인식 때문에도 비롯되었을 것임은 짐작하기 어렵지 않다.
123 이명직, "두 가지(二種)의 여인," 「활천」 20호 (1924), 43-44. 여기서 이명직은 여인을 거룩한 여인과 악한 여인으로 구분하고 있는데, 이를 구분하는 척도에서 그의 가부장적 인식이 내포되었음이 사실이다. 그는 검소하고 남편에게 순복하는 여인은 거룩한 여인이요, 옷과, 머리 그리고 화장품 등으로 자신을 치장하는(사치하는) 여인은 악한 여인이라고 표현한 것이다. 그는 다음과 같이 언급하였다.
"성경에 두 여인이 있으니 하나는 거룩한 여자요 다른 하나는 악한 여자이다. 그런데 그 두 여인의 후손이 지금 이 세상에도 있다. 곧 교회 중에 있다. 그러면 거룩한 여인은 누구인가? 그는 아브라함의 아내 사라이다. '옛적에 거룩한 부녀들도 하나님을 바라고 이와 같이 (온유하고 단정한 성품으로) 단장하여 그 지아비에게 순복하였나니 가령, 사라가 아브라함에게 순복하여 주라 칭하였은즉 너희도 선을 행하면 … 곧 사라의 딸이 되리라'(벧전 3:5-6)." "두 가지(二種) 여인," 36.
이와 같은 의식은 이명직의 설교 "장식에 대하여"에서 더욱 구체적으로 드러난다. 그는 의복의 기능을 "벗은 몸의 수치를 가리고, 추위와 더위로부터 몸을 보호하는 것"으로 한정한 후 "필요 이상의 화려한 의복을 입는다면 이는 큰 수치일 뿐만 아니라 큰 죄악"이라고 말한다. 그는 사치스러운 의복을 입는 사람들은 "광대나 기생 등 하늘 아래 가장 천한 사람들" 가운데 많이 있으며 이들은 "인격도 미덕도 없는 사람들"이라고 주장하였는데, 이를 통해 그의 유교적 특성으로서의 시각을 발견하게 된다. 그는 사치스러운 의복을 입지 말아야 할 근거로서 신약성경에서는 바울의 목회 서신인 딤전 2:9을 언급하였을 뿐만 아니라 벧전 3:3-5도 언급하였고, 구약에서는 인류역사 가운데 최초로 자신의 외모를 가꾸었다는 가인의 딸 나아마(창 4:22), 아합의 왕비 이세벨(왕하 1:30)을 언급하였다. 이명직, "장식에 대하여," 「활천」 1926년 6월, 15-

18(통권 제430호로 되어 있음).

물론 이명직이 단지 여성만을 비판한 것은 아니었다. 그는 사치스러운 치장을 하는 여성과 남성 모두를 비판하였다. 그러나 그가 제시한 성경 본문은 모두 여성에 관한 것이었다. 여성과 남성을 동일하게 비판하려고 하였지만, 그의 내면에 잠재된 유교적 세계관으로 말미암아 그는 여성에 대하여 더욱 엄격한 시각을 갖게 되었다고 여겨진다. 이명직 외에도 여성에 대하여 진보적인 견해를 갖든지 혹은 전통적인 견해를 갖든지와 상관없이 대부분 인사들이 여성에 대하여 더욱 엄격한 시각을 견지하였음은 부인할 수 없다.

모자란 돈을 아끼고 아껴 화장품과 스타킹 등을 구입하는 여학생들을 보며 사치를 즐기는 대상으로 보았던 대다수의 견해와는 달리 당시 한 언론에서는 대도시의 백화점 주요 고객이 남성들이었음을 증언하고 있다. 즉 백화점의 주요 고객은 일본인들이 많았고, 조선인들 중에는 대부분 지주와 은행원, 총독부 직원 등 경제적 능력이 있는 남성들이었고, 경제력이 부족한 신여성과 여학생들은 상대적으로 많지 않았다. 최병택·예지숙,『경성리포트』, 106-107.

당시 조선일보는 백화점 여점원과의 인터뷰에서 다음과 같이 증언하고 있다. "기자: 손님은 여자가 많습니까? 화신 백화점 여점원: 아뇨 … 남자 어른들뿐이어요. 아직도 조선은 바깥일은 남자가 보고 안 일은 여자가 본다고 생각하시는 분이 많으신 게지요."「조선일보」, 1939년 12월 6일.

124 이명직은 다음과 같이 주장하였다. "성경에 나타난 여인은 대개 교회의 모형이라. 12:1에 해(日)를 옷 입듯 하고 달이 그 발아래 있고 그 머리에 열두 별로 만든 면류관을 쓴 여인이 하나님의 교회로 해석되는 상대로 이 큰 음녀는 속화(俗化)된 교회니라. 그리하고 또 물 위에 앉았다 함은 백성과 무리와 나라와 디방(백성, 무리, 나라, 지방)을 가르침 이니라(15절을 보라). 혹은 이 큰 음녀에 대하여 천주교회라고 해석하는 사람도 있으나 하필 천주교회라고 편벽되이 해석하는 것보다 천교회나 신교회를 막론하고 속화된 교회는 다 큰 음녀라 할 수 있느니라." 이명직, "묵시록 약해 13,"「활천」83호 (1929), 35.

이와 같은 이명직의 견해는 가톨릭교회를 음녀로 비유한 마틴 루터(M. Luther) 등 개혁자들의 견해를 발전적으로 이해한 것이라고 볼 수 있다. 그러나 이명직이 주장하는 '속화된 교회'의 의미는 다소 모호하다. 왜냐하면 그가 말하는 속화된 교회의 범주에는 복음전도에만 힘쓰지 않고 농촌 운동 등 현실에 참여하는 교회들도 포함되어 있기 때문이다. 그의 이와 같은 이해는 자신의 독특한 체험에서 근거되었음을 추론할 수 있는데, 그 자신의 글 "은혜기"에서 자신의 학식욕(學識慾)으로 인해 각종 문학, 철학, 심리학 등 각종 서적을 탐닉함으로써 기도와 성경 읽기에 게을렀던 초기 목회 생활을 "타락된 상태"라고 반성하였다. 그뿐만 아니라, 1919년 3·1 운동에 참여한 일조차 속화된 행동이었다고 생각하였다. "이와 같이 형해적관능적역사(形骸的官能的役事)

를 하던 중 1919년 3월 1일에 조선독립운동이 생기었다. 각 교회는 물론이오 전 민족적으로 분기(奮起)하던 때라 나도 가장 애국심이 나 있는 듯이 풍성학려(風聲鶴唳)로 심이라 동변(動變)하여 이때부터는 사상가인 체 애국자인 체 지사인 체 가장하고 강단을 나서면 그나마도 아주 타락되어 복음에 대한 설명은 그림자도 없어지고 아주 속화하고 말았다. 그 시대의 인심은 차라리 복음에 대한 설명보다도 사상발표나 또는 피가 끓는 듯한 열변으로 애국사상을 고취하는 것을 환영하였다. 고로 나는 이 방면으로 주의(注意)를 하게 되었다. 어떠한 경우에는 환영을 받은 터이다." 이명직, "은혜론," 「활천」, 제2권 11호 (1924), 36-39.

이와 같은 이명직의 경험은 그의 특수한 경험이라고 보아야 한다. 왜냐하면 당시 목회자들의 3·1 만세 운동 참여가 이명직과 반대되는 경우도 있었기 때문이다. 예를 들어 감리교 목사 신석구의 경우 '교역자가 정치문제에 참여하는 것이 합당한가?'를 고민하며 새벽마다 기도하던 중 "4천 년 전하여 내려오던 강토를 네 대에 와서 잃어버린 것이 죄인데 찾을 기회에 찾아보려고 힘쓰지 아니하면 더욱 죄가 아니냐"하는 하나님의 음성을 들은 후 3·1 만세 운동에 참여하였기 때문이다. 신석구, 『民族代表三十三人의 一人 殷哉 申錫九 牧師 自敍傳』 (서울: 한국감리교회 사학회, 1990), 83.

이와 같은 측면에서 본다면 이명직과 신석구는 그 동기에서 차이가 있었음을 알 수 있다. 즉 이명직은 당시 3·1 운동과 같은 정치활동에 참여하고 민족주의적 설교를 하였던 이유가 대중들로부터 인기를 얻는 하나의 방편으로 이해되었지만, 신석구의 경우 오히려 "하나님의 뜻"을 구하는 가운데 "예수 그리스도를 따르는 고난의 길"로 이해되었기 때문이다. 그럼에도 불구하고 이후 이명직은 교회가 복음을 전하는 일 외에는 모두 세상일을 하는 것, 다시 말해 교회가 속화되어진 현상으로 이해하였고, 그와 같은 이해가 성결교단에 영향을 미쳤음은 사실이다. 성결교단의 잡지 「활천」의 창간자이며, 성결교단에서 가장 큰 영향력을 행사한 인물이었음을 볼 때, 성결교 목사인 이건, 송해용 등이 이명직에 비해 여성에 대하여 진일보된 이해를 가졌음에도 불구하고 교회의 속화 현상에 대하여 이명직의 이해로부터 벗어나지 못하고 있었음을 볼 때, 그와 같은 이명직의 견해가 절대적이었음을 알 수 있다.

125 이명직, "라합의 구원," 「활천」 108호 (1931), 12.
126 이광수의 소설 『재생』은 가족에 의해 재력가인 남성과 원치 않는 결혼을 할 수밖에 없었던 이화여전 여학생 순영의 비극적인 삶에 대해 잘 묘사하고 있다. 이광수의 소설, 『재생』을 통해 알 수 있는 것은 이명직이 말한 것처럼 당시 신여성들 가운데 자원하여 재력을 갖춘 기혼 남성을 선택하여 도덕적인 지탄을 받는 경우도 있었지만, 그 반대의 경우도 적지 않았다는 사실이다. 이광수, 『재생: 이광수전집』 2 (1924) (서울: 삼중당, 1962).
127 "녀학교 졸업생들의 가는 곳," 「신여성」 1924년 4월호, 54.
128 이명직, "라합의 구원," 12-15. 일례로 당시 화려한 색깔 옷을 입은 여성은 '배차

버레', '빈대 갈보' 등의 명칭으로 불리며 기생이나 창녀에 비유되는 수모를 겪어야
만 했다고 한다. 최병택·예지숙,『경성리포트』(서울: 시공사, 2009), 128. 당시 대중
잡지 중 하나였던「별건곤」에는 색깔 옷을 입는 여인들에 대한 다음과 같은 모욕적인
언급이 수록되어 있다. "요새이 서울의 여자들은 엇지 그리 빗갈을 조와하는지 우산
도 紅우산을 만히 밧고 치마도 아주 샛파랏커나 그러치 안으면 진한 미색을 만히 입
는다. 10여 년전에 기생들의 紅우산을 밧기 때문에 '인력차 우에 弘우산을 밧고 圓覺
社(그때 극장의 명칭이니 西門내에 잇섯다.)로 만 도라든다…'는 아리랑까지 잇섯더
니 개생의 古風을 여염여자- 안이 신식 모껄들이 다시 복구하랴는 지 허다한 우산에
紅우산은 웨 그리들 조와하며 치마의 빗갈도 여러 가지가 잇는데 하필 '배차버레' '빈
대갈보'라는 별명을 드러가며 샛파란 것과 진한 미색을 조와하는 지 알 수 업다. 백의
만 입는 우리 조선사람으로서 염색옷을 입는 것은 좃치만은 그것도 좀 고결하지 못하
고 너무 야비한 빗을 입는다면 도로혀 수치가 되는 것이니 한번 생각하야 볼 일이다."
미상, "新流行! 怪流行!"「별건곤」 16·17호 , 1928년 12월.
이와 같은 논조들은 여성에 대하여 보수적 인식을 견지했던 이들로부터 보이고 있는
데,「별건곤」은 물론이요「개벽」을 비롯하여 당시 개혁 성향의 잡지들조차 여성에 대
하여는 보수적인 인식을 가지고 있음이 사실이다. 다음을 통해 볼 수 있듯이 말이다.
"유행이라는 말이 나왔으니 하는 말이다. 몇 해 전부터 경성의 여자들은 무슨 모양을
내느라 그러는지 적삼의 안고름을 홍색으로 하더니 근일에는 심옥색 치마가 또 유행
한다. 전일은 백색 혹은 은옥색, 일지부동(一指不動)하고 유의유식하는 경성 여자의
유행, 사치 좋아하는 것은 가중 중에 또 가중."「개벽」 52호, 1924년 10월.
이명직을 비롯한 여성에 대해 보수적 시각을 견지했던 교회 지도자들의 논조가 이와
별 차이가 없었음을 부인할 수 없다. 당시 여권에 대하여 성경 해석을 어떻게 하였는
지 엿볼 수 있는 대목이 아닐 수 없다. 당시에는 이와 같은 신여성과 비슷한 남성들로
모던보이가 있었지만, 그에 대한 비판은 거의 찾아볼 수 없다. 그러한 사실은 이명직
등의 교회 지도자들로부터만이 아니다. 당시 언론들로부터 대부분 그러하다. 오히려
모던보이들에 대하여는 고학력 실업자라고 하는 동정의 시각조차 느낄 수 있다. 당시
(1930년대) 치열한 경쟁률을 뚫고 배재, 보성, 휘문 등 고등보통학교에 입학 후 졸업
한다 해도 직업이 없어 무직자 신세를 벗어나지 못하는 비율이 40%에 달하였고, 고등
보통학교를 졸업한 후 전문학교 및 대학 입학에 성공한 20%에 들었다 해도 졸업 후
마땅한 일거리를 찾는 것은 무척 어려운 일이었다. 심지어 일본 유학 후 동경대학이
나 와세다대학을 졸업한다 해도 취업을 못해 무직자 신세를 벗어나지 못하는 경우가
적지 않았는데, 그러한 현상은 인문학을 전공한 경우 더욱 심각하였다. 1933년 한 신
문 기사에서는 "매해 중등, 전문학교 졸업생 중에 취직하는 자는 2할에 불과하다"고
언급했을 정도로 1920-1930년대 한반도의 취업난은 심각하였다. 그들은 전체 인구
가운데 극소수에 속하는 고학력층이었음에도 불구하고 취업난에 허덕였다. 최병택·

예지숙, 『경성리포트』, 58, 59, 216.
모던보이는 일제 강점기 모던보이의 출현은 이와 같은 배경에서 비롯되었다. 사회적 분위기 속에서 신여성들에 대하여는 비판의 시각을 견지한 반면 모던보이들에 대하여는 이와 같이 동정의 시각을 견지하였다. '모던보이'에 대하여는 다음 각주에 자세히 언급하였다.

129 모던보이는 본래 자본가의 아들 즉 부르주아의 후예들을 의미하였다. 박영희, "유산자 사회의 소위 '근대남', '근대녀'의 특징," 「별건곤」 10호 1927년 12월, 116. 그러나 근대화의 세례를 받은 가난한 고학력층도 모던보이의 대열에 합류하기 위해 노력하였는데, 그것은 당시 유행하던 안경과 양복 등으로 치장하는 것이었다. 물론 그것은 고물상에서 구입한 것이지만 말이다. 일본에서 공부하는 등 당대 지식인이었지만 취직을 하지 못하는 경우가 적지 않았는데, 그들은 가정에는 경제적 책임을 감당하지 못하면서도 주머니에 동전이라도 있으면 찻집에서 차 한 잔을 마시면서 시간을 때움으로써 자연스레 양복쟁이 지식인 룸펜(lumpen)의 생활을 하였다. 필자가 여기서 언급하는 모던보이란 자본가의 아들로서 사치하는 삶을 살았던 계층과 지식인 룸펜 계층을 말하는 것이다. 신명직, 『모던뽀이, 경성을 거닐다』, 86-87.

130 신명직, 『모던뽀이, 경성을 거닐다』, 79.

131 신명직, 『모던뽀이, 경성을 거닐다』, 81. 그와 같은 사실은 1920년-1930년대 「조선일보」에 게재된 "1930년 여름"이라는 글에서도 잘 드러나고 있다. "요사이 그리운 고향을 간다는 바람에 졸음을 참고 간신히 제 일 학기 시험을 치르고, 허둥지둥 정거장을 나아가는 여학생- 서울 동무와의 작별인사보다 미쓰고시 조지야에 들러서 곧장 정거장을 나아가는 측면이 있다. 미쓰고시나 조지야에 들어가서 어떠한 물건을 사는지? 그 비지땀을 흘려서 학비를 보내주는 부모에게 바칠 선물인지는 몰라도 어떤 시골 영감님의 말씀을 들어보면 알 일이다. '거-아비 돈으로 학비를 쓰는 그 돈이 그 돈이지만, 아-그래 방학해 돌아온다는 것이 제 화장품만 사가지고 어찌 온! 서울에 그 흔한 눈깔사탕도 안 사다 주는 게…' 하며 혀끗을 차는 이가 있다면 결코 웃을 일은 아니겠지." "1930년 여름," 「조선일보」 1930년 7월 19일.
"원시인에게는 다른 동물의 보호색 모양으로 환상 필요에 의하여 몸둥아리에 여러 가지 모형을 그리고 온몸을 장식하였으나, 현대에 이르러서는 오직 성적 충동을 위한 장식일 것이다. 그 어떤 것 하나하나가 그 색체에 있어서나 형상으로 있어서나 도발적이 아닌데 어디 있던가? … 여학생 기타 소위 신여성들의 장신운동이 요사이 격렬하여 졌나니, 항용 전차 안에서만 볼 수 있는 것이다. 황금 팔뚝 시계-보석반지-현대여성은 이 두 가지가 구비치 못하면 무엇보다도 수치인 것이다. 그리하여 제일 시위운동에 적당한 곳은 전차 안이니 …." "모던 걸의 장신운동," 「가상소견」 (1) 조선일보. 1928년 2월 5일.
그러나 당시 신여성들의 현실이 꼭 이와 같지 않았음은 물론이다. 이명직이 언급한 시골에서 온 여학생의 경우처럼 빈곤에 못 이겨 남성의 유혹에 넘어가기도 하였을 뿐만 아니라. 앞서 필자가 언급한 것처럼 가족을 먹여 살리기 위해 첩이 되는 인텔리 여성도 적지 않았다. 당시 신여성을 이명직을 비롯하여 그들에 대해 부정적인 시각을 견지했던 이들의 시각으로만 볼 수는 없다.

132 이명직, "라합의 구원2," 「활천」 109권 (1931), 15.
133 이명직, "라합의 구원2," 16-18.
134 이명직, "라합의 구원2," 18.
135 라합은 수 2장에 나오는 여인으로서 그의 신분은 기생이었다. 그는 여리고에 거주하는 기생으로서 여호수아가 정탐꾼을 보내자 목숨을 걸고 여리고 왕으로부터 정탐꾼들을 보호함으로써 후에 자신의 가족들의 생명을 구하는 신앙의 여인으로 언급되어 있다. 더욱이 그가 마 1장에 예수님의 조상으로 언급되었다는 사실에서 볼 때, 그가 본래 비록 기생 신분이었지만 그럼에도 불구하고 부정한 여인으로 언급되지 않았음을 알 수 있다.
136 최병택·예지숙, 『경성리포트』, 119. 일찍이 김재준 목사가 졸업한 학교로 널리 알려진 청산학원에서 신학 박사학위를 취득한 목사이며 저명한 소설가였던 전영택조차 기생 출신 후처의 딸로 태어나 온갖 수모를 겪으며 살았던 여류 소설가 김명순에 대해여 "그의 출생으로 보아서 자연히 정상적인 길로 나아가지 못하고 변태적으로 살아가고 방종, 반항의 생활을 했기 때문에 그가 쓴 글에서도 그런 영향이 다분히 있었다고 하는 것은 당연한 일이었다"라고 언급하였다는 사실에서 당시 목회자들의 기생에 대한 부정적 인식과 몰이해가 어떠한 것이었는지 짐작할 수 있다. 전영택, "내가 아는 탄실 김명순," 「현대문학」 1963년 2월호.
김명순의 어머니 김인숙은 가난한 집에서 태어나 일찍 아버지를 여의고 오빠까지 청일 전쟁 중에 목숨을 잃자 집안의 생계를 위해 기생이 되어야만 했던 불쌍한 여인이었다. 그가 평양 부호 김희경의 첩이 되어 8명의 아이를 낳았는데, 그 가운데 하나가 김명순이었다. 김명순은 어려서부터 아버지 김희경의 본부인으로부터 어머니가 온갖 악담을 퍼붓는 것을 보며 성장해야 했다. 더욱이 김명순이 예수교 학교에 다니면서부터 그러한 열등감은 더욱 커졌는데, 그 이유는 학교에서 "남의 첩 노릇을 하면 못쓴다", "기생은 악마 같은 것"이라는 말을 들어야만 했기 때문이다. 그와 같이 불행한 환경을 극복하기 위해 최선을 다해 노력함으로써 "그대 최초의 여류 소설가", "현대시 최초의 여류 시인", "최초로 단독 창작집을 발간한 여류 문인"이라는 영광스런 타이틀을 차지했지만, '첩의 딸'이라는 봉건적 수렁에서 벗어나지 못한 채 온갖 악소문과 추문에 싸인 채 결국 불행한 죽음을 맞이하였다. 남성 중심은 봉건 사회가 그에게 "나쁜 피를 이어받은 여성"이라는 원죄의 굴레를 씌웠다. 더욱이 당시 소설가 김동인은 김명순을 실제적인 주인공으로 등장시켜 "첩의 딸이 문란한 자유연예를 하는" 내용의 소설 『김연실전』을 신문에 연재함으로써 그의 명예를 공개적으로 실추시키기까지

하였다. 김동인은 "이 소설의 실제 주인공이 신여성이며 유명한 작가"라고 밝힘으로써 공개적으로 김명순의 명예를 실추시켰다. 이철, 『경성을 뒤흔든 11가지 연애사건』 (서울: 다산초당, 2008), 164-166.

당시 한국교회가 이와 같은 여인들에게 관대하지 못하였음을 충분히 짐작할 수 있다. 이명직의 신여성 그리고 기생 이해는 이와 같은 측면에서 이해할 수 있다.

137 이동근, "기생의 존재양상과 3·1 운동," 「한국민족 운동사연구」 74 (2013), 139.
138 이동근, "기생의 존재양상과 3·1 운동," 151-152.
139 이동근, "기생의 존재양상과 3·1 운동," 155.
140 이동근, "기생의 존재양상과 3·1 운동," 159.
141 윤경란의 연구에 따르면 일제 강점기 광복군의 일원으로 참여한 기생 출신 여성들은 다른 여성들과 달리 독립운동가 집안, 혹은 독립운동가의 아내 신분이 아니었기 때문에 기록이 남아 있지 않거나 혹은 해방 후 기생 출신임을 당당히 밝힐 수 없었다고 한다. 그럼에도 불구하고 이름이 남아 있는 기생은 김영실, 김일옥, 윤옥, 그리고 나영옥(가명) 등이다. 이들을 포함한 기생 출신 여성 광복군들은 대체로 가난한 집에서 태어나 생활고를 면하기 위해 중국에 갔다가 광복군의 일원이 되었다고 한다. 윤정란, "일제 말기 한국광복군 여성대원들의 활동 양상," 229-230.
142 당시 기생들의 직급은 본래 궁중과 관청 등의 연회에서 가무를 하는 일급 기생인 1패, 기생 출신으로 은밀히 몸을 팔며 남의 첩 노릇을 하는 경우가 적지 않아 이른바 '은근짜'로 불렸던 2패 그리고 탑앙모리로서 매음하는 창녀를 일컫는 3패로 나뉘었는데, 다양한 사회사업에 대하여는 1패로부터 3패까지 구분 없이 적극적인 참여가 있었다고 한다. 더욱이 기생들은 3·1 운동과 같은 민족주의적 활동에 적극적인 참여를 하기까지 하였다. 이동근, "기생의 존재양상과 3·1 운동," 130-140, 146-158.

이명직은 일본 유학까지 했을 만큼 당대의 식자층이었다. 앞서 언급한 것처럼 그가 본래 인문학, 철학 등 다양한 분야에 관심을 가지고 공부하려고 했다는 사실을 그것을 잘 말해 준다. 그러나 앞서 언급한 바와 같이 3·1 운동을 전후한 경험 속에서 그는 근본주의적 성향을 가지게 된 것으로 보인다. 당시 기생들의 민족주의적 활동들에 대한 이야기는 「매일신보」와 같은 영향력 있는 언론을 통해 보도되었다. 그럼에도 불구하고 이명직은 기생에 대한 이해에 있어 전통적이고 부정적인 이해에 머물러 있음이 사실이다. 만약 이명직이 그와 같은 언론들을 접함으로써 현실 문제에 대하여 관심을 가졌다면 이와 같이 단순한 이해를 가지지 않았을지도 모른다. 앞서 언급한 것처럼 그의 글 "은혜론"에서 이명직은 민족의 현실에 대하여 관심을 가지고 대중에게 전하는 것을 "인기영합"을 하려는 수단으로 이해하였다. 물론 그의 생각을 단순히 단죄할 수는 없지만, 그가 민족이 처한 현실 문제에 관심을 갖지 않도록 하고, 오히려 적극적으로 현실에 참여하는 교회와 기독교인들에 대하여 "세속화된 교회"라고 비판하도록 한 측면은 아쉽게 여겨진다. 필자는 이명직의 여성 이해도 그와 같은 측면에서 본다. 더욱이 이명직이 한 교단에 거대한 영향력을 끼친 인물이었다는 점을 생각해 볼 때, 아쉬움을 느낀다. 물론 그가 복음전도와 말씀 선포에 최선을 다함으로 한국교회에 끼친 긍정적 영향에 대하여는 긍정적인 평가를 내려야 한다고 본다.

143 蔡富仁, "여성에 대한 예수의 책망," 「신학세계」 17권 5호 (1932), 9-10.
144 蔡富仁, "여성에 대한 예수의 책망," 「신학세계」 17권 4호 (1932), 19.
145 물론 선교사 채부인의 이와 같은 언급이 1922년 목사 김인영의 언급보다 훨씬 후인 것을 볼 때, 그와 같은 한국교회의 여성에 대한 보수적 인식에 대한 반박이었음도 짐작해 볼 수 있다. 그뿐만 아니라 당시 감리교회의 여권인식이 다른 교단과 비교해 볼 때 진보적이었음도 짐작해 보기 충분하다. 이미 1930년에게 총대권을 부여했다는 것은 그와 같은 사실을 반증한다. 그러나 최초의 한국인 감리교 여성 목사가 훨씬 이후인 1955년에 배출되었다는 사실에서 볼 때, 감리교단도 전반적으로 보수적인 한국교회의 풍토로부터 완전히 벗어나기는 어려웠을 것임을 짐작해 보는 것은 어렵지 않다. 더욱이 감리교단이 이와 같이 비교적 진보적인 여권의식을 가졌다고 해도 1920년-1930년대 한국교회는 전반적으로 보수적인 여권의식을 견지했음을 부인할 수 없다.
146 김인영, "부인 해방에 대하여," 「신학세계」 7권 5호 (1922), 1.
147 고전 7장에서 바울은 "결혼은 악은 아니지만, 할 수 있다면 결혼을 하지 않는 것이 좋다"는 견해를 말하고 있다(38절). 그뿐만 아니라 결혼은 허용되는 것이지만 그렇다고 해서 반드시 권할 만한 것도 아님을 말하고 있다. 오히려 바울은 결혼이 가져오는 것은 행복이라기보다는 고통이라는 견해를 가지고 있었음이 발견된다. 그러나 바울이 결혼에 대해 말한 전체적인 맥락을 볼 때, 결혼을 해야 하거나 혹은 하지 말아야 한다는 규정을 언급하고 있지 않음을 알 수 있다. 즉 결혼으로 인한 장점과 단점을 언급하고 마찬가지로 결혼하지 않음으로 인한 장점과 단점을 언급하기도 하였다. 여기서 바울로부터 발견되는 것은 다음 몇 가지라고 볼 수 있다.
첫째, 주 안에서의 결혼, 다시 말해 그리스도인과 결혼을 하라는 것이다(38절).
둘째, 결혼은 필경 염려를 동반하는 것이다. 왜냐하면 하나님을 기쁘시게 하기보다는 자신의 배우자를 기쁘게 해야 하는 일로 마음이 갈리도록 하기 때문이다(32-34절).
셋째, 환난이 임박한 특수한 상황에서는 오히려 결혼하지 않는 것이 좋다는 것이다(26절). 결론적으로 이와 같은 바울의 견해는 여성의 독신을 죄악시 하는 당시 한국교회의 견해와 맞지 않은 것임을 알 수 있다. 김지철, 『대한기독교서회 창립 100주년 기념 성서주석: 고린도전서』(서울: 대한기독교사회, 1999), 302-315.
148 이찬갑, "부녀는 교회 가운데서 잠잠하라(上)," 「성서조선」 1936년 1월, 12.
149 이찬갑, "부녀는 교회 가운데서 잠잠하라(下)," 「성서조선」 1936년 1월, 26.
150 박시향, 『일그러진 근대』(서울: 푸른역사, 2003), 40.

151 "여성선전시대가 오면," 조선일보, 1930년 1월 15일.
152 널리 알려진 것처럼 결혼 전 나혜석이 김우영에게 요구한 것은 대략 "일생을 두고, 지금과 같이 나를 사랑해 주시오. 그림 그리는 것을 방해하지 마시오. 시어머니와 전실 딸과는 별거케 하여주시오"로 요약된다. 더욱이 나혜석은 김우영과 결혼하는 조건으로 그가 일본 유학 시 사랑했던 남성인 최승구의 무덤에 비석을 세워 줄 것을 요구하기도 하였다. 이는 가부장적인 한국 사회에서 파격적인 일이 아닐 수 없었다. 이상경, 『인간으로 살고 싶다: 영원한 신여성 나혜석』(서울: 한길사, 2000), 187-189.
153 이것은 직접적인 연관성이라기보다는 개연성을 의미한다. 그러나 당시 나혜석을 비롯한 일부 페미니스트 여인들의 행태는 언론에 널리 알려졌고 보수적인 사회에서 특히 남성들에 의해 비난을 사곤 하였다. 이와 같은 측면에서 볼 때 당시 일부 여성들의 행태가 한국교회의 여권의식에 부정적인 영향을 끼쳤을 개연성은 충분하다고 본다.
154 이찬갑, "부녀는 교회 가운데서 잠잠하라(下)," 「성서조선」 4호 (1936), 20-25. 마찬가지로 「성서조선」에 언급된 송두용의 다음과 같은 주장은 한국교회 여권의식에 대한 입장을 잘 말해 주고 있다고 본다. 먼저 구한말에 비해 발전된 여성의식이다. 왜냐하면 구한말처럼 부부 관계가 예속과 소유 관계가 아닌 성경에 근거하여 사랑의 관계임을 잘 말해 주고 있다. 그러나 앞서 박형룡 등에서 볼 수 있는 것처럼 여성을 이등화하였다는 데서 한계가 발견된다. 비록 소유와 예속 관계는 아니라 해도, 여성에게 일방적인 남성에 대한 순종을 주장하고 있기 때문이다. 서로 순종하는 관계가 아닌 일방적인 순종의 관계로 말이다.
"부부 관계를 가장 명확하고 철저하게 말한 것은 역시 성서입니다. '아내 된 자가 남편에게 순종하기를 주께 순종하듯 하라. … 교회가 그리스도에게 순종함 같이 아내는 범사에 남편에게 순종하라.' 남편과 아내의 관계는 사랑과 순종입니다. … 아내를 절대로 사랑할 것이며 아내된 자는 언제나 무슨 일에고 남편에게 절대로 순종할 것입니다. … 아내의 순종은 교회가 일절을 통하여 그리스도에게 순종함과 같이 절대불변의 영구(永久)한 순종이어야 합니다." 송두영, "결혼의 의미," 「성서조선」 1937년 10월.
155 남궁혁, 이찬갑, 이명직은 당대의 지성인들이었다. 필자가 이들의 여권의식의 보수성에 대해 언급한 이유는 이들의 생각에 대한 평가를 내리고자 함이 아니라 이와 같은 지성인들의 사고가 한국교회 전체에 미치게 되는 영향에 대해 언급하려는 것이다. 이들 가운데 남궁혁은 박사학위를 취득한 평양신학교 첫 한국인 교수로서 당대 최고 지식인 가운데 하나였다고 해도 과언이 아니다. 필자가 앞서 언급한 것처럼 그의 여권의식도 시대적 상황에서 매우 진보적이었다고 본다. 물론 그가 고린도전서에 언급된 여권 문제 해석에서는 오늘날의 시각에서 볼 때 다소 보수적인 입장을 보였지만, 그럼에도 불구하고 그의 여권의식은 박형룡 등의 한국인 교회 지도자들과 비교해 볼 때, 매우 진보적인 것이었음이 사실이다. 그뿐만 아니라 이찬갑도 당대 한국교회의 교권주의를 비판했던 무교회주의자 가운데 한 사람이었을 만큼 진보적 신앙인 이었고,

이명직도 성결교단의 대표적인 교회 지도자였을 만큼 당대의 지성인이었다. 그러나 그들이 여권의식에서만큼은 보수적인 시각을 견지했다는 사실을 통해 당시 여권에 대한 보수적인 견해와 진보적인 견해가 반드시 신학적 진보와 보수의 차이 혹은 교회 지도자들의 지식의 높고 낮음의 차이에 따른 것이 아니었음을 잘 말해 준다고 본다.

156 조선예수교장로회, 『제24회 회록 부록』 (서울: 조선예수교장로회총회, 1935), 183-184.
157 김춘배, "장로회총회에 올리는 말슴," 8면.
158 조선예수교장로교총회 편, 『조선예수교장로회총회 제24회 회록 부록』, 85.
159 조선예수교장로교총회 편, 『조선예수교장로회총회 제24회 회록 부록』, 85.
160 조선예수교장로교총회 편, 『조선예수교장로회총회 제24회 회록 부록』, 85-86.
161 조선예수교장로교총회 편, 『조선예수교장로회총회 제24회 회록 부록』, 86.
162 조선예수교장로교총회 편, 『조선예수교장로회총회 제24회 회록 부록』, 89-90.
163 서정민, "[한국장로교 총회 100년, 그 빛과 그림자 7] 1934년 한국 장로교 신학 사건들 다시 보기 - 사건의 성격과 관련자들의 신학적 배경에 유의하며," 「기독교사상」 643 (2012), 231.
164 양미강, "참여와 배제의 관점에서 본 전도부인에 관한 연구," 「한국기독교역사연구소 소식」 27 (1997), 8.
165 "女專道師의 大不平: 신감독이 나온 기회를 타서 월급을 올려달라고 태업," 「매일신보」 1922년 9월 17일. 당시 전도부인들의 급여는 지방에 따라 격차가 심하였다. 예를 들어 평양은 남자 목사 223원, 전도부인 175원으로 남자 목사의 약 70% 수준이었고 가장 편차가 심한 인천의 경우 남자 목사 137원 전도부인 11원으로 남자 목사의 약 8%에 불과하였다. 전체적으로 볼 때 전도부인의 급여는 남자 목사의 1/2에서 1/12의 수준이었음을 알 수 있다. 양미강, "참여와 배제의 관점에서 본 전도부인에 관한 연구 (1910-1930년대를 중심으로),"「한국기독교역사연구소」 27 (1997), 143-144.
166 정마리아. "여전도인의 불평과 희망: 최후승리까지," 「기독신보」 1930년 1월 1일. 구한말 전도부인을 비롯한 여성 교역자들은 경제적으로 열악한 가운데서도 사명감으로 주어진 일을 하였다. 1920년대 이후에도 전도부인은 동일한 일을 하면서도 경제적 처우는 여전히 열악했음을 알 수 있다. 그러나 구한말과 1920년대 이후 전도부인의 처우를 동일한 시각에서 보아서는 안 된다. 왜냐하면 구한말에는 교회가 하나의 운동으로서의 성격이 강하였고 제도적으로 자리 잡지 못한 열악한 상황이었지만, 1920년대에는 사회의 주류 세력으로 매김했을 만큼 거대화 및 조직화되었기 때문이다. 교회는 거대화되었고 남성 사역자들에 대한 처우는 어느 정도 안정되었지만, 여성 사역자들에 대한 처우는 구한말과 큰 차이가 없었음을 염두에 둠으로써 당시 여성 교역자들의 처우개선 요구를 이해해야 한다.
167 양미강, "참여와 배제의 관점에서 본 전도부인에 관한 연구," 169.

168 김경순, "인격문제," 「기독신보」 1930년 1월 1일.
169 1955년 한국 여성 최초로 감리교회 목사가 된 전밀라에 따르면 "1930년 12월 2일 남북 두 감리교회가 기독교 대한 감리회로 역사적인 새로운 발족을 하는 동시에 여자에게도 목사가 될 수 있는 길을 열어 놓았다"고 한다. 그뿐만 아니라 그는 당시 교직자 자격 난에 "남녀 구별 없음"이라는 문귀가 괄호 속에 있었다고도 증언하고 있다. 이처럼 1930년 12월 감리교단에서 여성 목사 안수가 허용 되었음에도 불구하고 1955년에 비로소 감리교단의 한국인 여성 목사가 배출된 이유는 무엇일까?
필자는 그 이유가 1930년대 초 목사로서 준비된 여성이 없었기 때문이었을 것이라고 본다. 감리교회의 목사가 되기 위해서는 신학교 졸업 후 부사역자로 수습 기간을 거쳐 담임 목회자로 시무한 후 비로소 목사 안수를 받을 수 있었다. 전밀라의 경우 1931년 공주 영명학교 졸업 후 감리교신학교에 입학하여 1935년에 졸업하였다. 이와 같은 사실에서 볼 때 적어도 1940년이 넘어서야 비로소 목사 안수가 가능했을 것이라고 추측할 수 있다. 물론 전밀라의 경우 이보다 훨씬 늦은 1955년에 목사 안수를 받았는데, 그 이유를 자세히 알 수는 없다. 다만 "규칙상으로는 1930년에 결정되었으나 그 길을 택하리라는 꿈도 없이 10여 년이 흘렀다"는 전밀라 자신의 고백을 통해 적어도 1940년대에는 감리교단에서 한국인 여성 목사 안수가 가능했다는 것을 알 수 있을 뿐이다. 감리교 최초 한국인 여성 목사로는 전밀라가 유명하지만, 전밀라와 함께 또 한 명의 감리교회 최초 여성 목사가 있었으니 그는 명화용이다. 전밀라, "한국 최초의 여목사가 되기까지," 「기독교사상」 188 (1973), 165-169.
170 하웰, "교회 안에서의 여자의 지위와 기독교," 「신학세계」 17권 16호 (1931) : 67.
171 서정민, "[한국장로교 총회 100년, 그 빛과 그림자 7] 1934년 한국 장로교 신학 사건들 다시 보기 - 사건의 성격과 관련자들의 신학적 배경에 유의하며," 226-227.
172 장로의 자격: 만 30세 이상 된 남자 중 입교인으로 흠 없이 5년 이상을 경과하고 상당한 식견과 통솔력이 있으며, 딤전 3:1-7에 해당하는 자로 한다.
173 "장로회총회에 올리는 말슴," 8면.
174 조선예수교장로교총회 편, 『조선예수교장로회총회 제24회 회록 부록』, 85.
175 물론 구한말에도 이 본문을 여성 목사 안수에 대한 근거로 적용하지는 않았다. 그러나 필자는 이 사건이 1934년 여성 목사 안수 반대로 국한되는 것이 아니라, 한국교회의 "보수적 여권인식 명문화"의 근거로 귀결되었다고 본다. 그것은 구한말 여권에 대한 진보적 인식의 근거로서 성경 적용과 반대되는 것이었다.
176 당시 한국교회 특히 장로교회의 신앙적 풍토에 대하여는 1890년 한반도에 와서 46년 동안 선교 활동을 했던 마포삼열(Samuel A. Moffett)의 영향을 언급하지 않을 수 없다고 본다. 왜냐하면 그는 '조선교회의 아버지'라고 불렸을 만큼 영향력이 막강했기 때문이다. 그는 매우 보수적인 인물이었다고 평가되고 있다. 심지어 교회혁신을 위한 과제조차도 거부했을 만큼 말이다. 그렇다고 해서 그를 반지성적인 인물이었다고 볼 수

는 없다. 그는 매코믹신학교를 졸업하고 무디(D. L. Moody)의 SVM운동의 영향을 받았을 만큼 신학적으로 보수적인 입장을 견지하기는 했지만, 동시에 하노버대학에서 자연 과학을 전공하여 학사학위와 석사학위를 취득한 인물이었다. 물론 필자는 그가 보수적인 신학적 입장을 견지했다는 측면을 반지성적 특성이라고 말하는 것은 아니다. 그는 숭실대학뿐만 아니라, 평양신학교 창설에 중심적인 인물이었을 만큼 이 나라의 교육에 적지 않은 공헌을 하였다. 그 외에도 정기적으로 순회 전도 여행을 하는 등 방대한 업무량과 교회 확장을 위한 분주한 선교 전략 수립 때문에 더욱 심도 있는 성경연구를 위한 시간을 거의 확보할 수 없었다. 그렇기 때문에 단지 자신이 예전에 배웠던 것만으로 복음을 어떻게 전하느냐 하는 것에 열중할 따름이었고 시대가 지남에 따라 새롭게 다가오는 상황에 따른 복음 이해의 다양한 측면을 단지 헛된 복음 이해로 단정하였다. 더욱이 그에게는 본래 수구적이고 보수적인 기질이 있는데다가 자신이 확신하는 것에 우선적인 유일성을 두는 경향이 있었다. 마포삼열박사 전기 편찬위원회, 『마포삼열박사전기』 (서울: 대한예수교장로회총회교육부, 1978), 326-327.

177 박형룡, "한국 장로교회의 신학적 전통," 「신학지남」 174 (1976), 19.
178 이와 같은 측면에서 볼 때, "신학이 교회를 만드는 것이 아니라 교회가 신학을 만드는 것이다. 이데올로기란 하나님의 은혜처럼 주어지는 것이 아니라 사회적 조건에 의해서 만들어지는 것이다"라고 하는 손승희의 표현은 참으로 적절하다고 본다. 손승희, "여성신학과 한국 교회," 27.
179 박형룡, 『박형룡박사 저작 전집 제16권』 (서울: 한국기독교교육연구원, 1983), 62.
180 박형룡, 『박형룡박사 저작 전집 제16권』, 63.
181 박형룡, 『박형룡박사 저작 전집 제16권』, 63. 이 글은 박형룡이 유교적 인식을 통해 성경을 해석하고 있음을 알 수 있는 대표적인 글이라고 본다. "여자는 종(從)이 되기 위해 남자보다 연약한 성실을 갖고 났다", "여성은 신청(信聽)함에 빨라서 쉽게 속는 약점이 있다"는 말은 성경에서 찾을 수 없다. 오히려 조선시대 유학자들을 통해 여성에 대한 그와 같은 인식을 발견할 수 있다. 예를 들어 조선 후기 진보적 지식인 이었던 실학자 정약용조차 "여성의 성품이 성정과 취미가 편벽되고 좁으며 질투심이 강하고 사나우므로 남편이 어리석음을 달래주어야 한다고 보았다." 다시 말해 "여자들의 성질과 품격은 부드럽고 약하므로 맡은 일을 스스로 해내기가 어렵기 때문에 여성들은 남편의 뜻을 따라야 일이 바로 이루어진다"고 보았다. 박미해, "조선 후기 유학자의 여성인식: 다산 정약용 가(家)의식을 중심으로," 235.

이와 같은 유교적 세계관에 입각된 성경 해석은 비단 박형룡으로부터만 발견되는 것이 아니다. 앞서 언급한 것처럼 윤치호로부터 발견될 뿐만 아니라, 앞서 언급한 것처럼 박형룡보다 조금 앞선 세대의 목회자였던 성결교회의 이명직으로부터도 발견된다. 즉 이와 같은 성경 해석은 범교단적인 것이었음을 알 수 있다. 이와 같은 측면에서 볼 때 박형룡을 비롯한 정통주의적 교회 지도자들의 여성의식은 성경에 입각된 것이라기보다는 유교적 세계관에 입각한 것이었음을 다시 한 번 확인하게 된다.
182 물론 오늘날 한국교회에서 여성의 강도권을 인정하지 않은 것은 아니지만 목사로의 강도권은 인정하지 않은 교회들이 적지 않다.
183 김세윤, 『하나님이 만드신 여성』(서울: 두란노, 2004), 29-30.
184 김세윤, 『하나님이 만드신 여성』, 58-87. 김세윤도 바울의 주장 가운데 자칫 모순적으로 보일 요소가 있음을 인정하고 있다. 그것은 바울의 교훈 가운데 "남녀동등성과 상호주의의 원칙을 천명하는 말씀(갈라디아서 3:28, 고린도전서 7:2-6, 11:2-111, 에베소서 5:21-31 등)과 그와 반대되는 듯한 말씀(고린도전서 14:34-35, 디모데전서 2:11-15)이 함께 있는 것이다. 여기서 전자는 그리스도의 복음의 정신을 잘 표현하는 반면, 후자는 구약의 율법에 호소하고 있음이 사실이다. 그러나 먼저 수량적으로 볼 때 전자가 후자보다 월등할 뿐만 아니라, 여성들이 갑자기 얻은 자유로 인해 교회 내의 질서에 훼손을 주고 있기 때문에 그러한 상황을 바로잡기 위해 구약의 율법을 인용한 것이라고 그는 말한다. 결국 바울이 말하려는 것은 여자들이 공예배에서 기도도 하고 설교를 해도 좋지만, 질서 속에서 해야 한다는 것이었다. 이와 같은 측면에서 볼 때 자칫 모순되어 보이는 바울의 교훈들이 모순된 것이 아님을 알 수 있다. 김세윤은 오늘날 보수를 표방하는 바울의 교훈 가운데 후자만을 강조하고 있음에 대하여 우려를 금치 못하고 있다. 왜냐하면 그와 같은 태도는 율법의 마침이신 그리스도(로마서 10:4)의 복음을 저버리고 도리어 율법주의적 언명을 금과옥조로 삼는 것이기 때문이다. 김세윤, 『하나님이 만드신 여성』, 88-89.
185 장 상, "바울서신과 여성," 「기독교사상」 269 (1980), 92-99.
186 김재준, "그리스도교와 여성 해방," 「새가정」 1 (1953), 8-10.
187 물론 필자가 언급하는 성경신학자들 가운데 박형룡 등과는 같은 관점을 가진 학자들만 있는 것은 아니다. 그러나 오늘날 박형룡 등의 관점에서 여권을 보는 것은 성경신학자들의 주류적 관점이 아니라고 본다. 왜냐하면 성경을 일점일획도 오류 없는 하나님의 말씀으로 인정한다고 해서 이를 확장하여 고대에 기록된 성경의 문화적 표현조차 시대를 초월한 채 그대로 적용할 수는 없기 때문이다. 만약 문화적 상황과 배경에 입각하여 기록된 말씀이 그 시대와 다른 문화 상황에 처한 오늘날 다르게 적용될 수 있다는 인식을 배제할 경우, 문자 그대로 교회에서 여성이 입을 다물어야 한다는 입장을 취할 수밖에 없다. 여전히 남침례교 및 매우 보수적인 교단 일부에서는 이런 해석이 지배적인 경우가 없지 않다. 그러나 이와 같은 경우는 오늘날 남침례교 가운데서도 가장 보수적인 텍사스 지역의 한 유형일 뿐, 그러한 성경 해석이 미국의 보수적인 복음주의자들에게도 보편적으로 받아들여지고 있지 않다. 이재근, 『세계 복음주의 지형도』(서울: 복있는 사람, 2015), 116-117.
188 김지철, 『고린도전서: 대한기독교서회 창립 100주년 기념 성서주석』(서울: 대한기독교서회, 1999), 431.

189 박익수, 『디모데 전·후서/디도서: 대한기독교서회 창립 100주년 기념 성서주석』 (서울: 대한기독교서회, 1995), 133. 박익수는 이 본문을 오히려 여성 해방의 근거로 보고 있다. 딤전 2:9-15은 "여성을 비하시키고 여성의 사회적 지도력을 거부하고 있는 것이 아니라, 오히려 당시의 가부장적인 유대교의 가르침과는 반대로 여성에게 그리스도의 선한 직무를 담당하게 한 여성 해방적 본문으로 이해되어야 한다"고 말한다.
흥미로운 사실은 1930년대 김재준, 송창근, 한경직과 함께 『아빙돈 단권주석』을 번역했을 정도로 이른바 진보적 입장에 있었던 채필근이 1972년에 여성의 성직을 반대하는 본문으로 다음과 같은 논리를 주장했다는 점이다. ① 여자는 남자보다 늦게 지음을 받았기 때문에 남자보다 열등하며, 여자가 속임을 당해 죄에 빠졌으므로 여자는 원죄의 근원이다. ② 그 때문에 여자는 가르치는 일을 해서는 안 되고 남자에게 순종하며 배워야 한다. ③ 여자는 감독이나 목사, 장로가 될 수 없으며, 단지 여집사로서 봉사하는 일을 해야만 한다. ④ 여자는 집안에서 아이를 낳고 정절을 지킴으로써만 구원을 얻을 수 있다. 채필근, 『선교 70주년 기념 신약성서 주석 디모데전후서 디도서』(서울: 대한기독교서회, 1972), 57-60.
박익수는 채필근이 인용한 근거들이 당시 디모데전서의 저자 자신의 이야기가 아닌, 당시 여자들이 남자들보다 부위에 있는 것을 악으로 규정한 유대교의 가르침을 차용한 것이었을 뿐이라고 비판한다. 디모데전서의 저자가 유대교의 교리를 받아들이지 않았음에도 불구하고 그 교리를 차용한 이유는 당시 영지주의 거짓 교사들의 꼬임에 빠져 죄를 범한 여자들이 많았기 때문이라고 주장한다. 저자는 딤후 3:6-7 본문에서 원죄의 기원과 여성의 본질을 말하려는 것이 아니라, 공동체의 여성 그리스도인들이 거짓 교사들의 가르침에 속아 죄에 빠져들고 있음을 지적하고, 더이상 여자들이 그들의 속임을 받지 않도록 함에 목적이 있었다고 주장한다. 박익수, 『디모데 전·후서/디도서: 대한기독교서회 창립 100주년 기념 성서주석』, 124.
이와 같은 맥락에서 볼 때 1930년대 박형룡을 비롯한 이들의 성경신학적 폐쇄성과 경직성을 지적하지 않을 수 있다. 물론 당시 서구의 무신론적 자연주의와 공산주의 등 다양한 사상의 유입으로 인해 한국교회가 위기의식을 느낄 수밖에 없었다고 해도 말이다.
비록 성경신학자는 아니지만 조직신학자인 박찬호도 (오늘날) 한국교회의 여성 차별에 대하여 우려를 말하고 있다. 그는 마치 여성 차별을 정당화하는 듯 보이는 본문인 딤전 2:11-15와 고전 11:2-16을 여성의 해방 혹은 남녀의 동등함을 강력하게 주장하는 본문인 갈 3:28(너희는 유대인이나 헬라인이나 종이나 자유자나 남자나 여자 없이 다 그리스도 예수 안에서 하나이니라)의 조명 가운데 이해하라고 말한다. 그뿐만 아니라 그는 한국교회의 몇몇 지도자들의 여성폄하 발언에 대하여 심각성이 있다고 우려하며, 보수적인 신앙을 수호한다는 미명 아래 여성을 비하하고 차별하는 생각이 자연스럽게 자리하고 있음에 대하여 안타까움을 표명하고 있다. 박찬호, "여성의 신학과 여성 신학," 24-42.

190 일례로 김양선은 박형룡의 신학의 보수성에 대하여 다음과 같이 언급하였다. "박형룡 박사는 대학시절에 벌써 자기의 확고한 신앙노선을 터 닦아 놓았다. 그는 미국 프린스턴신학교에서 조직신학을 전공할 때에도 이미 한국에서 닦아놓은 신앙의 터 위에서 그의 연구를 계속하였다." 김양선, 『한국기독교 해방 10년사』, 188 숭실대학교 사학과 교수를 역임한 김양선도 평양신학교르 졸업한 서북 지역 목사로써 김재준의 신학을 일컬어 "파괴적인 자유주의 신학"이라고 표현했을 만큼 보수적인 신학 사상을 견지했던 인물이었다.

191 박형룡, 『박형룡박사저작전집 15권: 학위논문』, 15 이 논문에서는 장동민의 번역을 인용하였다. 장동민, 『박형룡: 한국보수신앙의 수호자』, 62.

192 박형룡은 1923년 9월 미국 프린스턴신학교에 입학하여 1926년 5월 그곳에서 신학사 학위와 신학석사학위를 취득하였고 이후 1년간 미국 루이빌의 남침례신학교에서 1년 간 박사 과정을 수료한 후 1927년 8월에 귀국하였다. 장동민, 『박형룡: 한국보수신앙의 수호자』, 278.

193 George M. Marsden, *Fundamentalism and American Culture* (New York: Oxford University Press, 2006), 171-175.

194 기독교의 5대 필수 원리는 이론에 불과하며, 총회가 그것에 대한 교인들의 충성을 강요하는 것은 잘못이라고 선언한 자유주의 신학자들과 목회자들의 선언이다. George M. Marsden, *Fundamentalism and American Culture*, 180-181.

195 George M. Marsden, *Fundamentalism and American Culture*, 184-195, 1923년부터 남부 주(state) 가운데 여러 곳에서는 모종의 반 진화론 법을 채택해 왔고 국가 도처에서도 유사한 법안이 계류 중에 있었다. 그 가운데 1925년 봄 테네시 주에서 통과된 법은 가장 강력한 것이었다. 그 해 테네시 주의 젊은 생물학 교사 스콥스(John Scopes)가 수업시간에 진화론을 가르쳤다는 이유로 지방의 한 재판에서 유죄로 인정됨으로써 문제가 전국적으로 불거지게 되었다. 당시 피고인 측 변호인은 미국 시민 자유 연맹이 추천한 세 사람이었는데, 그 가운데 수장은 저명한 변호사 대로우(Clarence Darrow)였고 원고 측 변호사는 미국 대통령을 3번이나 출마했던 브라이언(William James Brian)이었다. 이 재판에서 브라이언은 대로우의 공세에 밀려 성경의 문자적 해석과 관련된 대표적인 문제들에 대해 대답할 수 없음을 인정하고 말았다. 즉 브라이언은 하와가 아담의 갈비뼈로부터 어떻게 창조될 수 있었는지, 혹은 요나를 삼킨 큰 물고기가 어디에서 왔는지 등에 제대로 답변하지 못한 것이었다. 결국 이 재판은 근본주의자들의 입지를 매우 축소시키는 결과를 가져오고 말았다.

196 장동민, 『박형룡의 신학연구』, 84.

197 당시 한국교회의 입장에서 사회주의와 현대주의는 공통적으로 성경의 권위에 위험이

되는 사조로 이해되었다. 더욱이 1917년 러시아 사회주의 혁명의 성공으로, 사회주의가 전세계적으로 확산될 무렵 일본 동경 유학생들을 통해 사회주의를 한반도에 유입함으로 인해 "기독교를 비과학적인 미신"으로 치부하는 도전에 직면당한 한국교회는 위기의식을 느끼지 않을 수 없었다.

198 장동민, 『박형룡: 한국 보수신앙의 수호자』, 63-64.
199 물론 마포삼열(S. A. Moffet) 선교사 한 사람의 신학 사상을 평양신학교의 모든 교수들과 같은 것으로 볼 수는 없지만 숭실대학과 평양신학교 교장을 역임하였고, 당시 한국교회의 대부처럼 여겨졌던 마포삼열이 1930년대에 행했던 설교의 한 부분을 통해 당시 한국교회의 풍토에 대해 엿볼 수 있을 것이다.
"금일에 말하기를 마목사는 너무 수구적이요 구습을 그치지 않는다고 한다. 옛 복음에는 구원이 있기는 있으나 새 복음에는 구원이 없는 데는 답답하다. 그 옛 복음, 바울의 전한 복음을 전할 때에는 교회가 왕성하였지만, 새 복음에는 대단히 조심하시오. 우리는 옛적 복음 그대로 금일까지 전하자. 죄는 복음으로만 사한다. 복음을 전하려는 자는 누구며 그 결과는 무엇일까 조심하자. 주선 모든 선교사가 다 죽고 다 가고 모든 것은 축소한다 할지라도 형제여! 조선 교회 형제여! 40년 전에 전한 그 복음 그대로 전파하자. 바울이 청년 목사 디모데에게 부탁함과 같이 나도 조선에 있는 원로 선교사와 노인 목사를 대표하여 조선 청년교역자에게 말한다. 원로 선교사와 원로 목사의 전한 그대로 전하라. 이 복음은 우리가 내 것이 아니오, 옛적부터 전한 복음이다. 이렇게 하므로 신성하고 권능 있는 교회를 세우고 모든 백성에게 십자가의 도로 구원의 복음을 전파하기 바란다. 형제여! 원로 선교사 원로 목사들이 40년 동안 힘쓴 것인데 우리의 지혜가 아니요, 바울에게서 받았고 하나님의 말씀을 전한 것인 데는 다른 복음 전하면 저주를 받을 것이요, 말할 기회 많지 않는 데는 딴 복음을 전하지 말기를 간절히 바란다." 마포삼열, "조선교회에 기(奇)함," 『선교 70주년 기념 설교집 中』, 김건호 편 (서울: 대한예수교장로회 총회 종교교육부, 1954), 62-63.
200 필자는 박형룡이 프린스턴신학교와 남침례 신학교에서 공부하는 동안 마포삼열을 중심으로 하는 평양신학교 교수들의 입장을 반영하는 신학을 정립하고 귀국했다고 본다. 왜냐하면 그의 유학은 마포삼열 선교사의 후원으로 이루어진 것이었기 때문이다. 사실 유학뿐만 아니라 초기부터 박형룡은 선교사들로부터 든든한 후원을 받을 수 있었다. 그는 1913년 신성학교에 입학함으로써 선교사들과의 교분을 갖기 시작하였다. 당시 신성중학교의 교장은 선교사 윤산온(G. S. McCune)이었는데, 박형룡은 선교사들의 배려로 학교에서 근로하며 장학금을 받아 공부할 수 있었다. 이에 대하여 박형룡은 우수한 성적과 모범적인 신앙생활로 선교사들의 기대에 부응하였다. 신성중학교 졸업 후 박형룡은 윤산온의 추천으로 숭실전문에 입학할 수 있었고, 숭실전문 졸업 후에는 마포삼열의 지원으로 남경의 금릉대학을 거쳐 미국으로 유학을 떠날 수 있었다. 박형룡이 귀국하기 전 이미 평양신학교에는 미국 버지니아의 유니온신학교에서

박사학위를 취득한 남궁혁이 가르치고 있었지만 그는 김재준, 송창근 등의 글도「신학지남」에 허용할 만큼 학문적으로 열린 인물이었다. 그렇기 때문에 평양신학교의 선교사들의 입을 충분히 반영하기는 어려웠을 것으로 본다. 그러나 박형룡은 미국 유학을 마친 후에도 자신에게 절대적인 영향을 끼친 메이첸과는 달리 평양신학교 교수 선교사들의 신학을 견지하는 등 그들의 입장을 대변하는 역할을 하였다. 박형룡이 메이첸으로부터 절대적인 영향을 받은 것은 맞지만, 엄밀히 본다면 메이첸과 박형룡이 신학적으로 일치한다고 보기는 어렵다. 왜냐하면 메이첸은 자신을 일컬어 근본주의자가 아닌 개혁주의자로 생각했기 때문이다. 메이첸과 박형룡의 결정적인 차이점은 "종말론"에서 발견된다. 박형룡이 세대주의적 종말론을 받아들인 것과는 달리 메이첸은 세대주의적 종말론을 웨스트민스터 표준과 맞지 않는다며 받아들이지 않았다. 홍 철, "메이첸의 신학과 사상,"「역사신학 논총」9 (2005), 174.

201 1932년 송창근의 "말씀에 대한 묵상", 1934년 김재준의 "욥기에 현(現)한 영혼 불멸" 등이「신학지남」에 수록되었지만 1935년부터는 수록되지 않았던 것도 이와 같은 측면에서 볼 수 있을 것이다. 물론 김춘배의 "여권 문제" 언급을 신학적인 측면에서만 보아서는 안된다. 왜냐하면 당시 교권을 둘러싼 정치적 문제, 함경도와 평안도의 지역적 대입 문제 등 다양한 측면에서 보아야 하기 때문이다. 그러나 이와 같이 신학적 문제가 중심적으로 논의된 것은 사실이다. 박형룡의 경우 자유주의 신학으로부터 한국교회를 보호하려고 했다는 공(功)이 있었지만 동시에 자신과 다른 견해를 이단시했다는 과(過)도 있었다고 평가 받고 있다.

202 서정민, "1934년 한국 장로교 신학 사건들 다시 보기: 사건의 성격과 관련자들의 신학적 배경의 유의하며," 228.

203 Yong-Shin Park, Protestant Christianity and Social Change in Korea, Ph. D. Dissertation, University of California at Berkeley, 1975, Chapter 1 and Chapter 2, 박정신, "기독교와 한국 역사변동," 131에서 재인용.

204 박정신, "기독교와 한국 역사변동,"『한국 기독교사 인식』, 132.

205 이숙진,『한국기독교와 여성 정체성』, 158-159. 이숙진의 지적은 사실이다. 예를 들어 성결교단의 목사로서 여성이 교회와 사회에 적극적으로 참여할 것을 독려하며 여성을 가정의 울타리에 가둬두었던 한국 사회에 대해 비판했던 이 건조차 그의 글 "남녀 교제의 정결"에서 여권 운동(女權運動), 남녀평등(男女平等), 여성예찬(女性禮讚), 부인국유론(婦人國有論) 등 서구 사상은 성경의 사상이 아니라 구미인의 사상, 경조부박(輕佻浮薄)한 사상이라고 주장하였다. 이 건뿐만 아니라 당시 여권에 대하여 진보적인 입장을 견지했던 한국교회 지도자들은 전반적으로 이와 같은 견해를 견지하고 있었다. 이 건을 비롯한 1920년-1930년대 한국교회 지도자들의 전반적인 여권의식에 대하여는 다음 단락에서 자세히 언급하려고 한다. 이 건, "남녀 교제의 정결,"「활천」145호 (1934) 참조.

206 신명직,『모던뽀이, 경성을 거닐다』, 216. 1930년 7월 15일「조선일보」만평 만화에는 시아버지와 며느리를 포함한 일가족이 수영복을 입고 함께 해수욕을 즐기는 그림이 있다. 이것은 어려웠던 시부모와 며느리와의 관계가 '모던' 풍(風)이 들어옴으로써가 수평적 관계로 변모되는 것을 상징하고 있다. 이는 시부모와 며느리의 관계 변화의 시작을 말하는 대목(passage)이 아닐 수 없다. "1930년 녀름,"「조선일보」1930년 7월 15일.

207 필자가 그와 같은 성경 해석을 교리주의적 해석이라고 보는 이유는 그 성경 본문이 여권에 대한 보수적 견해를 지지하는 것이 아님에도 불구하고 그와 같은 여권의식을 지지하는 근거로 삼았기 때문이다. 즉 여성의 목사 안수를 반대할 뿐만 아니라, 여성에 대한 전반적인 보수적 인식을 신앙적으로 구속력을 지니도록 하는 근거로 여권에 대한 바울의 교훈을 제시하였다. 이와 같이 성경을 근거로 여권에 대한 보수적인 인식을 성문화할 때 그것은 신앙적인 구속력을 지니기 때문에 더욱 강력한 기제로 작용될 수밖에 없다. 언급된 바울의 교훈이 여성 목사 반대를 위한 근거로 사용될 수 없음은 물론이고 여성에 대한 보수적 인식을 지지하는 근거로 사용될 수 없음도 물론이라고 본다. 신약학자 최갑종도 자신의 글, "신약성경과 여성안수: 사도 바울은 여성안수에 관하여 말하고 있는가?"에서 그와 같은 견해를 밝히고 있다. 그뿐만 아니라 그는 창세기의 선악과 사건 이후 하와가 남편인 아담의 다스림을 받게 된 것이 "하나님께서 세우신 본래의 창조 질서가 아닌 죄로 인한 결과였고, 예수 그리스도를 통해 해결된 것"이라고 주장한다. 이는 앞서 언급한 박형룡의 견해를 반대하고 선교사 사우업의 견해를 지지하는 견해이다. 최갑종, "신약성경과 여성안수: 사도 바울은 여성안수에 관하여 말하고 있는가?" 류호준 편,『여성이여 영원하라』(서울: 대서, 2010), 131-172.

제4장 결론

1 장동민,『박형룡의 신학 연구』, 285-286. 이와 같은 교권주의자들 가운데 신사참배를 거부한 주기철, 안이숙, 한상동같이 신사참배에 절대 반대한 이들이 포함되지 않았음은 물론이다.
2 조선예수교장로회총회 편,『조선예수교장로회총회 제27회 회록 부록』, 9.
3 흑인 노예를 어떻게 대할 것이냐 하는 것은 미국 복음주의자들 사이에서 적지 않은 논쟁이 있었던 것으로 보인다. 실질적으로 백인 복음주의자들 가운데는 조나난 에드워즈(Jonathan Edwards)나 조지 휫필드(George Whitefield)처럼 노예를 소유한 이들도

있었고, 찰스 핫지(Charles Hodge)와 제임스 헨리 쏜웰(James Henley Thornwell)처럼 노예 제도를 변호하는 이들도 있었을 뿐만 아니라, 찰스 피니(Charles Finney)와 무디(D. L. Moody) 심지어 현존 인물인 빌리 그레이엄(Billy Graham)처럼 노예들의 격리를 주장하는 이들도 있었기 때문이다. 18-19세기 미국의 일부 복음전도자들 중에는 하나님께서 이스라엘 백성을 애굽의 속박에서 구원하셨다는 내용을 절대 설교하지 않기로 노예 주인과 약속을 하는 경우도 있었다고 한다. 그러나 대체로 복음주의자들은 노예 제도에 대해 호의적이지 않았기 때문에 흑인 노예 제도들의 비인간적 생활에 대해 개선을 촉구할 뿐만 아니라, 실질적으로 그들의 인간적인 삶을 위해 시간과 비용을 헌신하는 이들도 있었고, 각종 문서를 통해 노예 무역을 불법화하는 데 일조를 하기도 하였다. 당시 백인 복음주의자들은 제도적으로 노예 제도를 불법화하는 일에는 적극적이었다고 보기는 어렵지만, 불법적인 노예 무역을 금지하고 노예들의 처우를 개선하는 등의 모습을 보였다. 백인 복음전도자들의 전도 활동을 통해 적지 않은 흑인 목회자들이 나타났을 뿐만 아니라 적지 않은 흑인 교회 공동체도 설립되었는데, 18세기 말까지 미국에 약 10개 이상의 독립 흑인 교회들이 존재하였고 남북전쟁이 끝날 무렵에는 흑인 교회 205개 이상이 존재하였다. 그럼에도 불구하고 백인들의 흑인 차별은 복음주의 교회에서도 많은 문제를 야기해 왔음이 사실이다. 그로 인해 백인 교회와 흑인 교회가 분리되었는데, 남북전쟁이 끝날 무렵 이와 같이 흑인 교회가 많이 있을 수 있었던 이유는 백인들의 흑인 차별에 의한 결과이기도 하였다. Douglas A. Sweeney가 저술한『복음주의 미국 역사』, "제5장 인종차별 문제: 백인과 흑인 사이의 복음주의 역사"에는 이에 대해 자세히 언급되어 있다. Douglas A. Sweeney,『복음주의 미국 역사』, 조현진 역 (서울: CLC, 2015), 153-183.